Digitalización aplicada a los sectores productivos (GS)

Ramón Ramírez Luz

Marcombo

Digitalización aplicada a los sectores productivos (GS)

Primera edición, 2024

© 2024 Ramón Ramírez Luz

© 2024 MARCOMBO, S. L.
www.marcombo.com

Diseño de la cubierta: cuantofalta.es
Maquetación: D. Márquez
Corrección: Nuria Barroso y Cristina Pazos
Directora de producción: M.ª Rosa Castillo

ISBN: 978-84-267-3786-1
D.L.: B 11032-2024

Impreso en Andalusí
Printed in Spain

Libro ecológico
Impreso con papel procedente de bosques gestionados de manera eficiente, libre de cloro.

Presentación

La digitalización de la sociedad en general y del conjunto de los sistemas productivos o de prestación de servicios en particular plantea nuevos retos para la formación profesional. El conjunto de enseñanzas profesionales, tal y como establece el Real Decreto 659/2023, de 18 de julio, por el que se desarrolla la ordenación del sistema de formación profesional, incorpora e integra en la formación las transformaciones fruto de la digitalización para dar respuesta a las nuevas demandas del mercado laboral y los perfiles profesionales emergentes.

Este libro trata de asegurar una formación, en relación con los objetivos, los resultados de aprendizaje y los criterios de evaluación, todos ellos aspectos básicos del currículo, que constituyen las enseñanzas mínimas que figuran en el módulo de digitalización aplicada a los sectores productivos, considerado de carácter transversal en la estructura de los ciclos formativos de grado superior.

Está dirigido fundamentalmente a los alumnos de los nuevos grados D del sistema de formación profesional, que se corresponde con los ciclos formativos de formación profesional de grado superior, en los que, en su estructura modular, deben cursar el módulo asociado a las habilidades y capacidades transversales de digitalización aplicada a los sectores productivos, que tendrá como finalidad el desarrollo de conocimiento y competencias en digitalización en los diferentes sectores productivos o de prestación de servicios, identificando las principales características y aplicaciones de las tecnologías habilitadoras digitales en los sectores en los que está enmarcado el título.

También sirve para facilitar la programación de la fase de formación en empresa u organismo equiparado, ajustándose sus unidades de trabajo en función de los resultados de aprendizaje desarrollados en este módulo profesional no asociado a estándares de competencia, que contribuyen a la consecución de la madurez profesional y se consideran imprescindibles para la consecución de las competencias generales y profesionales. A tal fin, incorpora aspectos vinculados a la digitalización y al desempeño profesional.

En la unidad 1 se analiza el concepto de digitalización y su repercusión en los sectores productivos, teniendo en cuenta la actividad de la empresa e identificando entornos de tecnología de la información y de tecnologías de operación característicos.

En la unidad 2 se caracterizan las tecnologías habilitadoras digitales necesarias para la adecuación/transformación de las empresas a entornos digitales, describiendo sus características y aplicaciones.

En la unidad 3 se identifican sistemas basados en la nube y su influencia en el desarrollo de los sistemas digitales.

En la unidad 4 se describen las aplicaciones de la inteligencia artificial en entornos del sector donde está enmarcado el título, describiendo las mejoras implícitas en su implementación.

En la unidad 5 se evalúa la importancia de los datos, así como su protección en una economía digital globalizada, definiendo sistemas de seguridad y ciberseguridad tanto a nivel de equipo/sistema como globales.

En la unidad 6 se desarrolla un proyecto de transformación digital de una empresa de un sector relacionado con el título, teniendo en cuenta los cambios que se deben producir en función de los objetivos de la empresa.

Acceda a www.marcombo.info
para descargar gratis
el contenido adicional,
complemento imprescindible de este libro

Código: MARCOMBO21

Índice

Digitalización en los sectores productivos

En esta unidad va a estudiar:

- Cronología de las revoluciones industriales. Principales elementos.

- Cuarta Revolución. Digitalización. Elementos que la definen.

- Sistemas ciberfísicos.

- Estructura de la empresa. Digitalización de sus unidades.

- Entornos IT (*Information Technology*: tecnología de la información) y OT (*Operation Technology*: tecnologías de operación). Diferencias y similitudes.

- Relación entre entornos IT y OT. Tecnologías disruptivas habilitadoras (THD) en cada entorno.

- Evolución de una empresa clásica a una empresa digitalizada. Ventajas que supone.

Con su estudio, va a ser capaz de:

- Describir en qué consiste el concepto de digitalización.

- Relacionar la implantación de la tecnología digital con la organización de las empresas.

- Establecer las diferencias y similitudes entre los entornos IT y OT.

- Identificar los departamentos típicos de las empresas que pueden constituir entornos IT.

- Seleccionar las tecnologías típicas de la digitalización en planta y en negocio.

- Analizar la importancia de la conexión entre entornos IT y OT.

- Analizar las ventajas de digitalizar una empresa industrial de extremo a extremo.

1.1 Introducción

La crisis sanitaria y económica provocada por la CO-VID-19 ha demostrado que la digitalización no es un proceso sectorial o que afecte únicamente a algunos sectores. La digitalización es un proceso transversal y multisectorial que afecta a todos los sectores económicos. De ahí su trascendencia, y de ahí la oportunidad de extraer lecciones que nos preparen para un futuro que nos permita superar situaciones de incertidumbre.

En esta unidad se va a analizar el concepto de digitalización y su repercusión en los sectores productivos, teniendo en cuenta la actividad de la empresa e identificando entornos IT (*Information Technology*: tecnología de la información) y OT (*Operation Technology*: tecnologías de operación) característicos.

1.2 Cronología de las revoluciones industriales. Principales elementos

En la historia se distinguen tres revoluciones que han propiciado un salto cualitativo muy significativo entre lo precedente y lo inmediato. Y, actualmente, se está asistiendo a un nuevo cambio de paradigma que implica una cuarta revolución, y que queda englobada en la llamada **transformación digital**.

En cada una de las revoluciones cambiaron las **fuentes de energía** básicas, el tipo de **actividades industriales** más dinámicas, su localización en el territorio y los **medios de comunicación** disponibles para desplazar mercancías, personas e información.

1.2.1 Primera Revolución Industrial. Industria 1.0

La Primera Revolución Industrial es el proceso de **transformación económica**, **social** y **tecnológica** que se dio en la Inglaterra de mediados del siglo XVIII, convirtiéndose durante mucho tiempo en el primer productor de bienes industriales del mundo, que se extendió unas décadas después a países de gran parte de Europa Occidental, como Bélgica, Francia o Alemania y la América Anglosajona, y que concluyó entre 1820 y 1840.

Este proceso de evolución conduce a la sociedad desde una economía agrícola tradicional hasta otra caracterizada por procesos de producción mecanizados. La economía basada en el trabajo manual fue reemplazada por otra dominada por la **industria y la manufactura**.

Al comenzar el siglo XVIII se produjeron una serie de **descubrimientos tecnológicos** que propiciaron el proceso de industrialización. Los talleres artesanales comen-

zaron a ser sustituidos por fábricas, que contrataban a gran número de obreros que trabajaban con máquinas. Estos inventos produjeron el verdadero cambio industrial con nuevas materias primas, nuevas fuentes de energía, maquinaria y transportes.

La aparición de las fábricas supuso un cambio trascendental en **la organización del trabajo**. El artesano realizaba la pieza completa y tenía una cierta capacidad de control sobre su ritmo de trabajo que, normalmente, no estaba sujeto a un horario fijo. Sin embargo, el obrero de la fábrica estaba especializado en una única tarea, lo que hizo que el trabajo fuera más monótono y, además, hubo de adaptarse al ritmo de trabajo impuesto por la nueva maquinaria, que no se detenía hasta que no era desconectada.

En el año 1774, James Watt construyó la primera **máquina de vapor**. A partir de entonces, las máquinas movidas por la energía del vapor se utilizaron en la minería o extracción y **utilización de carbón**, la industria textil y el transporte con la revolución del ferrocarril. Todos estos cambios y avances tecnológicos ahorraron trabajo, mejoraron la calidad de los productos, **aumentaron la productividad**, es decir, el número de piezas que realizaba cada obrero y abarataron los costes de producción.

ACTIVIDAD PROPUESTA 1.1

Identifique las innovaciones o inventos durante la Revolución Industrial mediante el visionado del documental del Canal Historia sobre la Industrialización: *¿Qué hizo la Revolución Industrial por nosotros?*

https://youtu.be/0Fu1krXJapw

Figura 1.1
Lanzadera de madera y carretes en hilo de lino en telar.

Figura 1.2
Máquina hiladora Spinning Jenny.

Figura 1.3
Máquina de vapor de Watt.

Figura 1.4
Tarjetas perforadas en un telar de Jacquard.

1.2.2 Segunda Revolución Industrial. Industria 2.0

Los cambios interrelacionados que se produjeron aproximadamente entre 1870 hasta 1914, cuando se inicia la Primera Guerra Mundial, corresponden con la Segunda Revolución Industrial. El proceso de industrialización cambió su naturaleza y el crecimiento económico varió de modelo. **Los cambios técnicos siguieron ocupando una posición central**, junto a las innovaciones tecnológicas concentradas, esencialmente, en nuevas fuentes de energía como **el gas o la electricidad**, nuevos materiales como **el acero y el petróleo** y nuevos sistemas de transporte (avión, automóvil y nuevas máquinas a vapor) y comunicación (**teléfono y radio**) que indujeron transformaciones en cadena que afectaron al factor trabajo y al sistema educativo y científico, al tamaño y gestión de las empresas, a la forma de organización del trabajo y al consumo, hasta desembocar también en la política.

Este proceso se produjo en el marco de la denominada **primera globalización**, que supuso una **progresiva internacionalización de la economía**, y que funcionaba de forma creciente a escala mundial por la revolución de los transportes. Ello condujo a su extensión a más territorios que la Primera Revolución, limitada a Gran Bretaña, y que llegaría a alcanzar a casi toda Europa Occidental, Estados Unidos y, muy rápidamente, Japón.

A mediados del siglo XIX, en la Segunda Revolución Industrial, la sustitución de las fuentes de energía por **nuevos motores basados en petróleo y gas**, junto con la aparición de las **primeras centrales eléctricas** y la llegada de la bombilla a los hogares, posibilitaron la incorporación de nuevos sistemas de transporte, como el **automóvil de combustión interna** o los primeros viajes por avión. Los medios de comunicación, como el cine y la radio, supusieron un cambio de mentalidad sin precedentes que dio pie a producciones seriadas, expansión comercial y modificación de la forma de consumo. De hecho, podemos decir que con la electromecánica y los transistores se inició la globalización, y los movimientos obreros y sus sindicatos ganaron fuerza con el tiempo, aunque no pudieron impedir reajustes tan drásticos como las dos guerras mundiales.

ACTIVIDAD PROPUESTA 1.2

Identifique las innovaciones o inventos durante la Segunda Revolución Industrial mediante el visionado del documental emitido por la 2 de TVE *Las nuevas tecnologías de la segunda revolución industrial: electricidad y acero (1870-1914)*.

https://youtu.be/SF9YUSL61HE

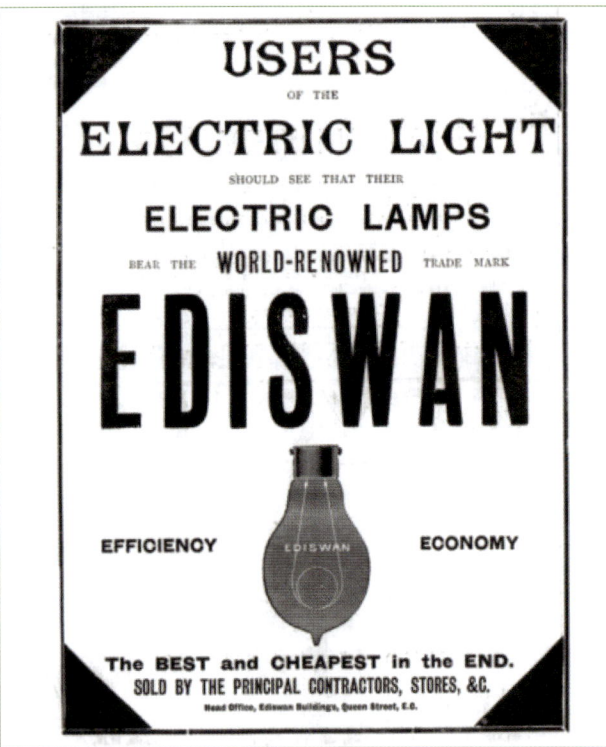

Figura 1.5
Lámpara incandescente de Edison & Swan United Electric Light Company.

Figura 1.6
Alto horno histórico abandonado de Carrie, parte de las fábricas de acero de Carnegie en Pittsburgh.

Figura 1.7
Línea de montaje de la fábrica de automóviles Ford Detroit 1913.

1.2.3 Tercera Revolución Industrial. Industria 3.0

La Tercera Revolución Industrial o sociedad de la información surge a mediados de los años 40, seguida de una **gran oleada de progresos y descubrimientos tecnológicos y científicos** en las décadas de los 70 y 80. Fue un proceso liderado por Estados Unidos, Japón y la Unión Europea donde se presenciaron grandes cambios en los sectores **de la comunicación y la energía**. Uno de los principales riesgos fue el crecimiento de una sociedad desequilibrada, ya que se crearon grandes diferencias de poder entre distintas naciones.

Ya bien entrados en el siglo xx, la Tercera Revolución Industrial llegó con **la televisión** y **los primeros ordenadores personales**, que cambiaron el modelo organizativo en las empresas y el **trabajo basado en objetivos. Asimismo, se protocolizaron los procesos** y se alentó la innovación como diferenciación en el mercado. **Los procesos de miniaturización y de ajuste de la producción a la demanda**; el primer autómata programable (PLC) que se utiliza en la fabricación, con robots y máquinas que reemplazan a personas en la cadena de montaje, y la aparición de Internet como nuevo canal de comunicación y venta han impactado de forma importante en la sociedad.

Destaca el comienzo de la utilización de energías renovables, como por ejemplo la **energía eólica, la solar o la hidráulica**; las innovaciones en los medios y procesos de almacenamiento de energía, como **baterías recargables o pilas de hidrógeno**; el desarrollo de la **red eléctrica inteligente** o red de distribución de energía eléctrica inteligente, que permite conectar todo a un solo sistema de gestión, o el desarrollo del transporte, especialmente en **vehículos eléctricos e híbridos**, que utilizan las energías renovables como energía de propulsión.

Figura 1.8
Utilización de las energías renovables.

Figura 1.9
Utilización del transporte basado en el vehículo eléctrico.

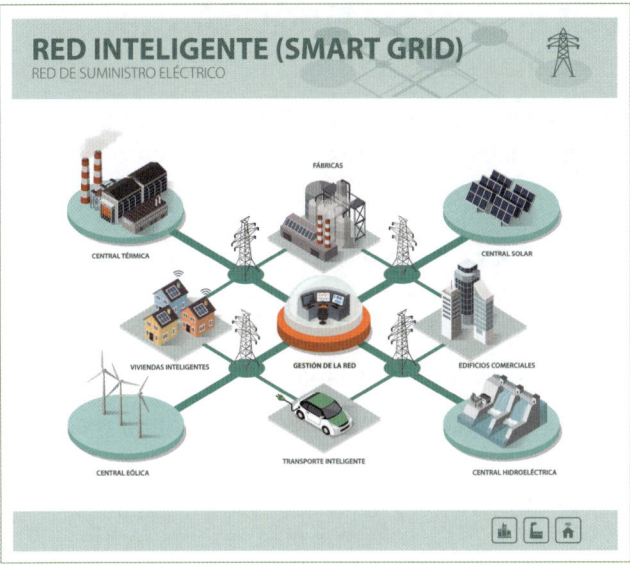

Figura 1.10
Red eléctrica inteligente o *smart grid*.

1.2.4 Cuarta Revolución Industrial. Industria 4.0

La Cuarta Revolución Industrial o Industria 4.0 ha comenzado recientemente y su desarrollo está proyectado hacia la tercera década del siglo XXI. **La inteligencia artificial** es señalada como elemento central de esta transformación, íntimamente relacionada con **la acumulación creciente de grandes cantidades de datos (big data), el uso de algoritmos para procesarlos y la interconexión masiva de sistemas y dispositivos digitales**.

Esta cuarta etapa corresponde a una nueva manera de organizar los medios de producción. El objetivo que se pretende alcanzar es la puesta en marcha de un gran número de **fábricas inteligentes** o *smart factories* capaces de una mayor adaptabilidad a las necesidades y a los **procesos de producción**, así como a una asignación más eficiente de los recursos.

Las bases tecnológicas en que se apoya esta nueva orientación, entre otras, son las siguientes: Internet de las cosas, sistemas ciberfísicos, cultura *maker* (cultura hágalo-usted-mismo), fábrica 4.0… Sin embargo, la Industria 4.0 es una creciente y adecuada **digitalización** y coordinación cooperativa **en todas las unidades productivas** de la economía.

Industria 4.0, también llamada ciberfábrica, industria digital, fabricación avanzada, *integrated industry*, *smart-industries* o *Intelligent Manufacturing System* es, pues, un nuevo hito en el desarrollo industrial que puede marcar importantes cambios sociales, haciendo un uso intensivo de Internet y de las tecnologías punta, con el fin

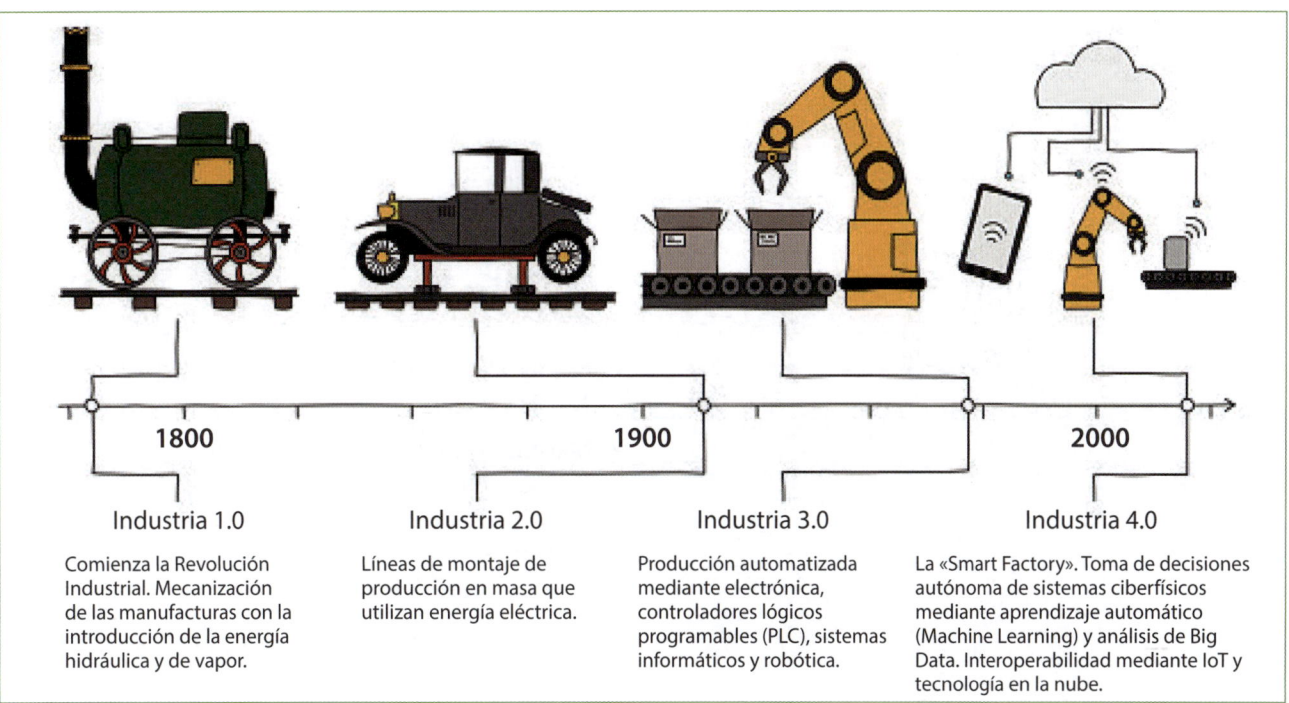

Figura 1.11
Las cuatro revoluciones en fabricación e ingeniería.

primordial de desarrollar plantas industriales y generadores de energía más inteligentes y más respetuosos con el medio ambiente, y con cadenas de producción mucho mejor comunicadas entre sí y con los mercados de oferta y demanda.

Figura 1.12
Hito del desarrollo de la Cuarta Revolución Industrial.

ACTIVIDAD PROPUESTA 1.3

Identifique cuál es el objetivo de la Cuarta Revolución Industrial mediante el visionado del vídeo del Foro Económico Mundial *La Cuarta Revolución Industrial*. Lo esencial:

a) La creación de nuevas tecnologías

b) El bienestar humano

c) El crecimiento de nuevas industrias

d) El desarrollo de nuevos procesos de información y comunicación

https://youtu.be/EeR2yTMW7Xg

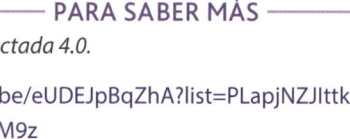

Industria Conectada 4.0.

https://youtu.be/eUDEJpBqZhA?list=PLapjNZJIttkvS2G7j8el
gmud3gXhsdM9z

1.2.5 Quinta Revolución Industrial. Industria 5.0

La Industria 5.0, o Quinta Revolución Industrial, se encuentra en una fase embrionaria porque todavía estamos inmersos en mejorar y optimizar la Industria 4.0 gracias al uso de las tecnologías que existen en el mercado. A pesar de ello, la finalidad es impulsar una industria más resiliente, sostenible y enfocada al factor humano.

Características de la Industria 5.0:

- **El ser humano en el centro del modelo productivo,** se asegura de que el uso de la tecnología no atente contra los derechos fundamentales de los trabajadores, como el derecho a la privacidad, la autonomía y la dignidad humana.

- **Interconexión** de procesos, sistemas y máquinas para lograr objetivos comerciales a largo plazo.

- **Sostenibilidad.** Desarrollar sistemas de producción basados en energías renovables es uno de los requisitos que fomenta la industria 5.0 con el objetivo de reducir un 55% las emisiones de carbono para 2030.

- **Economía circular.** Desarrollar procesos circulares que reutilicen y reciclen los recursos naturales, reduzcan los desechos y minimicen el impacto ambiental.

- **Análisis de datos.** Mantenimiento predictivo, *machine learning, machine vision,* gemelos virtuales, etc.

- **Manufacturación personalizada.** La Industria 5.0 impulsará la creación de productos personalizados. Actualmente, se dispone de un abanico casi infinito de productos, por lo que el próximo paso es adaptarlos a las necesidades individuales.

- **Robots colaborativos o cobots.** Se encargan de generar los productos. Así, los cíborgs serán beneficiosos para la reducción de la carga de trabajo del operador hasta la mejora de la satisfacción laboral.

- La **automatización** se hará cargo de tareas monótonas y repetitivas, dejando a los empleados humanos libertad para ejercer su creatividad, lo que, a su vez, mejorará la calidad de la producción.

- Avance en los procesos de **digitalización** que proporciona la Industria 4.0.

Figura 1.13
Industria 5.0: Centrada en el ser humano, integración, sostenibilidad, automatización, digitalización, análisis de datos, personalización, economía circular, ciberfísica.

ACTIVIDAD PROPUESTA 1.4

Identifique qué tecnologías aplica Repsol para que sus procesos sean cada vez más seguros, competitivos y sostenibles.

https://youtu.be/7BR994tSu8c

La Industria 5.0 ha llegado para afianzar la Industria 4.0. Se trata de la utilización correcta y más humana de toda la tecnología disruptiva que se puso a nuestro servicio al comienzo de esta. En este caso, se habla de la humanización de las empresas y de la industria; las personas en el centro de todo.

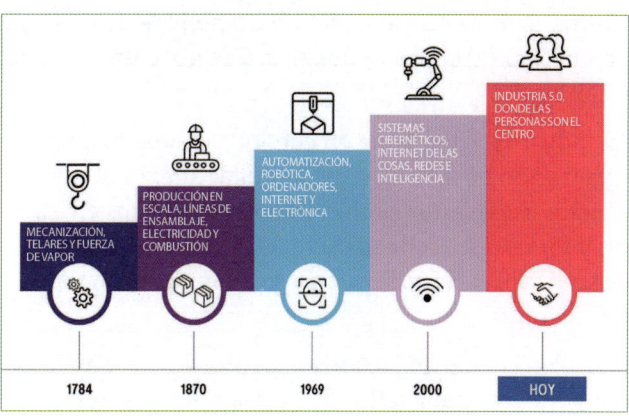

Figura 1.14
Pilares de las revoluciones industriales.
Cuarta Revolución. Digitalización. Elementos que la definen.

1.3 Cuarta Revolución. Digitalización. Elementos que la definen

La digitalización del sistema productivo a través de los conceptos asociados a la Industria 4.0 supone un salto cualitativo en la organización y gestión de la cadena de valor, donde las relaciones comerciales y productivas conllevan una constante conexión entre cliente, proveedor, distribuidor-logística y fabricante.

GLOSARIO

La digitalización es el proceso por el que las organizaciones pueden disponer de toda la información relevante (datos) para el producto/proceso/servicio en tiempo adecuado, proporcionada por un entorno conectado en toda la cadena de valor.

La digitalización empresarial considera los siguientes aspectos:

- Uno de los retos más ambiciosos para los modelos de negocio.

- La innovación tecnológica debe ir acompañada de la Innovación en el modelo de negocio.

- Nuevas oportunidades de negocio gracias a la gran cantidad de información que se genera a lo largo del ciclo de vida de un producto.

- Desarrollo de nuevas aplicaciones de análisis de comportamientos de consumidores/clientes o tendencias, uso de productos y venta de productos personalizados bajo demanda.

También hay que tener en cuenta el riesgo de la resistencia de las pymes al cambio para realizar su transformación digital, y que un proceso de cambio no gestionado adecuadamente puede comportar una mayor brecha digital entre aquellas organizaciones que sí han acometido el proceso y aquellas que no lo han llevado a cabo.

En Industria 4.0 se tiene en cuenta el aumento de la digitalización de las industrias manufactureras, donde los objetos físicos están perfectamente integrados en la red de información (conectados a Internet), lo que permite descentralizar la producción y su adaptación en tiempo real al futuro.

Para ello, la Industria 4.0 se encuentra articulada por un conjunto de habilitadores digitales (tecnologías que permiten la consecución de los retos que plantea la nueva revolución) que se aplican a distintos ámbitos de la empresa.

A partir de estas tecnologías, las transformaciones que se avecinan supondrán el inicio de un modelo de organización de los procesos de producción basados en la tecnología y dispositivos de comunicación automática a lo largo de la cadena de valor, un modelo basado en lo que se conoce como la fábrica inteligente del futuro, donde los ordenadores dirigen los procesos físicos (automatización), crean una imagen virtual del mundo material (gemelo digital) y toman decisiones descentralizadas (sin la intervención humana por medio de la inteligencia artificial) basadas en mecanismos de autoorganización.

Así pues, el objetivo que persigue Industria 4.0 es crear un marco coherente, con el fin de ganar competitividad a partir del incremento del valor entregado a los clientes por la doble vía de mejora de prestaciones y reducción de coste a partir de una mayor eficiencia en los procesos. Adicionalmente se busca la personalización masiva y, en definitiva, se plantea reorientar elementos del modelo de negocio a partir de las posibilidades de la tecnología, creando nuevas propuestas de valor basadas en el conocimiento generado con la información recogida y abriendo nuevos canales digitales de comunicación con los clientes o generando nuevas fuentes de ingresos a partir del valor de los datos.

Todo este potencial podría desarrollarse mediante el siguiente proceso:

1. **Automatización**, sensorización y robotización de los procesos donde personas y robots trabajan juntos interaccionando directamente entre ellos (actividades que se vienen desarrollando durante la Tercera Revolución Industrial y ahora, en la actual Cuarta Revolución Industrial).

2. **Almacenamiento de datos obtenidos** (big data) por los sensores de nuestro proceso y almacenarlos (interna o externamente—*cloud computing*).

3. **Análisis de los datos** de manera masiva (*data analytics*) por medio de *software* e inteligencia artificial que permita adoptar soluciones de manera

autónoma y posibilite la optimización del proceso, abriendo la posibilidad de comercializar los datos y/o contratar servicios a medida.

4. **Interconexión autónoma de los sistemas** del proceso fabril entre sí (robótica colaborativa) y de aquellos con los clientes y proveedores (Internet de las cosas, IoT) empleando sistemas de realidad aumentada y permitiendo la customización (personalización de pedidos tanto desde el punto de vista del abastecimiento de recursos como en la venta de productos).

5. **Sensorización y/o implementación de *software* en los productos** que ofrecemos para que faciliten datos que permitan su control y análisis (adaptación de nuestros productos para la nueva era).

6. **Transformación hacia la prestación de servicios.** La adición a la actividad fabril de servicios asociados a los productos fabricados por medio de los datos que los mismos generan, recopilando todos los datos facilitados por nuestros productos y desarrollando *software* de análisis que nos permitirá:

   ○ Ofrecer a nuestros clientes servicios personalizados de optimización de sus procesos (customización de procesos).

   ○ Ofrecer a nuestros clientes productos ajustados a sus necesidades (customización de los productos).

   ○ Mejorar nuestro producto mediante el análisis de los datos obtenidos durante su uso por todos los clientes (I+D+i).

   ○ Comercialización de los datos.

Figura 1.15
Conectividad en línea de cada contenedor al centro logístico con el nivel de carga que mantienen.

PARA SABER MÁS

Industria conectada 4.0. *Retos y oportunidades de la Cuarta Revolución Industrial.*

https://youtu.be/0fVvCgs8oQg?list=PLapjNZJIttkvS2G7j8el gmud3gXhsdM9z

1.4 Sistemas ciberfísicos

Un sistema ciberfísico integra **capacidad informática, almacenamiento y comunicación**, junto con capacidades de **seguimiento y/o control de objetos en el mundo físico**. Estos sistemas están normalmente conectados entre sí y, a su vez, conectados con el mundo virtual de las redes digitales globales.

GLOSARIO

La palabra *cyber* o cíber hace referencia a lo que está relacionado o involucra ordenadores o redes de ordenadores. Cuando se usa el término *Cyber-Physical Systems* (CPS) se hace referencia a la unión entre un mundo de componentes físicos capaces de ser autónomos con un mundo digital capaz de controlar lo que ocurre en lo físico.

Las características esenciales de estos sistemas son su **capacidad de relacionarse con los objetos físicos** para monitorizar y/ o controlar y la utilización de la información disponible en el mundo virtual, pudiendo tener en algunos casos capacidad de aprender y evolucionar.

El mayor reto que plantean estos sistemas es demostrar su fiabilidad, seguridad y robustez en todas sus posibles situaciones, sobre todo en entornos críticos y en los que la respuesta debe ser en tiempo real.

Los ejemplos de CPS incluyen la red eléctrica inteligente o *smart grid*, sistemas de automóvil autónomo, sistemas de monitorización médica, sistemas de control de procesos, monitorización de procesos de fabricación, monitorización de infraestructuras y carreteras, sistemas de robótica, domótica y pilotos automáticos aeronáuticos.

El CPS implica un enfoque multidisciplinario que fusiona la teoría cibernética, mecatrónica y la ciencia de diseño y proceso.

El control de los procesos a menudo deriva a sistemas embebidos. En los sistemas embebidos o integrados se tiende a poner más énfasis en los elementos informáticos y menos en la relación entre los elementos informáticos y físicos.

La construcción de CPS involucra varios factores: un nivel físico compuesto por *hardware*, sensores y actuadores, una capa de información y comunicación que debe ser altamente confiable y eficiente, datos y conocimiento asociados a tecnologías de la información que puedan involucrar el aprendizaje automático; y el *software*, sobre el cual es especialmente importante considerar, durante sus etapas tempranas de diseño y desarrollo, los análisis de riesgos que permitan a los productos finales, tales como sistemas autónomos y seguros para los usuarios humanos.

Figura 1.16
CPS o *Cyber-Physical System*, siglas de un sistema ciberfísico.

Muestre las ventajas de los CPS en algún área de aplicación.

Solución:

Tabla 1.1 Ventajas de uso de los CPS.

Área de aplicación	Ventajas	Ilustración del campo de aplicación
Transporte y logística	Aviones más rápidos y seguros. Uso mejorado del tráfico aéreo. Autos más seguros y eficientes.	
Salud y biomedicina	Incrementos de usos efectivos de cuidados en casa. Dispositivos competentes para un fácil diagnóstico. Desarrollos de nuevas prótesis internas y externas.	
Infraestructura	Redes eléctricas con mayor fiabilidad. Carreteras que permiten un tráfico con mayor seguridad.	
Energía y automatización industrial	Eficiencia energética y más barato para operar.	

1.5 Estructura de la empresa. Digitalización de sus unidades

La digitalización de una empresa implica transformar sus unidades y procesos por cada línea de negocio y actividad de la organización, si bien en casos excepcionales y justificados se podrán excluir líneas de negocio de acuerdo con el análisis de contexto realizado y los riesgos y oportunidades detectados.

La implantación de una industria digital viene condicionada por:

1. Sus necesidades y objetivos.
2. Los procesos.
3. Los productos y servicios que ofrece.
4. La organización (tamaño, estructura) y los recursos humanos que la conforman.
5. La infraestructura.

La estructura de una empresa digitalizada puede variar según su industria, tamaño y objetivos, pero no se debe aceptar la consideración de industria digital si se excluye alguno de los siguientes ejes:

- Productos y servicios
- Procesos
- Organización y personas
- Infraestructuras

La empresa debe determinar las cuestiones externas e internas que son pertinentes en el contexto digital en el que lleva a cabo sus actividades y que afectan a su capacidad para lograr los resultados previstos.

En el ámbito de su digitalización, y como parte de su estrategia de negocio y mercado, se debe identificar al cliente y al resto de partes interesadas que le son pertinentes, así como sus requisitos digitales. Asimismo, se deben identificar los cambios disruptivos y el impacto de estos aspectos sobre el modelo de negocio.

A continuación, se describe cómo debe ser la estructura de una empresa y la digitalización de sus unidades:

1. **Unidad de dirección y estrategia digital**

   o **Función:** esta unidad es responsable de establecer la visión digital de la empresa y desarrollar una estrategia digital coherente.

   o **Digitalización:** la dirección debe demostrar liderazgo y compromiso con respecto a la digitalización de la organización. Se deben:

   – Asegurar que se establezcan objetivos digitales y que estos sean compatibles con la dirección estratégica de la organización.

   – Asegurar que los recursos necesarios para la digitalización estén disponibles.

   – Asegurar que se logren los resultados previstos.

   – Asignar responsabilidades para la gestión de la digitalización que deben ser conocidas por todas las personas de la organización.

   – Promover la mejora continua como consecuencia de la digitalización.

Figura 1.17
Unidad de dirección con estrategia digital coherente.

2. **Departamento de tecnología de la información (TI)**

   o **Función:** gestionar la infraestructura tecnológica, la seguridad de la información y el desarrollo de sistemas.

   o **Digitalización:** implementar y mantener sistemas digitales, incluyendo *hardware*, *software*, redes y servicios en la nube.

3. **Unidades de negocio o líneas de producto**

   o **Función:** ejecutar las operaciones cotidianas relacionadas con productos o servicios específicos.

   o **Digitalización:** si bien es deseable que cada organización digitalice todos sus procesos, debe focalizarse en aquellos que tengan un impacto significativo en los ingresos, costes o experiencia de sus clientes. Aunque esto dependerá de cada organización concreta, siempre deben considerarse procesos clave de negocio dentro de la fase de planificación al menos los siguientes:

   – Diseño de productos/servicios

   – Fabricación

   – Logística y distribución

   – Relación con el cliente: *marketing*/comunicación, venta, posventa y atención al client.

4. **Recursos humanos y desarrollo de talento**

   o **Función:** gestionar el reclutamiento, la formación y el desarrollo de empleados.

○ **Digitalización:** la empresa debe contar con capital humano con habilidades y competencias suficientes en el ámbito digital para asegurar la digitalización de sus procesos y actividades y su evolución en el tiempo. Se debe:

– Identificar a las personas involucradas en los procesos, especialmente en los procesos clave de negocio, definiendo las competencias y roles digitales necesarios para la realización de las actividades que se llevan a cabo en dichos procesos.

– Identificar las actividades en que se subcontrata personal externo.

○ Asegurar que las personas poseen los perfiles, incluyendo las competencias digitales definidas anteriormente, con criterios basados en la educación, formación especializada o experiencia apropiadas, y asegurar también el mantenimiento y actualización de los conocimientos necesarios para el desempeño de las funciones digitales.

Figura 1.18
Reclutamiento, formación y desarrollo de empleados.

5. Ventas y *marketing*

○ **Función:** generar ventas y promocionar productos o servicios.

○ **Digitalización:** el *marketing* digital debe estar contemplado en la planificación de la organización. A modo de lista no exhaustiva, elementos que puede contener:

– Cuadro de mando digital

– Omnicanalidad

– Estrategia SEO/SEM

– *Social media* e índice de reputación digital

– Plataforma de comercio *online*

– Número de contactos digitales

– Recurrencia de clientes digitales

– Número de accesos al sitio web clasificados por origen (RR. SS., buscadores, directamente o a través de promociones, etc.)

6. Atención al cliente

○ **Función:** brindar soporte y asistencia a los clientes.

○ **Digitalización:** implementar sistemas de gestión de relaciones con el cliente (CRM) y *chatbots* para ofrecer un servicio más eficiente y personalizado. Se pueden considerar, a modo de lista no exhaustiva, los siguientes elementos en este sentido:

– Conocimiento del cliente.

– Canales de comunicación, venta y atenciones digitales.

– Nuevos productos y servicios digitales donde el cliente/proveedor también participa (por ejemplo, cocreación, personalización, etc.).

– Nuevos modelos de negocio (por ejemplo, pago por uso, periodos de prueba, gratuidad con publicidad, etc.).

7. Producción y operaciones

○ **Función:** fabricar productos o prestar servicios.

○ **Digitalización:** integrar tecnologías de automatización, IoT y análisis de datos para mejorar la eficiencia y la calidad.

Figura 1.19
Un técnico superior controla brazos robóticos integrando la realidad aumentada para la automatización.

8. Departamento financiero y contabilidad

○ **Función:** gestionar las finanzas, la contabilidad y el cumplimiento normativo.

○ **Digitalización:** utilizar *software* de contabilidad y sistemas de gestión financiera para simplificar los procesos y mejorar la toma de decisiones.

9. Gestión de proyectos y desarrollo de productos

○ **Función:** llevar a cabo proyectos y desarrollar nuevos productos o servicios.

○ **Digitalización:** utilizar herramientas de gestión de proyectos, colaboración en línea y desarrollo de prototipos digitales.

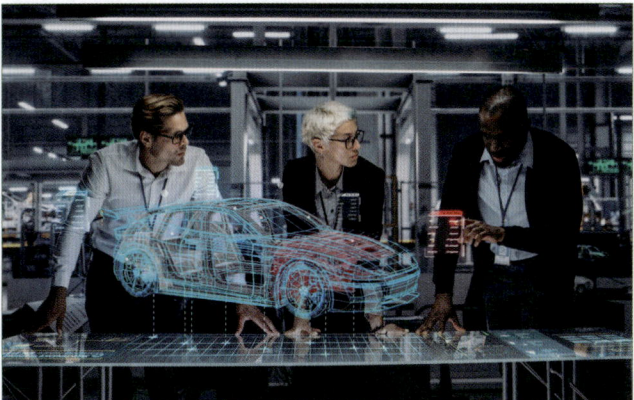

Figura 1.20
Los diseñadores industriales discuten el holograma de realidad aumentada del automóvil eléctrico.

10. **Unidad de cumplimiento y seguridad cibernética**

○ **Función:** garantizar el cumplimiento normativo y proteger la empresa contra amenazas cibernéticas.

○ **Digitalización:** implementar estrategias de ciberseguridad y herramientas de cumplimiento digital.

La digitalización no es solo responsabilidad de una unidad específica; más bien, debe estar integrada en toda la empresa. La colaboración y la comunicación efectiva entre estas unidades son esenciales para aprovechar al máximo las tecnologías digitales. Además, la alta dirección debe liderar el proceso de transformación digital y garantizar que se alinee con los objetivos estratégicos de la empresa.

Cada unidad debe evaluar sus procesos y necesidades específicas para determinar cómo la digitalización puede mejorar la eficiencia, la calidad y la toma de decisiones. El proceso de digitalización es continuo y requiere adaptación constante a medida que las tecnologías digitales evolucionan y cambian las demandas del mercado.

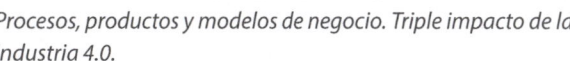

PARA SABER MÁS

Procesos, productos y modelos de negocio. Triple impacto de la Industria 4.0.

https://youtu.be/Dk1OkK4BTDY

1.6 Entornos IT y OT. Diferencias y similitudes

En el sector industrial existen dos conceptos que suelen entenderse por separado: las tecnologías de la información (IT, *Information Technology*) y las tecnologías de la operación (OT, *Operation Technology*) son dos conceptos distintos, pero pueden combinarse entre sí.

GLOSARIO

La IT es la aplicación de ordenadores y equipos de telecomunicación para almacenar, recuperar, transmitir y manipular datos o información, con frecuencia utilizado en el contexto de los negocios u otras empresas.

El término se utiliza como sinónimo para los ordenadores y las redes de ordenadores, pero también abarca otras tecnologías de distribución de información, tales como la televisión y los teléfonos. Múltiples industrias están asociadas con las tecnologías de la información: *hardware* y *software* de ordenadores, electrónica, semiconductores, Internet, equipos de telecomunicación, el comercio electrónico y los servicios informáticos.

Figura 1.21
La tecnología de la información.

GLOSARIO

La OT es *hardware* y *software* que detecta o provoca un cambio, a través de la supervisión y/o el control directo de los equipos, activos, procesos y eventos industriales.

Figura 1.24
Interacción de OT y IT en las empresas o negocios.

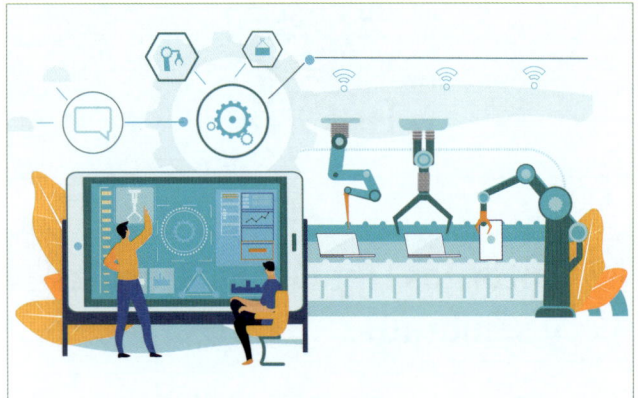

Figura 1.22
La tecnología de la operación.

Aunque ambas tecnologías pueden trabajar en conjunto para potenciar sus funcionalidades, sus utilidades son muy distintas y los entornos en los que deben conservarse también difieren. Conocer las diferencias entre IT y OT es importante para asegurar una convergencia responsable y funcional en el sector de la Industria 4.0.

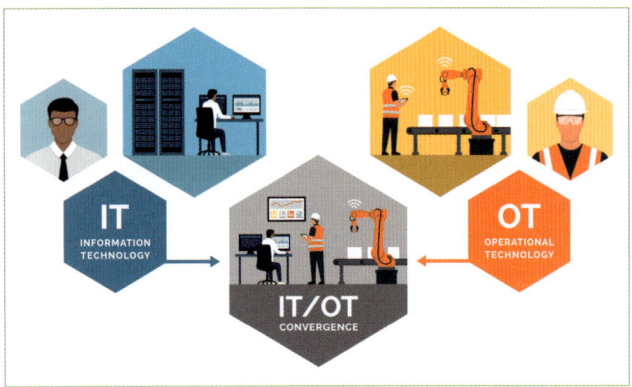

Figura 1.23
Convergencia necesaria entre IT y OT.

1.6.1 Diferencias entre *Information Technology* y *Operation Technology*

La OT está dedicada a detectar o cambiar los procesos físicos a través de la monitorización y el control de dispositivos también físicos, como tuberías o válvulas, recursos que utiliza un negocio para fabricar productos o servicios para vender. En cambio, la IT se caracteriza por la aplicación de equipos de telecomunicación como ordenadores para tratar datos y gestionar la producción, venta y apoyo de estos productos y servicios. La caracterización de ambas tecnologías se puede dar en diferentes situaciones, como:

- **Diferencias de tecnología** predominante en cada entorno. Mientras que en el entorno industrial se habla de sensores, controladores, actuadores, etc., en el corporativo se habla de bases de datos, gestor documental, etc. Por ello, el conocimiento tecnológico que poseen los perfiles de cada entorno es totalmente diferente y supone un gran distanciamiento entre ellos.

No son comparables las necesidades que tienen unos con respecto a los otros. En el sector IT nos encontramos con un entorno de oficina donde el número de activos es similar al número de personas; sin embargo, si hablamos del entorno OT, contamos con multitud de dispositivos repartidos por un espacio amplio en la mayoría de las ocasiones y bastantes menos personas en proporción. Además, el entorno OT posee unas condiciones de funcionamiento bastante duras (temperatura, humedad, etc.), no comparables a las que se puede encontrar en unas oficinas de IT.

Asociada a la tecnología también se encuentra la jerga utilizada. Dentro de los sistemas de control industrial existe un lenguaje enriquecido por la variedad de dispositivos y procesos que se ejecutan, detectándose incluso diferencias entre trabajadores de distintos sectores, ya que pueden manejar tecnologías diferentes dentro de sus respectivos ámbitos. Por el contrario, en IT se encuentra con conocimientos generales y, aunque a veces sean algo concretos, gran parte de los profesionales que trabajan en este sector o incluso de sectores diferentes podrían entenderlos.

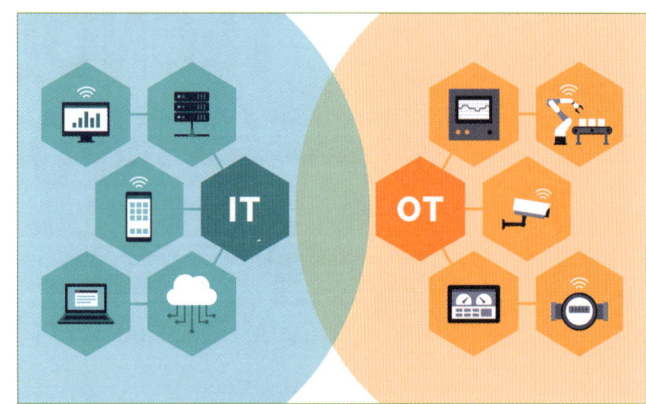

Figura 1.25
Necesidades tecnológicas de IT y OT.

- **Condiciones de conservación** bajo las que se encuentran. En el caso de las OT, sus entornos suelen ser mucho más duros que con las IT, puesto que aguantan altas temperaturas, grandes niveles de humedad y ataques climatológicos en general. Las IT suelen ser bastante más frágiles y deben recibir un cuidado constante. Además, normalmente se sitúan en entornos controlados en los que no suelen haber cambios.

- **Enfoque de seguridad.** En OT se prioriza el trabajo con máquinas y dispositivos, como sensores para el Internet industrial de las cosas (IIoT, *Industrial Internet of Things*). Esto hace que sea mucho más común la aparición de riesgos de diferente índole. Los **sistemas de control industrial** u OT y de control industrial ponen por delante la disponibilidad de su tecnología, puesto que se trata de un sector más pragmático y que depende en gran medida de la funcionalidad de su maquinaria. Le sigue la integridad de la funcionalidad. La confidencialidad queda relegada.

Los sistemas IT priorizan la confidencialidad y seguridad de los datos. La integridad de la información es secundaria y su disponibilidad, terciaria.

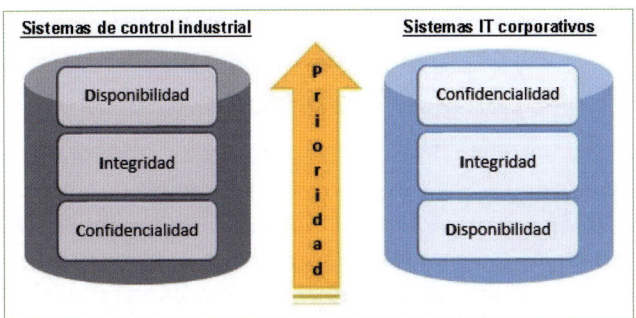

Figura 1.26
Principios de seguridad. Visión desde IT y desde OT.

○ La confidencialidad permite limitar el acceso a los datos de modo que solo las personas (o recursos) autorizados puedan acceder a la información.

○ La integridad garantiza que la información sea correcta, sin errores y que no pueda ser modificada sin permiso.

○ La disponibilidad asegura que la información está accesible en un momento preciso y para las personas que la necesitan.

- **Protocolo y normativa.** En el caso del mundo OT, las normativas suelen ser específicas de cada sector industrial, siendo muy pocas las de carácter generalista; sin embargo, en IT es habitual que las regulaciones sean cruzadas y que no se apliquen a un solo sector, sino que puedan ser utilizadas con independencia del ámbito relacionado con la empresa.

Por ejemplo, dentro del sector TO no es lo mismo hablar de la normativa que se aplica a una central nuclear, siendo esta bastante específica de ese sector y

que depende de las características asociadas a la central y a la región donde se ubica, que la normativa o la regulación que se aplica a una planta embotelladora.

En el sector TI, la regulación aplicada a una empresa dedicada a la banca se aplica de igual manera a otra orientada hacia la comercialización de luz, salvando las distancias de que la actividad realizada no es la misma.

En los organismos reguladores de cada entorno también hay diferencias: si para el entorno IT casi siempre se habla de organismos internacionales, para el entorno OT suelen existir reguladores por sectores independientes unos de otros.

EJEMPLO 2

Identifique los estándares para la seguridad desde IT y OT.

Solución:

La normativa de la seguridad IT se apoya en estándares genéricos sobre seguridad de la información (serie ISO/IEC 27000) —a diferencia de la seguridad de las redes OT (estándares ISA 99/IEC 62443)—, a los que hay que añadir la normativa de seguridad industrial específica de cada sector.

Curiosidad:

Por ejemplo, un sistema SCADA que controla la distribución de gas en EE. UU. está regulado por la AGA (American Gas Association), mientras que el SCADA de distribución eléctrica está regulado por NERC (North American Electric Reliability Corporation), pese a que los equipamientos y el concepto de SCADA sean similares en ambos casos.

En las comunicaciones también existen grandes diferencias, siendo los protocolos industriales propietarios y, en los últimos años, algunos TCP/IP los predominantes en sistemas de control industrial, mientras que en IT, por las principales labores que se realizan en una oficina, se encuentran protocolos asociados a la navegación web, es decir, HTTP/HTTPS sobre TCP/IP.

- **Datos y procesos.** En los sistemas IT, las vías comunicativas suelen estar congestionadas a causa de las grandes cantidades de información enviadas y recibidas. Por contra, en OT la infraestructura informativa es más bien secundaria y simple. De hecho, en OT las organizaciones suelen desplegar un conjunto reducido de aplicaciones de control para administrar y mantener los sistemas. Además, este entorno permanece relativamente estático. Las prioridades son distintas, y es que en IT se busca analizar datos para tomar decisiones de forma óptima y el objetivo de OT es asegurar la calidad de los procesos físicos.

- **Frecuencia de actualización.** La tecnología IT es más vulnerable y por ello necesita actualizaciones constantes. Al tratarse de entornos más dinámicos, es fácil encontrar estos errores y solventarlos. Sin embargo, los sistemas OT deben permanecer en marcha durante largos periodos de tiempo, por lo que no pueden ser parcheados a menudo, puesto que esto requeriría un reinicio. Si estos sistemas se desactivaran, se detendrían todos los procesos productivos y se generarían pérdidas económicas. Por desgracia, esto hace que a menudo se utilicen sistemas obsoletos en OT.

1.7 Relación entre entornos *Information Technology* y *Operation Technology*. Tecnologías disruptivas habilitadoras en cada entorno

La conexión entre entornos IT y OT es esencial para optimizar la eficiencia y mejorar la toma de decisiones en una empresa. Estos entornos tradicionalmente han funcionado de manera separada, pero la convergencia entre IT y OT se ha vuelto fundamental con la digitalización.

1.7.1 Importancia de la conexión *Information Technology-Operation Technology*

- **Visión integral del negocio:** conectar IT y OT proporciona una visión integral del negocio, desde la administración hasta la planta de producción. Esto permite tomar decisiones informadas basadas en datos en todos los niveles de la organización.

- **Eficiencia operativa:** la conexión entre IT y OT mejora la eficiencia al optimizar los procesos de producción, permitiendo una coordinación más estrecha entre los sistemas de información corporativos y los sistemas de control de la planta.

- **Toma de decisiones informada:** la integración de datos de IT y OT proporciona información en tiempo real, lo que facilita la toma de decisiones informada tanto a nivel operativo como estratégico.

- **Gestión de riesgos:** la conexión entre estos entornos mejora la gestión de riesgos al permitir una monitorización más efectiva de los procesos críticos y la identificación temprana de problemas potenciales.

- **Innovación:** la colaboración entre IT y OT fomenta la innovación al permitir la implementación rápida de tecnologías emergentes en la producción y en los sistemas empresariales.

1.7.2 Relación entre entornos *Information Technology* y *Operation Technology*

En los entornos IT existe el modelo teórico de referencia OSI; en entornos OT encontramos la pirámide de automatización industrial, también conocida como pirámide CIM (*Computer Integrated Manufacturing*), que recoge las tecnologías digitales habilitadoras empleadas en la automa-

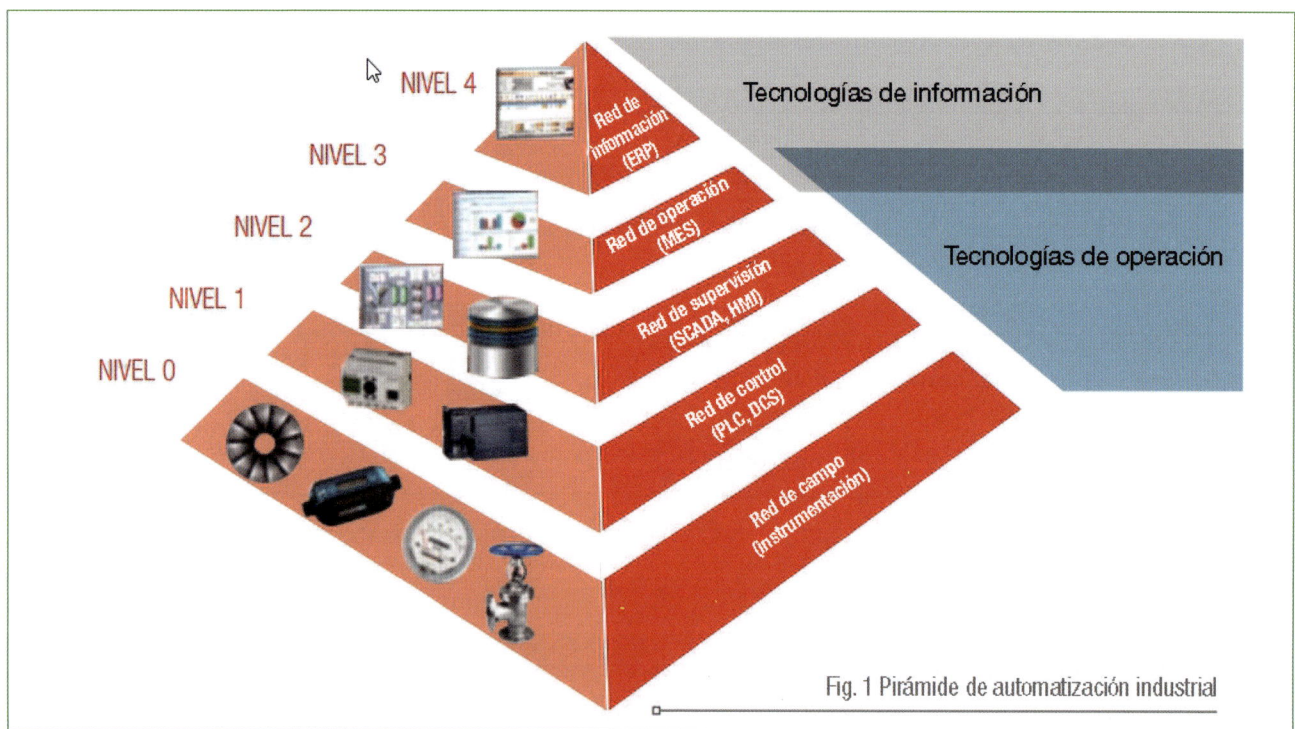

Fig. 1 Pirámide de automatización industrial

Figura 1.27
Pirámide de automatización industrial.

tización y gestión de procesos productivos y se ordena en 5 niveles distintos dentro de tres entornos o subredes.

Entorno OT o subred OT: está destinada al control y automatización de los procesos físicos y la operación de la maquinaria de producción, como PLC (controladores lógicos programables), SCADA (supervisión, control y adquisición de datos), sistemas de control de procesos y sistemas de gestión de activos.

Entorno IT o subred IT: es una red corporativa de datos diseñada para entornos transaccionales, se centra en la gestión de la información y los sistemas de la empresa, incluyendo áreas como ERP (planificación de recursos empresariales), CRM (gestión de relaciones con el cliente), sistemas de gestión financiera y sistemas de información corporativos.

La relación o subred DMZ industrial o zona industrial desmilitarizada, intermedia entre la subred IT y la subred OT, evita el tráfico directo entre ambas por motivos de seguridad y facilita el intercambio de información y el uso de aplicaciones comunes a las dos redes para llevar a cabo la gestión y administración integrada de la producción. La conexión se realiza mediante la implementación de protocolos de comunicación estándar y la integración de sistemas que permiten el intercambio de datos entre ambos entornos.

- **Nivel 0 o red de adquisición de datos de campo o instrumentos, nivel de proceso:** se corresponde con los equipos de campo englobados en el propio proceso productivo, es decir, conecta los sensores, instrumentación y actuadores de la planta, donde lo que importa es el medio o los dispositivos de campo (motores eléctricos, actuadores hidráulicos y neumáticos para mover maquinaria, interruptores de proximidad utilizados para detectar movimiento o ciertos materiales, interruptores fotoeléctricos, etc.) y se transmiten señales, que pueden ser tanto analógicas como digitales, con las particularidades que ello implica y que permiten el control de las máquinas y equipos de producción.

Figura 1.28
Red de campo (nivel 0) o nivel de proceso. Ejemplo de una fábrica de elaboración de quesos.

- **Nivel 1 o red de control:** incluye los dispositivos controladores como ordenadores, PLC, las unidades terminales remotas (UTR, *Remote Terminal Unit*), los sistemas de control distribuido (DCS, *Distributed Control Systems)* y los más recientes controladores de automatización programables (PAC, *Programmable Automation Controller*), etc. Como su propio nombre indica, se encarga de controlar y supervisar las operaciones realizadas en la parte física (nivel 0 o el nivel de campo), procesando los datos de los sensores y tomando decisiones para controlar las acciones.

Estas tecnologías de automatización permiten mantener ciertas variables del proceso dentro de determinados valores, o asegurar que el proceso evolucione a estados deseables, para lo cual requieren comunicarse con los dispositivos del nivel de proceso, ya sea para medir las variables, conocer el estado, o para actuar sobre este aplicando algún tipo de energía (eléctrica, neumática, hidráulica, etc.).

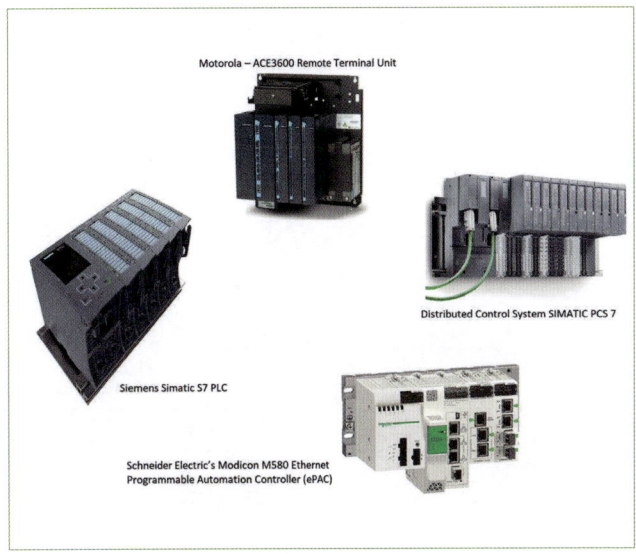

Figura 1.29
Red de control (nivel 1), dispositivos de control.

- **Nivel 2 o red de supervisión:** nivel de supervisión con equipos destinados a controlar la secuencia de procesos de fabricación y/o producción y áreas de una instalación industrial, como los sistemas de supervisión, control y adquisición de datos (SCADA, *Supervisory Control And Data Acquisition*), las interconexiones hombre-máquina (HMI, *Human-Machine Interface*) y las estaciones de operaciones o servidores de ingeniería, basados en plataformas propietarias de unos pocos fabricantes (General Electric, Rockwell, Schneider y Siemens, entre otros).

Además, generalmente agrega una interfaz gráfica de usuario, o un HMI, para controlar las funciones de forma remota. Las plantas de agua, por ejemplo, a menudo emplearán esta tecnología para controlar las bombas de agua remotas en sus sistemas.

Figura 1.30
Red de supervisión (nivel 2), interfaces gráficas de usuario.

- **Nivel 3 o red o sistema de operación de planta:** está formada por un sistema de ejecución de producción en planta (MES, *Manufacturing Execution System*). Se centra en la planificación de toda la instalación industrial. Los datos recopilados de los anteriores niveles se utilizan para la toma de decisiones estratégicas como la programación de la producción o el mantenimiento preventivo.

Figura 1.31
Manufacturing Execution System.

- **Nivel 4 o red de información o nivel de gestión.** Corresponde a tecnologías en negocio (entorno IT). Este nivel utiliza el sistema de gestión integrado de las empresas, que se conoce como planificación de recursos empresariales (ERP, *Enterprise Resource Planning*). Aquí es donde la alta dirección de una empresa puede ver y controlar sus operaciones. Suele ser un conjunto de aplicaciones informáticas diferentes que pueden ver todo lo que sucede dentro de una empresa, como sistemas CRM que gestionan las relaciones con los clientes, sistemas BI (*business intelligence*) que analizan datos para informes y toma de decisiones, plataformas *cloud* que facilitan el almacenamiento y procesamiento de grandes cantidades de datos.

Estos niveles se pueden trasladar casi directamente a niveles de red, pero se han de tener en cuenta otros dos niveles adicionales:

- **La red de intercambio de datos:** es una red DMZ donde se situarán, entre otras máquinas, las máquinas de salto por las que se accederá a la red industrial desde la red corporativa.

- **La red externa:** incluye todas las comunicaciones con el exterior y conforma la última red de la infraestructura.

La digitalización efectiva implica la integración armoniosa de estas tecnologías en planta y negocio. Esto no solo mejora la eficiencia operativa, sino que también brinda una ventaja competitiva al permitir la adaptación rápida a cambios en el mercado y la implementación de nuevas tecnologías de manera eficiente. La conexión IT-OT es un paso clave para lograr la transformación digital completa de una empresa.

PARA SABER MÁS

SMC: *Smart Fexibility*, enfoque hacia la Industria 4.0.

https://youtu.be/j3GSN1PiIA4

PARA SABER MÁS

Digitalización de la gestión del aire comprimido con el *Air Management System* de SMC.

https://youtu.be/IrdveGAXbMQ

1.8 Evolución de una empresa clásica a una empresa digitalizada. Ventajas

1.8.1 Ventajas de digitalizar una empresa industrial de extremo a extremo

La digitalización de una empresa industrial de extremo a extremo implica la integración y automatización de todos los procesos, desde la producción y la logística hasta la gestión financiera y las interacciones con los clientes. Este enfoque tiene varias ventajas significativas:

1. **Eficiencia operativa**

   o *Antes:* en una empresa clásica, los procesos pueden ser manuales y propensos a errores. La comunicación entre departamentos puede ser lenta.

   o *Después:* con la digitalización, los procesos son automatizados, reduciendo los tiempos de producción y minimizando errores. La información fluye de manera más rápida y eficiente entre las distintas áreas de la empresa.

2. **Mejora de la calidad**

   o *Antes:* la calidad puede verse afectada por procesos manuales y falta de visibilidad.

   o *Después:* la monitorización en tiempo real y la recopilación de datos permiten un control de calidad más efectivo. Los problemas pueden detectarse y abordarse de inmediato.

3. **Mayor flexibilidad y adaptabilidad**

   o *Antes:* las empresas clásicas pueden tener estructuras rígidas y procesos inflexibles.

   o *Después:* la digitalización permite una mayor flexibilidad para adaptarse a cambios en la demanda del mercado, introducir nuevos productos y responder rápidamente a las oportunidades.

4. **Toma de decisiones basada en datos**

   o *Antes:* las decisiones pueden basarse en información limitada o desactualizada.

   o *Después:* la digitalización proporciona datos en tiempo real y análisis avanzados, permitiendo una toma de decisiones más informada y estratégica.

5. **Experiencia del cliente mejorada**

   o *Antes:* la interacción con los clientes puede ser manual y estar sujeta a errores.

   o *Después:* sistemas CRM (*Customer Relationship Management*) y soluciones digitales permiten una gestión más efectiva de las relaciones con los clientes, personalización y mejora de la experiencia del cliente.

6. **Reducción de costes**

   o *Antes:* los costes operativos pueden ser elevados debido a la falta de eficiencia.

   o *Después:* la automatización y eficiencia operativa resultan en una reducción de costes a largo plazo.

7. **Integración de la cadena de suministro**

   o *Antes:* la cadena de suministro puede ser fragmentada y carecer de visibilidad.

   o *Después:* la digitalización permite una integración completa de la cadena de suministro, mejorando la visibilidad, la coordinación y la eficiencia.

8. **Innovación continua**

   o *Antes:* la adopción de nuevas tecnologías puede ser lenta.

   o *Después:* la empresa digitalizada puede adoptar rápidamente nuevas tecnologías y modelos de negocio, fomentando la innovación continua.

9. **Mayor competitividad**

   o *Antes:* las empresas clásicas pueden quedarse rezagadas en un mercado que evoluciona rápidamente.

   o *Después:* la digitalización permite a la empresa mantenerse competitiva al adoptar tecnologías emergentes y responder ágilmente a las cambiantes condiciones del mercado.

10. **Mejora en la seguridad**

    o *Antes:* la seguridad de datos y sistemas puede ser una preocupación.

    o *Después:* con la digitalización, se implementan medidas de seguridad avanzadas para proteger los datos y garantizar la continuidad del negocio.

1.8.2 Evolución de una empresa clásica a una empresa digitalizada

La evolución de una empresa clásica a una empresa digitalizada implica un cambio cultural, la adopción de nuevas tecnologías y la capacitación del personal. Sin embargo, las ventajas en términos de eficiencia, calidad, toma de decisiones y capacidad para adaptarse a un entorno empresarial en constante cambio hacen que la inversión en digitalización sea estratégica y valiosa.

1. **Inicio de conciencia digital:** reconocimiento de la importancia de la digitalización en la eficiencia y competitividad.

2. **Implementación de tecnologías básicas:** introducción de tecnologías como sistemas ERP y CRM.

3. **Automatización de procesos clave:** automatización de procesos clave, como la gestión de inventario y la contabilidad.

4. **Adopción de tecnologías emergentes:** incorporación de tecnologías emergentes como IoT, big data y analítica.

5. **Integración de la cadena de valor:** integración de la cadena de valor desde la producción hasta la entrega y el servicio posventa.

6. **Cambio cultural y formación:** fomento de una cultura orientada a la innovación y la adaptabilidad.

Formación continua para empleados sobre nuevas tecnologías.

7. **Enfoque en la experiencia del cliente:** desarrollo de soluciones digitales centradas en mejorar la experiencia del cliente.

8. **Agilidad y flexibilidad empresarial**: adopción de metodologías ágiles para permitir cambios rápidos y adaptación continua.

9. **Gestión de datos estratégica:** enfoque estratégico en la gestión de datos para la toma de decisiones basada en datos.

10. **Modelos de negocio innovadores:** exploración de nuevos modelos de negocio habilitados por la digitalización.

1.8.3 Ventajas resultantes

La digitalización integral de una empresa industrial ofrece beneficios significativos, desde mejoras operativas hasta ventajas estratégicas a largo plazo. Es un proceso continuo que requiere una visión clara, inversión en tecnología y una cultura organizativa que abrace la innovación y la adaptación al cambio.

- **Mayor productividad y rentabilidad:** optimización de procesos y recursos para una mayor productividad y rentabilidad.

- **Resiliencia empresarial:** capacidad para resistir y adaptarse a cambios en el entorno empresarial.

- **Posicionamiento en el mercado:** mejor posicionamiento en el mercado debido a la innovación y la eficiencia.

- **Satisfacción del cliente:** mejora continua en la satisfacción del cliente debido a la entrega eficiente y experiencias personalizadas.

- **Sostenibilidad empresarial:** prácticas sostenibles que benefician tanto a la empresa como al medio ambiente.

Figura 1.32
Análisis de la visión artificial de la IA y eficiencia para producción en una línea de ensamblaje automatizada de brazos robóticos para la fabricación de vehículos.

PARA SABER MÁS

La fábrica inteligente.

https://youtu.be/wVD39XT7Q-E

Reto profesional

Digitalizar una empresa mediante Design Thinking

Breve descripción

La finalidad de este reto es vivenciar el contexto de la transformación digital y su repercusión en los sectores productivos teniendo en cuenta la actividad de la empresa e identificando entornos IT y OT característicos. Aplicando un proceso de Design Thinking podéis comprender y desarrollar mejor el reto de adaptar tecnologías típicas de la digitalización en planta y en negocio.

El reto

En el reto, por equipos, se va a tratar de aplicar el Design Thinking, herramienta ágil para la gestión de la innovación, que permite aplicar el pensamiento de diseño a la formulación de ideas innovadoras como estrategia para seleccionar las tecnologías típicas de la digitalización en planta y en negocio de una empresa u organismo equiparado relacionada/o con los/as profesionales con el título de Técnico en… que ejercen su actividad (que se puede identificar en el apartado primero del Artículo 7 Entorno profesional de cada Real Decreto por el que se establece el título). Dentro de pasos que sigue esta metodología, se debe usar códigos QR para mostrar el prototipo de la digitalización en planta y en negocio, abriendo un link de una página web, textos, imágenes o vídeos.

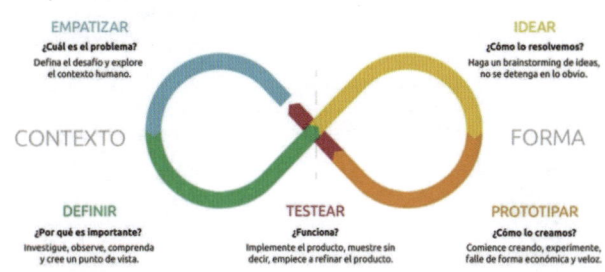

Para realizar el reto profesional, acceda a www.marcombo.info y descargue gratis el contenido adicional.

Código: **MARCOMBO21**

Mapa conceptual

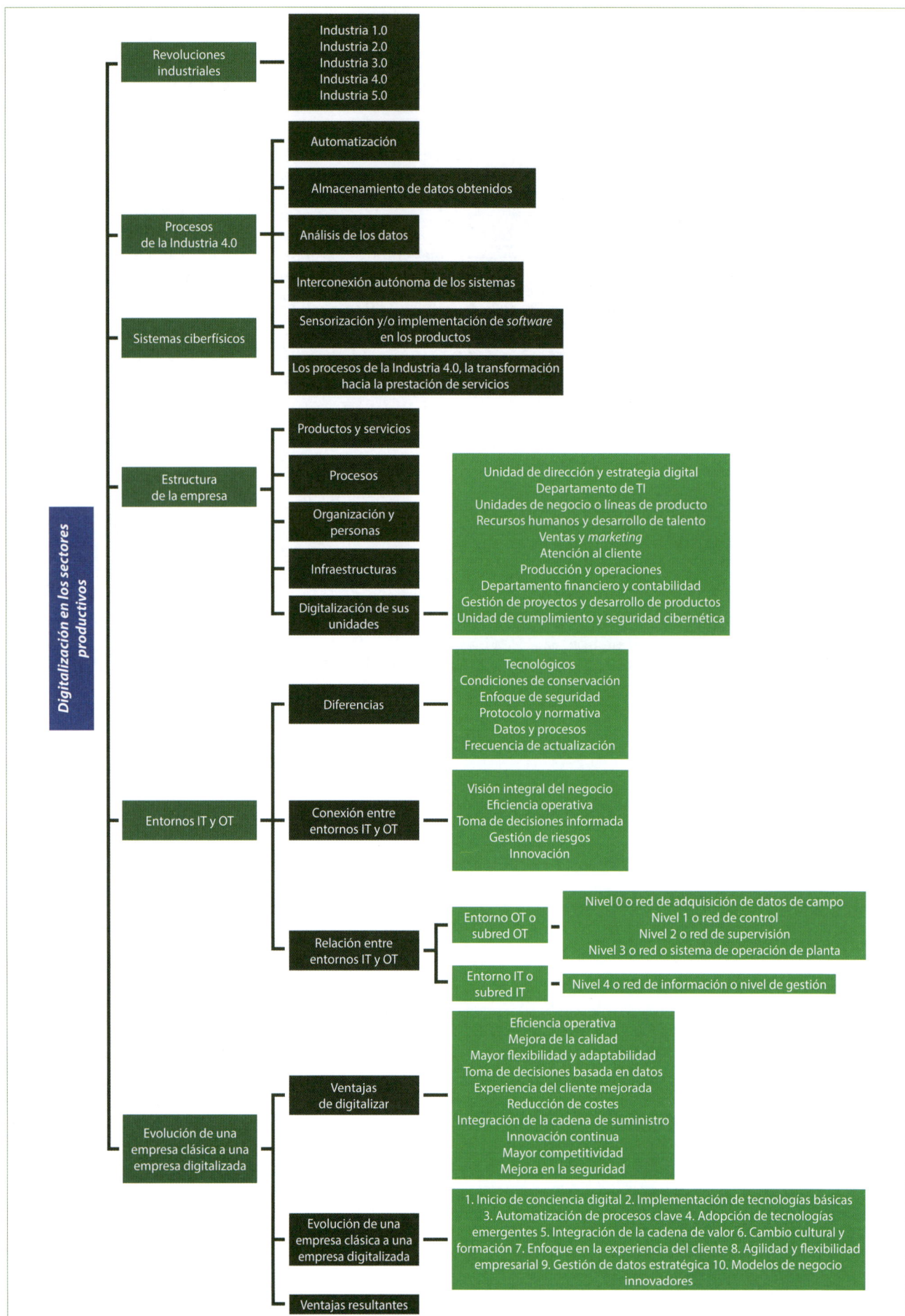

Figura 1.33 Mapa conceptual.

TEST DE EVALUACIÓN

1. **¿Cuándo tuvo lugar la Primera Revolución Industrial?**

   a) En el siglo xx.

   b) En el siglo xvii.

   c) A finales del siglo xvi.

   d) A mediados del siglo xviii.

2. **La Segunda Revolución Industrial se caracterizó por:**

   a) El empleo de excedentes de capital procedentes de la agricultura.

   b) El escaso avance industrial y la búsqueda de nuevos mercados.

   c) El empleo de tres nuevas fuentes de energía: el gas, el petróleo y la electricidad.

   d) El empleo del carbón y la electricidad.

3. **¿Qué es la Industria 4.0?**

   a) La automatización de los procesos industriales utilizando robots y sensores.

   b) La implementación de tecnología de realidad aumentada en las fábricas.

   c) La digitalización de las industrias manufactureras mediante la integración de objetos físicos en una red de información.

   d) El desarrollo de *software* de análisis de datos masivos.

4. **¿Qué es la digitalización empresarial?**

   a) El proceso por el cual las organizaciones utilizan solo medios digitales.

   b) El proceso por el cual las organizaciones se vuelven electrónicas.

   c) El proceso por el cual las organizaciones obtienen información relevante de sus productos en tiempo adecuado.

   d) El proceso por el cual las organizaciones venden productos personalizados.

5. **¿Qué se entiende por sistema ciberfísico?**

   a) Un sistema físico sin componentes electrónicos.

   b) Un sistema que no está conectado con el mundo virtual.

   c) Un sistema que solo utiliza información sobre el mundo físico.

   d) Un sistema que tiene capacidades informáticas, de almacenamiento y comunicación y de seguimiento y/o control de objetos en el mundo físico.

6. **¿Qué unidad es la responsable de establecer la visión digital y la estrategia coherente de la empresa?**

   a) Unidades de negocio o líneas de producto.

   b) Departamento de tecnología de la información (TI).

   c) Unidad de cumplimiento y seguridad cibernética.

   d) Unidad de dirección y estrategia digital.

7. **¿Cuál es la principal diferencia tecnológica entre IT y OT?**

   a) El entorno industrial utiliza sensores y controladores, mientras que el entorno corporativo emplea bases de datos.

   b) El entorno industrial utiliza sensores y controladores, mientras que el entorno corporativo emplea máquinas virtuales.

   c) El entorno industrial utiliza bases de datos, mientras que el entorno corporativo emplea sensores y controladores.

   d) El entorno industrial utiliza bases de datos, mientras que el entorno corporativo usa máquinas virtuales.

8. **La Industria 5.0 no viene para sustituir a la Industria 4.0, sino que aparece para complementar el progreso aportado por las diferentes tecnologías y potenciar la relación positiva entre los hombres y las máquinas, con alguno de los siguientes ejes fundamentales:**

   a) Sostenibilidad.

   b) Protagonismo de la persona.

   c) Resiliencia.

   d) Todos las anteriores.

9. **¿Qué es el nivel 2 o red de supervisión?**

   a) El nivel de supervisión con equipos destinados al diseño de instalaciones industriales.

   b) El nivel de supervisión con equipos destinados a controlar la secuencia de procesos de fabricación y/o producción y áreas de una instalación industrial.

   c) El conjunto de sistemas de supervisión, control y adquisición de datos (SCADA.)

   d) El conjunto de interconexiones hombre-máquina (HMI).

10. **¿Qué nivel de red se encarga de las comunicaciones con el exterior en la infraestructura de una empresa?**

   a) Sistema CRM.

   b) Nivel de gestión.

   c) La red de intercambio de datos.

   d) La red externa.

Para realizar las actividades 3, 4 y 5, acceda a www.marcombo.info y descargue gratis el contenido adicional, complemento imprescindible de este libro.

Código: **MARCOMBO21**

ACTIVIDAD 1

La Unión Europea se propone alcanzar una soberanía digital dada la importancia de la tecnología y las capacidades digitales para el trabajo, el estudio y la relación entre las personas. Consulte el siguiente enlace y responda las siguientes preguntas:

https://altertecnia.com/brujula-digital-2030-union-europea/

¿Que creó para fijar y medir los objetivos de la Década Digital? ¿Qué puntos clave trabaja? ¿Cómo se encuentra España en el proceso de digitalización?

https://espanadigital.gob.es/actualidad/publicado-el-primer-informe-de-la-decada-digital-que-situa-es-pana-en-la-vanguardia

ACTIVIDAD 2

Escuche y comente cómo se relaciona la implantación de la tecnología digital con la organización de las empresas en la charla impartida por Olivier Scalabre, Socio Senior y Director Gerente en Boston Consulting Group, pronunciada en el I Congreso Industria Conectada 4.0 El impulso transformador de la industria o en el TEDtalk de TED@BCG en París.

- CIC 4.0 - 07 - Olivier Scalabre: El futuro de la Industria 4.0 https://youtu.be/wj0iHL1E130
- TED talk: La próxima revolución industrial está aquí https://www.ted.com/talks/olivier_scalabre_the_next_manufacturing_revolution_is_here/transcript?language=es

ACTIVIDAD 3

Lea el artículo de Kimberly Cornwell de Siemens «La colaboración entre OT y IT es fundamental para la industria 4.0», que establece la importancia de la conexión entre entornos IT y OT, y responda las siguientes preguntas:

a) ¿Qué infraestructuras son críticas en fábrica?
b) ¿Qué ocurre cuando los sistemas OT están aislados de la red de IT?
c) ¿Qué riesgos y vulnerabilidades puede tener la integración de sistemas OT y IT?
d) ¿Qué estrategia conjunta deben utilizar los equipos de IT y OT?

ACTIVIDAD 4

Lea el e-book de Siemens *Más productividad y sostenibilidad gracias la integración en la planta de producción*, que establece la importancia de la conectividad en entornos IT y OT, y responda las siguientes preguntas:

a) ¿Cuáles son las tendencias que impulsan la integración de IT/OT en la industria de fabricación?
b) ¿Qué soluciones de IT/OT se pueden aplicar con la ayuda de un partner siguiendo un plan y disponiendo de una comunicación estandarizada?
c) ¿Qué medidas adoptó Vorwerk, un fabricante de electrodomésticos, para incrementar la fiabilidad, la eficacia y la flexibilidad de sus procesos de fabricación?
d) ¿Qué conclusiones se extraen sobre la integración de IT/OT?

ACTIVIDAD 5

Lea el documento de Siemens «Cómo construir una fábrica inteligente para pymes», que establece las ventajas de digitalizar una empresa industrial de extremo a extremo, y responda las siguientes preguntas:

a) ¿Qué es una fábrica inteligente?
b) ¿Cuáles son las THD de las fábricas inteligentes?
c) ¿Por qué es necesaria una fábrica inteligente?

ACTIVIDAD 6

Realice una búsqueda de información en la videonoticia de un caso real de sensorización avanzada a nivel de fábrica en una planta de pasta alimenticia.

https://youtu.be/zQ0c2Bm8qmU

Identifique: ¿Cuál es el objetivo de la sensorización de la planta de pasta? ¿Qué plataforma de fábrica inteligente incorpora y qué interconecta? ¿Por qué se ha implantado la plataforma Smart Factory?

ACTIVIDAD 7

Realice una búsqueda de información del proyecto Astillero 4.0. a través de la noticia siguiente:

https://www.aec.es/nosotros/actualidad-aec/astillero-4-0/

Se puede igualmente visionar el vídeo *NAVANTIA avanza hacia el Astillero 4.0*:

https://youtu.be/2SDb68NPUFA

Identifique: ¿Cuál es el objetivo principal del proyecto Astillero 4.0? Identifique qué tecnologías de la industria 4.0 emplea.

ACTIVIDAD 8

Visione el vídeo *la Industria 4.0 ya es una realidad en el fabricante de componentes y máquinas Bosch*:

https://youtu.be/yxitQo7rn-I

Identifique: ¿Qué permite la tecnología actual? ¿Qué permite la industria 4.0 y la tecnología que maneja? ¿Cuál es el papel del ser humano en la automatización de datos de la producción?

Caracterización de las tecnologías habilitadoras

En esta unidad va a estudiar:

- Mundo digital. Tecnologías habilitadoras.

- Características de las THD: redes 5G, computación difusa y en la nube, tecnologías de procesamiento masivo de datos e información, ciberseguridad IT y OT, *blockchain,* DLT (*Distributed Ledger Technology*). Similitudes y diferencias. Inteligencia artificial. *Machine learning/deep learning.* Realidades inmersivas, robótica colaborativa (cobótica), gemelos digitales, otras.

- Influencia de las tecnologías disruptivas habilitadoras (THD) en el desarrollo de productos/prestación de servicios. Ejemplos significativos. Nuevos mercados.

- THD típicas en planta y negocio.

- Mejoras con la implantación de THD.

- Sistemas digitalizados y datos.

Con su estudio, va a ser capaz de:

- Identificar las principales tecnologías habilitadoras digitales.

- Relacionar las THD con el desarrollo de productos y servicios.

- Relacionar la importancia de las THD con la economía sostenible y eficiente.

- Identificar nuevos mercados generados por las THD.

- Analizar la implicación de THD tanto en la parte de negocio como en la parte de planta.

- Identificar las mejoras producidas debido a la implantación de las tecnologías habilitadoras en relación con los entornos IT y OT.

- Aprender a elaborar un informe que relacione las tecnologías con sus características y áreas de aplicación.

2.1 Introducción

Las tecnologías habilitadoras son las herramientas que permiten a las empresas desarrollar el proceso de transformación digital y adaptarse a la Industria 4.0 y al modelo de la fábrica inteligente.

En esta unidad se describen las tecnologías habilitadoras digitales necesarias para la adecuación/transformación de las empresas a entornos digitales y se enumeran sus características y aplicaciones.

2.2 Mundo digital. Tecnologías habilitadoras

Las industrias a nivel mundial están cambiando a un ritmo constante y considerable, y la tendencia es que estén totalmente transformadas en los próximos 5-10 años. Con gran probabilidad, una porción relevante de los productos y servicios que estarán disponibles en el mercado en 2025-2030 estarán basados en lo que se denominan **tecnologías habilitadoras** o (KET, *Key Enabling Technologies*).

Las tecnologías habilitadoras han sido identificadas como inductoras de innovaciones en diversos sectores económicos que potencialmente podrían provocar grandes cambios hacia una economía sostenible y eficiente. Se caracterizan por un alto grado de I+D (en ciencia, tecnología o ingeniería), ciclos de innovación rápidos, una alta inversión de capital (infraestructura, equipamiento o personal de I+D), así como por combinar innovaciones físicas y digitales.

Las tecnologías habilitadoras están en continua revisión a medida que la ciencia y la tecnología avanzan. En el estudio realizado en 2018, se han identificado un total de 45 tecnologías habilitadoras, agrupadas bajo las siguientes grandes categorías: **inteligencia artificial y computación, ciberconectividad, tecnologías industriales avanzadas, materiales avanzados y nanotecnologías, biotecnología y ciencias de la vida, micro-/nano- electrónica y fotónica, y ciberseguridad.** Son tecnologías con un gran potencial transformador, que facilitarán el desarrollo de nuevos bienes y servicios y la reestructuración de los procesos industriales necesarios para modernizar la industria y favorecer la transición hacia una nueva economía basada en el conocimiento, eficiente y medioambientalmente sostenible.

Aplicaciones de las tecnologías habilitadoras

Europa es líder global en muchas industrias manufactureras y sus compañías frecuentemente están a la vanguardia de la digitalización y automatización en sectores industriales clave. En cifras, Europa tiene una cuota de mercado global de un 33% en robótica, un 30% en sistemas integrados, un 55% en semiconductores para automoción, un 20% en equipamiento para semiconductores y un 20% en componentes fotónicos.

Las nuevas tecnologías generan nuevos mercados, y esto es especialmente cierto en el desarrollo integrado de tecnologías digitales combinadas con otras disciplinas, como la fabricación avanzada, los nuevos materiales o las ciencias biológicas. Las tecnologías habilitadoras son los componentes constructivos tecnológicos que se encuentran detrás de un amplio rango de innovaciones, con aplicaciones potenciales en virtualmente todos los sectores e industrias, incluyendo aeronáutica, automoción, ingeniería, química, textil, espacio, construcción, salud y agricultura. A modo de ejemplo, las tecnologías habilitadoras se encuentran en las impresoras 3D, la luz LED, la robótica avanzada, los productos biobasados, los dispositivos inteligentes, las nanomedicinas y muchos más.

Una primera selección general de tecnologías, incluyendo las tecnologías en subtecnologías, es la siguiente:

- **Tecnologías de fabricación avanzadas** o *Advanced Manufacturing Technologies*. La fabricación avanzada engloba el conjunto de tecnologías desarrolladas en entornos industriales para realizar la fabricación de una manera más ágil y eficiente. Para ello, utiliza aplicaciones sobre el entorno industrial de tecnologías digitales avanzadas.

  ○ Procesos de fabricación aditiva, inteligentes, de alto rendimiento y alta precisión, o *smart, high performance, high precision and additive manufacturing processes*.

  ○ Robótica o *robotics*.

Figura 2.1
Nave con impresión 3D de HP para la fabricación aditiva.

──── PARA SABER MÁS ────

Visione la historia de éxito de HP: *de vender impresoras a vender soluciones integrales de impresión 3D.*

https://youtu.be/Caw3xqmpWu4

- **Micro/nano electrónica y fotónica** o *micro/nano electronics and photonics.* Tecnologías habilitadoras clave para la transformación digital y para la explotación efectiva de fuentes de luz. Este grupo incluye tecnologías para digitalizar y controlar objetos (sensores y circuitos), para desarrollar nuevos paradigmas de computación (chips para inteligencia artificial y computación cuántica) y nuevas manipulaciones de la luz para diferentes aplicaciones.

  ○ Sensores inteligentes o *smart sensors*

  ○ Internet de las cosas (IoT, *Internet of Things*)

  ○ Tecnología cuántica o *quantum technology*

  ○ Supercomputación de alto rendimiento de alta potencia, neurocomputación más allá de los CMO o *supercomputing high power high performance, neurocomputing beyond CMO*

Figura 2.3
ChatGPT es un sistema de inteligencia artificial de uso gratuito.

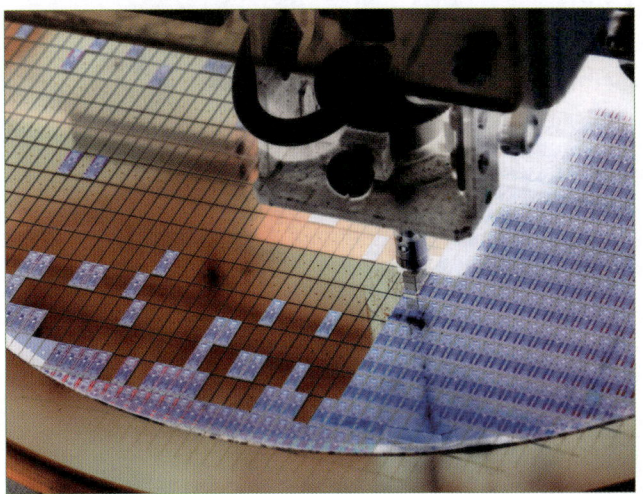

Figura 2.2
Oblea de silicio en la máquina en la fabricación de semiconductores.

- **Inteligencia artificial** o *artificial intelligence* es, en informática, la inteligencia expresada por máquinas, sus procesadores y sus *softwares*, que serían los análogos al cuerpo, el cerebro y la mente, respectivamente, a diferencia de la inteligencia natural demostrada por humanos y ciertos animales con cerebros complejos.

  ○ Robots inteligentes o *smart robots*

  ○ Generación y manejo de datos o *data generation and handling*

  ○ Análisis de big data o *Big Data analytics*

  ○ Aprendizaje automático y aprendizaje profundo o *machine learning and deep learning*

  ○ Agentes virtuales o *virtual agents*

  ○ Tecnologías de *software* o *software technologies*

  ○ Tecnologías de toma de decisiones o *decision making technologies*

PARA SABER MÁS

Visione: *¿Qué es la inteligencia artificial? El chatbot ChatGPT nos responde.*

https://youtu.be/YuoSD3H6iD0

- **Seguridad y conectividad** o *security and connectivity* son puntos vitales y prioridades de inversión por parte de las empresas en cuanto al proceso de digitalización que se está viviendo.

  ○ Comunicación segura y autenticada o *secure and authenticated communication*

  ○ Evitando el ladrón de identidad o *avoiding identity thief*

  ○ Protección de datos y privacidad o *data protection and privacy*

  ○ Seguridad y protección de datos/conectividad o *data/connectivity safety and security*

  ○ Interfaces hombre-máquina o *Human machine interfaces*

  ○ Interacción humano/ordenador/robot o *Human/computer/robot interaction*

  ○ Quinta generación de redes móviles o 5G

  ○ Sistemas físicos cibernéticos o *cyber physical systems*

  ○ Cadena de bloques o *blockchain*

Figura 2.4
Sala de servidores del centro de datos.

PARA SABER MÁS

Visione: *Ormazabal: transformación de su infraestructura de conectividad y seguridad.*

https://youtu.be/msfzKrww_Vw

2.3 Características de las tecnologías disruptivas habilitadoras

A continuación, se describe en qué consisten cada una de las tecnologías habilitadoras digitales y se aportan ejemplos de aplicación de las mismas y recursos para profundizar en su conocimiento.

2.3.1 Redes 5G

La red inalámbrica de 5.ª generación permite un gran número de conexiones simultáneas además de mejorar la velocidad (*cantidad de datos que puedes recibir o enviar en determinado periodo de tiempo*), con muy baja latencia (*la demora o el retraso entre el envío y la recepción de información*), fiabilidad (*capacidad de una máquina, una planta industrial, un sistema de desempeñar una función requerida, en condiciones establecidas durante un periodo de tiempo determinado*) y consumo energético para todo tipo de dispositivos y sistemas IoT.

Figura 2.5
Últimas generaciones de redes de telecomunicaciones.

La tecnología 5G está impulsada por los siguientes requisitos específicos:

Mínima energía del dispositivo: la red garantiza el nivel más bajo para completar una comunicación satisfactoria, con una reducción del 90% en el consumo de energía de la red.

Una tasa de latencia extremadamente baja (la demora o el retraso entre el envío y la recepción de información). Desde 200 milisegundos para 4G, bajamos a 1 milisegundo (1 ms) con la 5G.

Velocidad de datos máxima: 5G ofrece velocidades significativamente más rápidas que 4G. Pueden alcanzar velocidades de descarga disponibles hasta 20 Gbps y 10 Gbps ascendentes por estación base móvil. No es la velocidad que se experimentaría con 5G (a menos que se tenga una conexión dedicada), sino la que compartirán los usuarios de la celda.

Velocidades del mundo real: las velocidades reales no serán iguales a las máximas. La especificación requiere velocidades de descarga de datos promedio 100 Mbps y de 50 Mbps para carga.

Potencia mínima de transmisión: las redes 5G están diseñadas para minimizar la potencia, lo que da como resultado niveles de campos electromagnéticos (EMF) optimizados.

Figura 2.6
Qué es 5G.

Control de campos electromagnéticos: las redes 5G utilizan una nueva arquitectura avanzada de radio muy eficiente, que minimiza las transmisiones de acuerdo con los requisitos del servicio, lo que da como resultado niveles de campos electromagnéticos optimizados.

Las antenas *massive* MIMO permiten dirigir la potencia solo a la dirección requerida minimizando la potencia que se transmite a otras direcciones, lo que conllevará niveles de exposición menores a los de las tecnologías actuales (2G, 3G y 4G).

Small cells: se utilizarán celdas pequeñas para ampliar la cobertura en áreas amplias o crear redes privadas.

PARA SABER MÁS

Visione: *¿Qué es el 5G Industrial?*

https://youtu.be/ey0a4qv91Dk

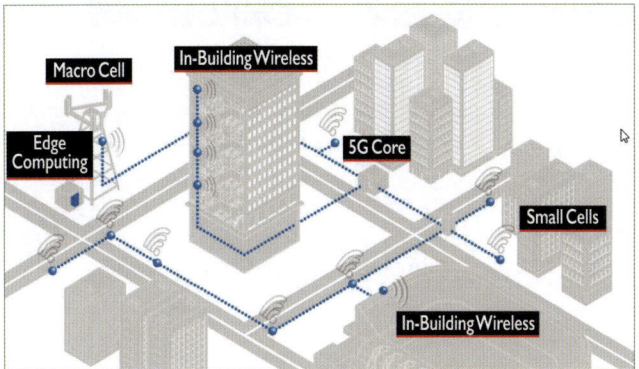

Figura 2.7
Ampliación de la cobertura con *small cells*.

Frecuencias: 5G utiliza las frecuencias de 700 MHz y 3.5 GHz, apoyándose en las redes existentes de 4G LTE (*Long Term Evolution*). Progresivamente, las bandas actuales irán migrando a 5G y los despliegues se completarán con las bandas «milimétricas» o *millimeter wave*, de 26 y 28 GHz.

La mayoría de las innovaciones 5G están orientadas al mercado de la empresa al consumidor (B2C, *business-to-consumer*), ya que los operadores de red están tratando de optimizar los costes de operaciones y los fabricantes de dispositivos quieren diferenciar sus productos. Sin embargo, están apareciendo nuevas oportunidades en el mundo del comercio entre empresas (B2B, *business-to-business*).

EJEMPLO 1

Los usos de 5G más comunes entre personas, máquinas y entre máquina y personas.

Solución:

PERSONA A PERSONA	PERSONA A MÁQUINA	MÁQUINA A MÁQUINA
Realidad virtual y aumentada		Monitorización vídeo
Videollamadas	Vídeo 4K	Informática en la nube móvil
Ropa inteligente (*wearables*)	Hogares y ciudades inteligentes	
Redes sociales	Monitorización de salud	Vehículo a vehículo
IoT	Telemedicina	Vehículo a infraestructura
Seguridad pública	Vehículo a peatón	Automatización industrial

Figura 2.8
5G para negocios y tecnología.

2.3.2 Informática difusa y en la nube

La informática en la nube (*cloud computing*), conocida también como servicios en la nube, computación o informática difusa en la nube, nube de cómputo o simplemente «la nube», **es el uso de una red de servidores remotos conectados a Internet para almacenar, administrar y procesar datos, servidores, bases de datos, redes y *software***. En lugar de depender de un servicio físico instalado, se tiene acceso a una estructura donde **el *software* y el *hardware* están virtualmente integrados**.

El término no solo hace referencia al **almacenamiento de datos**, sino también a **la informática de los mismos sin intervención directa de un usuario**; de este modo, se sustituyen procesos anteriormente ejecutados mediante interacción humana de forma rápida e inmediata, con otros beneficios adicionales como la disponibilidad bajo demanda, elasticidad del servicio o de accesibilidad y medición de resultados.

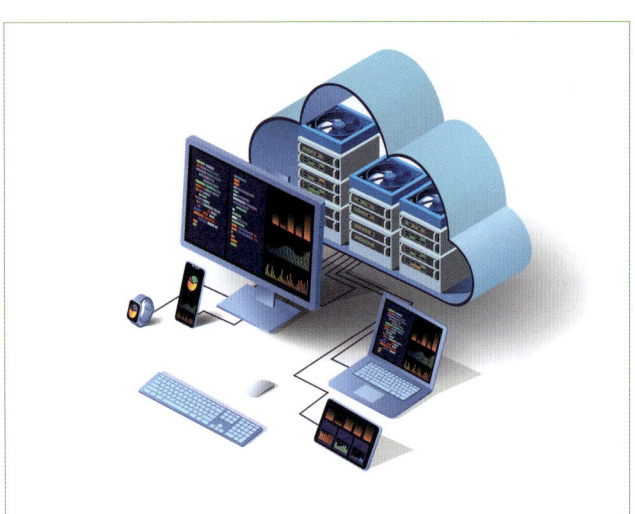

Figura 2.9
Red de servidores remotos en la nube.

Toda una cadena de valor que comprende desde **capacidad informática, de almacenamiento y red hasta microservicios, herramientas de análisis, administración, utilidades para desarrolladores,** etc.

El despliegue de las THD como 5G, *machine learning*, inteligencia artificial, IoT, *blockchain* o big data no solo depende de una mejor conectividad, sino de disponer de un catálogo de servicios y componentes de nueva generación que, a modo de «piezas de un puzle», nos permitan crear de manera rápida y eficiente soluciones innovadoras y de alto valor añadido.

Cloud computing: es la plataforma de lanzamiento de prácticamente todas las últimas innovaciones tecnológicas, puesto que, para ser eficientes, estas tecnologías precisan de una capacidad cada vez mayor de **almacenamiento, informática, análisis de datos, herramientas para desarrolladores y de administración, apli-**

caciones de informática, seguridad, etc. En definitiva, el *cloud computing* debe constituirse como uno de los pilares esenciales para la digitalización de las empresas.

Figura 2.10
Cloud computing ofrece a una empresa servicios (*hardware*, plataforma o aplicaciones) a través de Internet y los consume según un modelo de pago por uso.

PARA SABER MÁS

Visione: *¿Qué es la nube?*

https://youtu.be/SIZFzS-I3HE

EJEMPLO 2

Un ejemplo de servicios *cloud* que puedan utilizar las pymes a diario, permitiendo trabajar en remoto.

Solución:

La intensidad con la que se trabaja hoy el *marketing* digital permite a las pymes además de captar oportunidades de negocio, almacenar información sobre las preferencias del usuario. Esto se puede utilizar para proporcionar experiencias personalizadas, mensajes y productos o servicios basados en el comportamiento y las preferencias de los usuarios.

Siri, Alexa y Google Assistant son **bots inteligentes basados en la nube en lenguaje natural**. Estos **chatbots** aprovechan las capacidades de almacenaje y tratamiento de datos de la nube para proporcionar experiencias de cliente personalizadas relevantes en un contexto adecuado. La próxima vez que un cliente responda en una página web a un mensaje parecido a esto: «Hola, ¿puedo ayudarte?», el cliente estará hablando seguramente con una solución de inteligencia artificial basada en la nube.

2.3.3 Tecnologías de procesamiento masivo de datos e información

Las grandes cantidades de datos que se producen en la actualidad, sumadas a su heterogeneidad y a la velocidad con que se generan, hacen que las herramientas tradicionales de análisis de datos no resulten adecuadas para su recopilación, almacenamiento, gestión y análisis. En este contexto surge el término big data, en referencia a características como gran volumen, velocidad y variedad de producción de los datos, y a las herramientas que se utilizan para encontrar valor en los mismos.

En general, se habla de big data o análisis de big data como sinónimos, ya que no solo se desea hacer referencia a la gran cantidad y complejidad de los datos, sino también a las herramientas utilizadas para procesarlos y extraer conocimiento útil.

Figura 2.11
Tecnologías de procesamiento masivo de datos e información big data.

Los usos de grandes cantidades de datos o big data son diversos y abarcan casi todos los ámbitos de la vida diaria.

- Ofrece una experiencia de compra personalizada en el *e-commerce*.

- Dispone de múltiples modelos eficientes del mercado financiero.

- Provee de miles de millones de datos para acelerar la investigación sobre el cáncer y demás enfermedades.

- Puede sugerir contenido a través de medios de servicios de *streaming* como Spotify, Hulu y Netflix.

- Predicción de rendimientos agrícolas en grandes plantaciones.

- Puede analizar patrones de tráfico para reducir la congestión de las grandes ciudades.

- Sirve como una herramienta de datos para reconocer y dar la mejor ubicación de los patrones de compra al por menor de los consumidores de una marca o un producto.

- Los equipos deportivos usan big data para mejorar su eficacia y aumentar su valor.

- Puede centrarse en la Identificación de patrones educativos en individuos, escuelas y distritos escolares completos.

EJEMPLO 3

Un ejemplo de soluciones de big data aplicado a la movilidad urbana y metropolitana.

Solución:

La movilidad en áreas metropolitanas requiere de actuaciones decisivas para obtener una movilidad sostenible. Deben basarse en una amplia toma de datos que fundamenten la toma de decisiones. Una metodología de recopilación y análisis de la información en tiempo real sobre movilidad mediante una primera captura de información a través de dispositivos móviles (precisión GPS) y una segunda fase de análisis mediante algoritmos que transforman estos datos de localización y tiempos en información útil para la movilidad: ¿cuánto, cómo y dónde se mueve?

El proyecto Motus introduce una solución digital, innovadora y disruptiva que permite cambiar la forma de captura de datos y la creación de bases de datos de movilidad urbana y metropolitana para estudiar la demanda de movilidad, y desarrollar planes de transporte.

https://www.esmartcity.es/comunicaciones/soluciones-big-data-aplicado-la-movilidad-urbana-metropolitana

PARA SABER MÁS

Visione: *¿Qué es el Big Data Analytics?*

https://youtu.be/uQmcgvxx_g0

2.3.4 Ciberseguridad *Information Technology* y *Operation Technology*

La transformación digital de la industria es vital y está repleta de ventajas, pero también de retos y amenazas para los que la empresa debe estar preparada y anticiparse.

Sabotajes e interrupción de operaciones, impactos sobre la seguridad física y del entorno, incumplimiento normativo/legal, robo de información y propiedad intelectual, fraudes y chantajes, daños económicos y reputacionales y lesiones de personas; son algunos ejemplos de ciberriesgos a los que se enfrenta la Industria 4.0.

Existe la posibilidad de que un ataque al sistema informático acabe afectando a los procesos operativos y de producción de una empresa. Por eso, los entornos industriales deben contemplar siempre la ciberseguridad bajo un mismo modelo pero que engloba dos ámbitos:

- **Ciberseguridad IT:** en las IT, el principal objetivo es proteger los sistemas de la compañía ante vulnerabilidades y ciberataques. Por ello, las soluciones y medidas de ciberseguridad tradicionales ponen el foco en este ámbito y en la protección de los puntos finales. Además, en los procesos de IT, las auditorías de ciberseguridad no tienen por qué tener impacto en los procesos de negocio, ya que el sistema puede interrumpirse cada cierto tiempo para hacer comprobaciones de seguridad o actualizaciones.

- **Ciberseguridad OT:** gracias a las OT, las organizaciones gestionan los procesos físicos industriales mediante la monitorización y control de los dispositivos y equipos. Bajo los sistemas SCADA, es fundamental la protección y disponibilidad de los equipos de nivel 3, que son los encargados del control de operaciones y, por supuesto, los de nivel 4, encargados de la planificación, inventario, demanda y estado de la producción (generalmente a través de un *software* ERP). Por eso, su seguridad tiene un importante factor diferencial con respecto a IT: la disponibilidad de la tecnología ha de ser constante, transparente y correcta, ya que su funcionamiento está activo las 24 horas del día para dar soporte a las operaciones internas de la compañía o a los productos *servitizados* ofrecidos como servicio, que han adquirido sus clientes. Por otro lado, la realización de auditorías de ciberseguridad no es tan sencilla como en los entornos TI. Porque no se puede detener fácilmente su funcionamiento para hacer comprobaciones y actualizaciones, y también porque las tecnologías OT suelen depender de diversos proveedores y no se les puede aplicar una comprobación de seguridad estandarizada. Además, la mayoría de las empresas que disponen de OT cuentan con empresas externas que se conectan a sus dispositivos como parte de su servicio, con lo que no es sencillo agrupar todos los dispositivos bajo una misma auditoría.

Es esencial que los entornos IT y OT estén bien integrados, pero más importante aún resulta garantizar la seguridad de ambos y que el fallo de uno no pueda afectar al otro. Así pues, la protección de las transacciones y puntos finales no debe estar reñida con frenar las posibles amenazas que vayan dirigidas a los equipos, maquinaria e infraestructura de la organización.

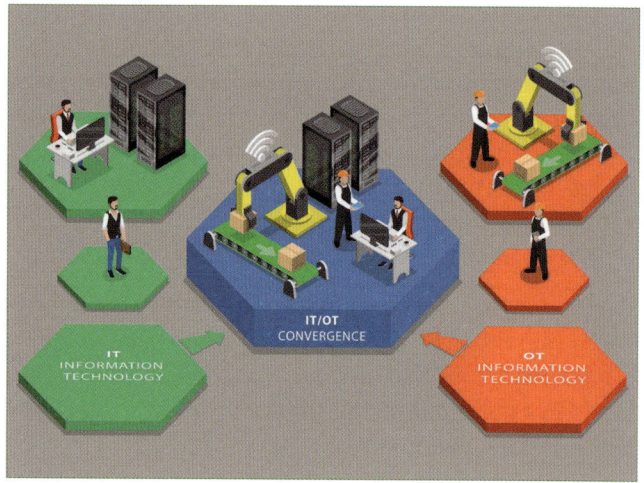

Figura 2.12
Entornos IT y OT bien integrados.

Figura 2.13
Equipo de técnicos utilizando analizador de red en servidores para proteger IT.

Figura 2.14
Técnica utilizando los sistemas SCADA para proteger OT.

Identifique un vector de ataque utilizado por los ciberdelincuentes en la Industria 4.0.

Solución:

Amenazas contra los *endpoints* o terminales y otros dispositivos en los que no se han configurado las opciones de seguridad, lo que los deja vulnerables. Las configuraciones de los fabricantes por defecto son, en muchos casos, poco seguras. Por ejemplo, si usan contraseñas débiles o si permiten que se conecten USB o discos extraíbles, estos podrían llevar *malware*. Otras veces son configuraciones incompletas o insuficientes de las redes a las que pertenecen esos dispositivos y permiten el acceso a ellos y su manipulación. Un caso particular son los dispositivos IoT. Tipos de *malware* IoT:

1. *DDoS botnets*: estos programas maliciosos toman el control de los dispositivos IoT lanzando ataques a un amplio rango de servicios.

2. *Ransomware*: se enfoca en dispositivos IoT, en particular en aquellos que contienen datos de usuario como cajas NAS. El *ransomware* cifra archivos y exige un rescate por su liberación.

3. Mineros: a pesar de su limitado poder de procesamiento, algunos ciberdelincuentes tratan de vulnerar dispositivos IoT para minar criptomonedas.

4. *DNS changers*: son troyanos que alteran las direcciones DNS de los *routers* wifi, redireccionando a los usuarios a sitios maliciosos.

5. *Proxy bots*: los dispositivos IoT infectados se emplean como servidores *proxy* para redirigir el tráfico malicioso, lo que dificulta su seguimiento y la mitigación de los ataques.

2.3.5 *Blockchain, Distributed Ledger Technology*. Similitudes y diferencias

Las tecnologías de cadena de bloques (*blockchain*) o de registros distribuidos (DLT o *Distributed Ledger Technologies*) han supuesto y supondrán una revolución en la forma de diseñar y desplegar nuevos servicios digitales.

Estas tecnologías **permiten desplegar servicios digitales sin necesidad de una autoridad centralizada que los gestione y eliminando la necesidad de intermediarios** que arbitren las transacciones entre los diferentes actores.

¿Qué es DLT?

Una DLT es simplemente una base de datos que gestionan varios participantes y no está centralizada. No existe una autoridad central que ejerza de árbitro y verificador. El registro distribuido aumenta la transparencia , dificultando cualquier tipo de fraude o manipulación, y el sistema de base de datos es más complicado de *hackear* al no haber un ordenador central al que atacar.

Distributed Ledger Technology (DLT) o tecnología de contabilidad distribuida es un sistema electrónico o base de datos para registrar información que no es ejecutada por una sola entidad. Esta permite almacenar y usar datos que pueden ser descentralizados (almacenados en varios lugares) y distribuidos (conectados y, por lo tanto, pueden comunicarse) tanto de forma privada o pública.

Una de las formas más representativas de esta tecnología DLT o tecnologías de libro mayor distribuido son los sistemas de pago.

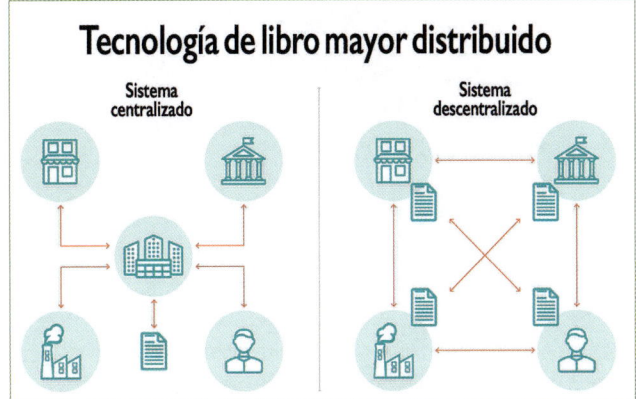

Figura 2.15
Comparación de un sistema centralizado con un sistema descentralizado.

Existen diferentes grados de descentralización:

- Descentralización completa (sin un núcleo de control).

- Distribuido (uno o varios núcleos de control, junto a varios nodos de apoyo).

- Federado (donde los núcleos locales tienen gran autonomía).

El acceso a estos sistemas puede ser de tipo público o privado, atendiendo al nivel de seguridad que se quiera aplicar al sistema.

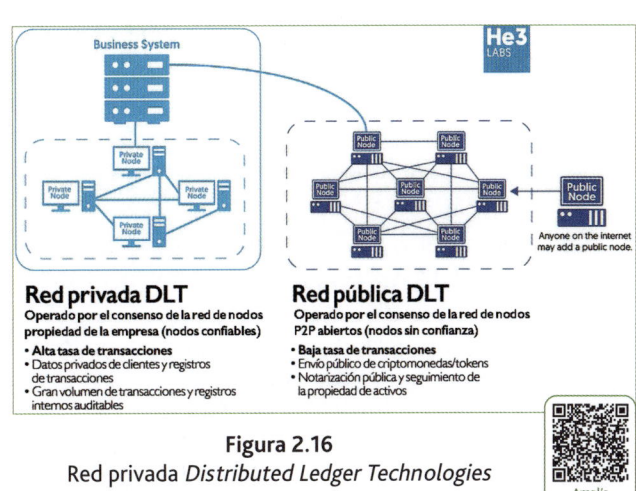

Figura 2.16
Red privada *Distributed Ledger Technologies* y red pública *Distributed Ledger Technologies*.

Diferencias entre *Distributed Ledger Technologies* y *blockchain*

Las tecnologías DLT son la categoría mayor de *blockchain*. Esto significa que TODAS las redes *blockchain* son tecnologías DLT, pero no todas las DLT son tecnología *blockchain*.

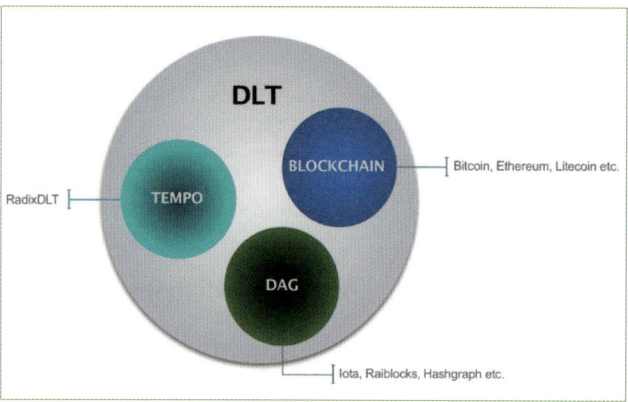

Figura 2.17
Tecnologías DLT; *tempo*, *dag* y *blockchain*.

GLOSARIO

La tecnología *blockchain* o de cadena de bloques es un sistema cuyo funcionamiento depende de generar bloques donde se almacena la información. Estos bloques luego se enlazan unos con otros creando la conocida cadena de bloques. Esta cadena da lugar a un registro enlazado y no modificable de la información que se ha almacenado en dichos bloques.

Tanto las redes DLT como las redes *blockchain* utilizan protocolos del tipo P2P o *peer-to-peer*, lo cual garantiza que los estándares de seguridad e inmutabilidad sean muy elevados. Y, al igual que en las DLT existen diferentes grados de descentralización (completa, distribuida o federada), en las redes *blockchain* ocurre exactamente lo mismo.

Figura 2.18
Conceptos de la tecnología disruptiva *blockchain*.

Sin embargo, no son todo similitudes. A diferencia de *blockchain*, **las DLT no necesariamente necesitan tener una estructura de datos en bloques**. Una DLT es simplemente un tipo de base de datos distribuida en varios sitios, regiones o participantes.

DLT permite el almacenamiento de toda la información de forma segura y precisa mediante criptografía. Se puede acceder al mismo mediante «claves» y firmas criptográficas. Una vez almacenada la información, se convierte en una base de datos inmutable y se rige por las reglas de la red.

Los beneficios de la tecnología *blockchain* y DLT

Algunas de las aplicaciones que tienen las DLT por campo:

- **Sistemas financieros.** Aplicaciones de las tecnologías descentralizadas, de *blockchain* y de criptomonedas como Bitcoin. Se ha creado un nuevo sistema de pagos más seguro y accesible para el mundo.

- **Ciberseguridad.** El potencial que tienen para construir redes seguras con diferentes grados de descentralización.

- **Cadena de suministros y logística.** En aquellos procesos logísticos en los que existe un elevado número de intermediarios. Con esta tecnología se pueden generar y crear sistemas que se ajusten a las realidades complejas de los procesos logísticos.

- **Sistema de salud.** Un área con gran potencial de desarrollo de las tecnologías descentralizadas. Uno de los retos es conseguir desarrollar un sistema distribuido donde los hospitales sean capaces de almacenar la información de forma segura y que sea bastante accesible, donde los datos solo podrían ser leídos o modificados por el hospital en cuestión. Algo unicamente posible si se usan sus credenciales de acceso o claves privadas. Del resto, nadie podría acceder a dichos sistemas o afectarlos. En caso de que algo pase, bastaría con reiniciar los sistemas, resincronizar y comenzar a trabajar nuevamente.

EJEMPLO 5

Identifique un ejemplo que mejora la logística con tecnologías DLT.

Solución:

El sistema de TradeLens, un sistema diseñado por Maersk en colaboración con IBM que permite optimizar procesos en logística marina y comercio internacional.

https://youtu.be/0O2E9bCpKDk

2.3.6 Inteligencia artificial. *Machine learning/deep learning*

La inteligencia artificial hace referencia a la habilidad de un ordenador o un sistema de ordenadores para procesar la información, aprender y tomar decisiones de manera similar a como lo hace un ser humano. Por lo tanto, el objetivo de la misma es desarrollar sistemas capaces de hacer frente a problemas complejos imitando la lógica y el razonamiento humano.

La Industria 4.0 presenta un elevado potencial para liderar la aplicación de las tecnologías de IA en la monitorización y optimización de sus procesos, suponiendo un escenario apropiado para comprobar sus beneficios, desde los procesos de diseño y fabricación hasta la gestión de la cadena de valor.

GLOSARIO

Inteligencia Artificial Industrial (IAI): Aplicación de la IA a las operaciones, procesos y sistemas físicos de una empresa.

La empresa que aplica la IAI puede monitorizar, optimizar o controlar el comportamiento de dichas operaciones, procesos y sistemas para mejorar su eficiencia y funcionamiento dotándolos de mayor autonomía. Así, este concepto incluye aplicaciones relacionadas con la fabricación de productos físicos, las cadenas de producción y almacenes o las operaciones relacionadas con los diferentes procesos. Se trata de un sistema *end-to-end*, en el que los sensores generan datos que se envían, gestionan y analizan mediante diferentes algoritmos y modelos que llevan a cabo decisiones en tiempo real y cuyos resultados se devuelven para su implementación real en los actuadores.

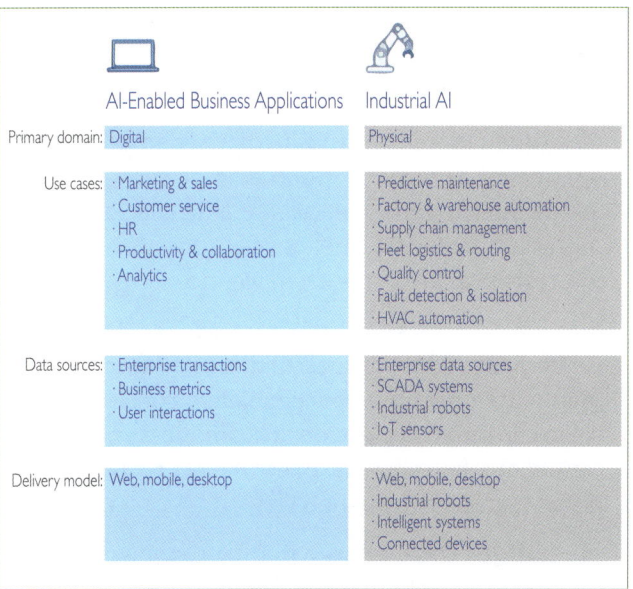

Figura 2.19
Inteligencia artificial industrial.

Si la inteligencia artificial busca imitar la inteligencia humana, la herramienta que utiliza para lograrlo es el ***machine learning***. Las redes neuronales y el ***deep learning*** son una parte de la misma.

Machine learning

El *machine learning* (aprendizaje automático) pretende que los ordenadores realicen un aprendizaje a partir de los datos que se le introducen mediante el uso de algoritmos. La diferencia con la inteligencia artificial es que esta no tiene por qué «aprender», sino que puede estar previamente programada a través de una serie de reglas para que actúe de una manera «inteligente».

Se trata de un tipo de tecnología que se basa en la creación de complejos algoritmos que permiten que un sistema, por sí mismo, recoja datos, los analice, aprenda de ellos y sugiera una respuesta lógica y justificada.

En general, cuando se hace referencia a *machine learning* se habla del desarrollo de técnicas y algoritmos que hacen posible que las máquinas adquieran aprendizaje y no se limiten a los datos que les introduce el humano en su programación.

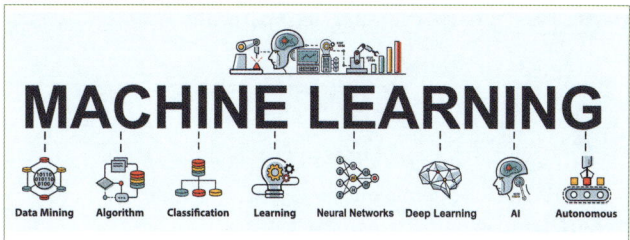

Figura 2.20
Machine learning se relaciona con *data mining*, algoritmo, algoritmo de red neuronal, aprendizaje profundo y autónomo.

Deep learning

El *deep learning* (aprendizaje profundo) es un subcampo dentro del *machine learning* que se centra en el desarrollo de técnicas para facilitar el aprendizaje no supervisado desde el ejemplo. Para el *deep learning*, no es necesario disponer de datos estructurados.

Como su nombre indica, es la forma de conseguir un aprendizaje profundo empleando modelos informativos y creando redes neuronales artificiales multicapa para la transmisión y análisis de datos.

El enfoque del aprendizaje profundo es especialmente adecuado para las tareas complejas en las que no todos los aspectos de los objetos pueden clasificarse de antemano. El propio sistema se encarga de buscar los diferenciadores adecuados; en cada capa, se analizan las nuevas entradas en busca de otras características, que el sistema utiliza para decidir cómo clasificar las entradas.

Este proceso capacita a una máquina a enfrentarse a contextos más complejos, donde depende de la interconexión con otros sistemas y donde la volumetría de datos le obliga a tener en cuenta muchas variables de las que debe aprender.

Con estos matices, es más fácil ver la diferencia entre *machine learning* y *deep learning*, y a lo que hacen referencia dentro del desarrollo y sofisticación de la inteligencia artificial.

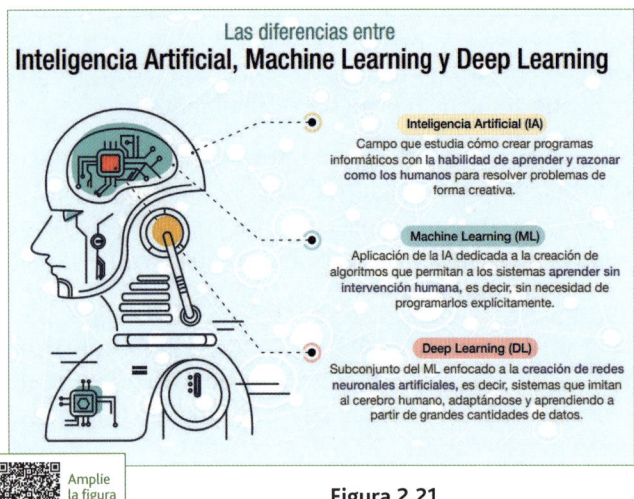

Amplíe la figura aquí

Figura 2.21
Relación entre AI, *machine learning* y *deep learning*.

EJEMPLO 6

Identifique un ejemplo que mejore el entretenimiento de las personas con *machine learning*.

Solución:

Empresas o plataformas de contenido bajo demanda, películas o música, como Netflix, Spotify, HBO, etc., proporcionan recomendaciones y subtítulos automáticos a sus usuarios. La tecnología *machine learning* detecta un patrón en los gustos del usuario y, a partir de ahí, ofrece piezas similares que también han interesado a otras personas con un perfil de demanda similar.

EJEMPLO 7

Identifique un ejemplo del sector de la salud que más usa actualmente el *deep learning*.

Solución:

La detección automática de una lesión o enfermedad es ya una realidad gracias a la combinación de la inteligencia artificial y la bioinformática. A través del análisis de imágenes médicas, facilita la detección de enfermedades y el diagnóstico asistido por ordenador, incluso sin la intervención de personal.

PARA SABER MÁS

Visione *¿Qué es Deep Learning?* de ComputerHoy.com.

https://youtu.be/45rbhh4SsKU

2.3.7 Realidades inmersivas

Las tecnologías inmersivas son el caso general de las realidades aumentada, virtual y mixta (RA, RV y RM, respectivamente) y engloban a otras como la interactividad háptica, las representaciones holográficas, la realidad disminuida o la teleinmersión. En todos los casos, se trata de reforzar una experiencia digital con elementos adicionales, generalmente sensoriales, para que nos sintamos inmersos en dicha experiencia.

Los entornos donde se aplican estas tecnologías tienen como elemento común la importancia de la inmersividad de las experiencias que se recrean. Y es en las lúdicas donde empiezan a verse iniciativas muy convincentes.

- **Realidad aumentada (RA).** La realidad aumentada consiste en la mezcla de contenido digital con contenido físico para construir una realidad mixta en tiempo real. De ahí viene su nombre: se incrementa la realidad a través de la incorporación de información adicional y, además, se ubica en el espacio.

  Los ordenadores y dispositivos pueden ser capaces de percibir la realidad (por medio de sensores), pero no de interpretarla y reaccionar ante ella. Para ello es necesario dotar de inteligencia a los sistemas para que reconozcan lo que están viendo.

  Los marcadores se utilizan para que los dispositivos sean capaces de reconocer lo que están viendo y puedan reaccionar ante ello. El objetivo consiste en que sean capaces de responder a la pregunta ¿qué veo? y, respecto a la respuesta, puedan ejecutar una acción. Estos marcadores pueden ser:

  - **Códigos QR.** Destacan porque son muy fáciles de reconocer por la mayoría de las cámaras instaladas en los dispositivos móviles.

  - **Imágenes.** Necesitan ciertas características para que funcionen de forma óptima.

  - **Geoposicionamiento.** Se puede incorporar información en realidad aumentada por medio de posicionamiento GPS.

○ **Balizas:** *eBeacons*, RFID, NFC, etc., son sistemas de identificación por radiofrecuencia o *bluetooth*.

Los proyectos de realidad aumentada necesitan una serie de elementos para cumplir con su función:

○ Un **soporte digital**, principalmente tableta, teléfono móvil o gafas de realidad aumentada. Será el dispositivo que se utilizará para reconocer lo que se está mirando e incorporar la información en realidad aumentada.

○ **Sensores** para percibir la realidad como cámara, GPS, escáner 3D, etc. Habitualmente suelen estar integrados en los dispositivos móviles.

○ Un **algoritmo o aplicación** para comprender la realidad que se está observando, interpretarla y mostrar la información asociada.

○ **Contenido digital para enriquecer** la realidad. Todo aquello que se incorpora a la realidad para aumentarla.

El resultado que se consigue es una interfaz en la que se observa la realidad con información adicional ubicada en el espacio justamente donde se necesita.

● **Realidad virtual (RV)**. La realidad virtual consiste en crear un entorno virtual que simule o replique un lugar existente o imaginario, permitiendo interactuar con los elementos allí ubicados. Su objetivo final es conseguir que el usuario sienta que está en un lugar dado con el que pueda interactuar.

Para ello es necesario crear un entorno tridimensional, ya sea ficticio o real y, a través de aplicaciones específicas, visualizarlo en unas gafas de realidad virtual o soportes para dispositivos móviles.

Dicha realidad puede ser **pasiva**, como en las películas de 3D, **exploratoria,** como las visitas virtuales a un museo, o **interactiva,** cuando, además de ver, oír y desplazarse, permite interactuar con el entorno, para lo que es necesario utilizar sensores y mandos.

Además, puede ofrecer una inmersión total en el mundo virtual o a través de un monitor.

Para construir un sistema de realidad virtual es necesario:

○ Un **soporte digital**, principalmente gafas de realidad virtual para mostrar y sumergir al usuario en el escenario virtual. Estas gafas pueden ser específicas para RV con pantalla y procesador (como Oculus Rift o HTC VIVE) o de soporte para móvil (como Google Cardboard o Samsung Gear VR).

○ **Sensores** para poder interactuar con el entorno: micrófono, mandos de control, auriculares, altavoces, guantes, sensores de movimiento, etc.

○ Un **entorno virtual** mostrado a través de una aplicación. Para crear estos entornos se suelen utilizar cámaras de 360°.

○ *Software* para generar el contenido como *cryengine*, *unity* o *unreal engine*.

● **La realidad mixta (RM)**, también llamada a veces realidad híbrida, es la combinación de realidad virtual y realidad aumentada. Esta combinación permite crear nuevos espacios en los que interactúan tanto objetos y/o personas reales como virtuales. Es decir, se puede considerar como una mezcla entre la realidad, realidad aumentada, virtualidad aumentada y realidad virtual. De modo más aclaratorio, diríamos que trata de trasladar el mundo real al mundo virtual, ocasionando un modelo 3D de la realidad y, sobre este, superponer información virtual, ligando las dos realidades para poder aunar contenido extra de valor para el usuario de realidad mixta.

EJEMPLO 8

Identifique un ejemplo de uso de realidad aumentada en el sector del turismo.

Solución:

Anuncio del distrito tecnológico del patrimonio cultural de Filas.

https://youtu.be/nSeqI5vF8PI

Figura 2.22
Ingeniero jefe de una fábrica usa el dispositivo VR para ver el diseño del motor de turbina en la mesa de proyección.

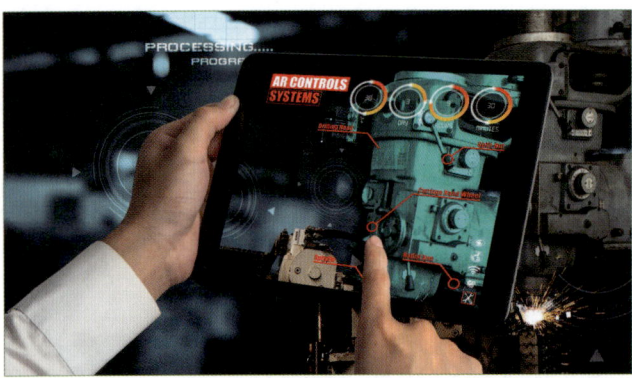

Figura 2.23
Técnico utilizando software de realidad aumentada en la línea de producción de una fábrica inteligente.

Figura 2.24
Técnico utiliza tecnología de realidad mixta para simular la instalación de una nueva línea en la fábrica.

- **Tecnología háptica.** Su objetivo tecnológico es trasladar sensaciones realistas a través del tacto. Las soluciones hápticas ponen a nuestro alcance una experiencia sensorial a partir de una recreación virtual: al tocar un piano virtual, la tecnología háptica recrea la sensación táctil de las teclas. En este caso, las complicaciones provienen de la ergonomía en el diseño de elementos como guantes con actuadores mecánicos.

Figura 2.25
Técnico utilizado un guante de SenseGlove que permite tocar, sentir y manipular un objeto virtual como si fuera un objeto real.

PARA SABER MÁS

Visione *¿Sabes qué es la háptica?* de ComputerHoy.com.

https://youtu.be/bylNoE4sual

- **La realidad disminuida** elimina elementos de la realidad para que el usuario se centre únicamente en aquellos que se quieren resaltar; esta suprime partes de la realidad para dejar solo lo esencial. Desde visitar una ciudad vacía a eliminar el ruido y el desorden en el puesto de trabajo.

PARA SABER MÁS

Visione este *software* de realidad disminuida capaz de eliminar en tiempo real objetos en vídeo.

https://youtu.be/Lgx8Ca8J_u4

- La **tecnología holográfica** puede suponer una nueva forma de interactuar con objetos y personas, a través de un doble haz de luz que ofrece tres dimensiones en un entorno real sin necesidad de ningún dispositivo. Una posibilidad de revolucionar el *marketing* y las compras *online*.

PARA SABER MÁS

Visione la tecnología de los hologramas, un campo abierto a las experiencias de los informativos de Antena 3.

https://youtu.be/kXthZWFOpyo

2.3.8 Robótica colaborativa (cobótica)

El objetivo de los cobots es automatizar una amplia gama de tareas y trabajar tan cerca de los humanos como sea posible. Un cobot está diseñado para ser colaborativo; opera en un espacio abierto.

El cobot realiza tareas sin interacción. Comparado con un robot convencional, un cobot tiene muchas ventajas: es ligero, se mueve y se programa fácilmente y no necesita estar rodeado de barreras físicas. La interacción con un operador se limita a la fase de aprendizaje de los movimientos y a la instalación de dispositivos de seguridad extrínsecos, como las barreras virtuales. Si el progreso de los robots está diseñado para medir su autonomía, el progreso de los cobots está, por el contrario, íntimamente ligado al comportamiento de los humanos a los que está sometido para aumentar tanto su comportamiento como su cognición.

El robot tradicional es generalmente un diseño para un solo propósito. Ha sido creado y programado para aplicar una única tarea, que solo un experto en robótica puede realizar para alcanzar los objetivos fijados. El cobot, por otro lado, es un dispositivo versátil. Su facilidad de uso permite reprogramarlo para realizar cualquier tarea sin la intervención de un experto. La cobótica no es un sustituto sino una ayuda beneficiosa tanto para la producción como para el personal.

La clasificación de los sistemas cobóticos es difícil porque hay muchos criterios para describir la colaboración entre humanos y robots. La robótica de colaboración se está desarrollando en seis campos principales: la cobótica industrial, la cobótica médica, la cobótica militar, la cobótica agrícola y, finalmente, la cobótica doméstica.

Figura 2.26
Técnicos utilizando la controladora para programar el brazo robot colaborativo en una línea de producción.

2.3.9 Gemelos digitales

Los gemelos digitales ofrecen a los usuarios muchas ventajas.

- **Mejor rendimiento.** Los conocimientos y la información en tiempo real que proporcionan los gemelos digitales permiten optimizar el rendimiento de los equipos, la planta o las instalaciones. Los problemas se pueden abordar a medida que se producen, lo que garantiza que los sistemas funcionen al máximo y reduce el tiempo de inactividad.

- **Capacidades predictivas.** Los gemelos digitales tienen la capacidad de ofrecer una visión completa y digital de una planta de fabricación, un edificio comercial o unas instalaciones, incluso si están formados por miles de piezas de equipo. Los sensores inteligentes supervisan la salida de cada componente e indican los problemas o fallos a medida que se producen. Es posible tomar medidas ante la primera señal de problemas en lugar de esperar a que el equipo se averíe por completo.

Figura 2.27
Gemelo digital utilizado para valorar el incremento de la instalación en la producción.

- **Supervisión remota.** El carácter virtual de los gemelos digitales permite supervisar y controlar las instalaciones de forma remota. La supervisión remota también reduce el número de personas que tienen que controlar los equipos industriales potencialmente peligrosos.

- **Tiempo de producción acelerado.** Puede acelerar el tiempo de producción de productos e instalaciones antes de que existan mediante la creación de réplicas digitales. Al ejecutar escenarios, puede ver cómo reacciona el producto o la instalación ante los fallos y realizar los cambios necesarios antes de la producción real.

2.4 Influencia de las tecnologías disruptivas habilitadoras en el desarrollo de productos/ prestación de servicios. Ejemplos significativos. Nuevos mercados

Las tecnologías disruptivas habilitadoras (THD) tienen un impacto significativo en el desarrollo de productos y la prestación de servicios. Estas tecnologías no solo transforman los procesos existentes, sino que también abren nuevas oportunidades y mercados. A continuación se ofrece una relación entre algunas THD y su influencia en el desarrollo de productos y la prestación de servicios, junto con ejemplos significativos:

1. **IA**

   ○ Impacto en desarrollo de productos:

   – *Diseño asistido por IA:* herramientas que utilizan IA para optimizar el diseño de productos.

   – *Procesos de innovación:* análisis de datos para identificar tendencias y oportunidades de desarrollo.

   ○ Impacto en prestación de servicios:

   – *Atención al cliente: chatbots* y sistemas de atención al cliente basados en IA.

   – *Personalización de servicios:* recomendaciones personalizadas basadas en algoritmos de IA.

─────── EJEMPLO 9 ───────

Busque un ejemplo significativo del uso de la IA como THD.

Solución:

El asistente virtual para compras utiliza la IA para entender las preferencias del cliente y ofrecer recomendaciones de productos o servicios.

Figura 2.28
Atención al cliente *online* con soporte o asistente virtual.

2. **IIoT**

   ○ Impacto en desarrollo de productos:

   – *Productos conectados:* desarrollo de productos que pueden intercambiar datos con otros dispositivos.

   – *Monitorización en tiempo real:* sensores IoT para recopilar datos de productos en uso.

   ○ Impacto en prestación de servicios:

   – *Servicios basados en datos:* oferta de servicios basados en el análisis de datos generados por dispositivos IoT.

   – *Mantenimiento predictivo:* uso de datos de sensores para prever y abordar problemas antes de que ocurran.

─────── EJEMPLO 10 ───────

Busque un ejemplo significativo del uso del IoT como THD.

Solución:

Automóviles conectados: coches que informan sobre el estado del motor, condiciones de conducción, etc., para servicios de mantenimiento y mejora de la experiencia del conductor.

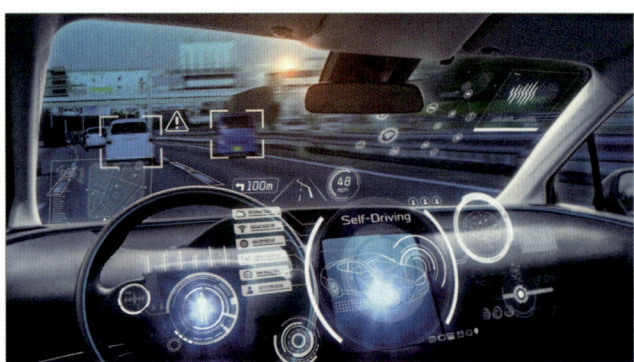

Figura 2.29
Frontal futurista de un coche autónomo.

3. *Blockchain*

   ○ Impacto en desarrollo de productos:

   – *Rastreabilidad:* uso de *blockchain* para rastrear la cadena de suministro de productos.

   – *Autenticidad:* garantía de autenticidad para productos de alto valor.

   ○ Impacto en prestación de servicios:

   – *Transparencia en transacciones:* utilización de *blockchain* para proporcionar transparencia en las transacciones.

   – *Contratos inteligentes:* automatización de procesos contractuales sin intermediarios.

Busca un ejemplo significativo del uso del *blockchain* como THD.

Solución:

Suministro de alimentos sostenibles: utilización de *blockchain* para rastrear la procedencia y condiciones de producción de alimentos.

Figura 2.30
Suministro de huevos a centros comerciales
con la red *blockchain*.

4. **RA y RV**

○ Impacto en desarrollo de productos:

– *Prototipado virtual:* creación de prototipos y pruebas de productos en entornos virtuales.

– *Experiencia del cliente:* uso de RA para mejorar la experiencia del cliente durante el diseño de productos.

○ Impacto en prestación de servicios:

– *Asistencia remota:* utilización de RA para proporcionar asistencia técnica remota.

– *Visualización de productos:* experiencias de compra en línea mejoradas mediante RV.

Busque un ejemplo significativo del uso del *blockchain* como THD.

Solución:

Aplicaciones de moda virtual: permiten a los usuarios probar virtualmente la ropa y accesorios antes de comprarlos en línea.

Figura 2.31
Mujer probándose zapatos *online* con una tableta digital.

2.4.1 Nuevos mercados generados por tecnologías disruptivas habilitadoras

La combinación de estas THD no solo transforma la forma en que se desarrollan productos y se prestan servicios, sino que también crea nuevos nichos de mercado y oportunidades de negocio innovadoras. Las empresas que adoptan proactivamente estas tecnologías tienen el potencial de liderar la creación y explotación de estos nuevos mercados.

● **Mercado de la salud digital:** impulsado por tecnologías como la telemedicina, dispositivos de monitorización de salud y análisis de datos médicos.

● **Economía de la experiencia del cliente:** mercados centrados en proporcionar experiencias personalizadas y mejoradas mediante tecnologías como la IA y la RV.

● **Mercado de energía sostenible:** facilitado por IoT y tecnologías de gestión energética para mejorar la eficiencia y sostenibilidad.

Los habilitadores digitales de la Industria 4.0.

https://youtu.be/-AGA5mtpnMI?list=PLapjNZJlttkvS2G7j8el gmud3gXhsdM9z

2.5 Tecnologías disruptivas habilitadoras típicas en planta y negocio

Las THD tienen implicaciones significativas tanto en cuanto a negocio como en la planta de una industria. Estas tecnologías no solo transforman los modelos de negocio, sino que también optimizan los procesos de producción y mejoran la eficiencia operativa.

2.5.1 Implicaciones en un negocio

1. **Toma de decisiones estratégicas**

   ○ **THD como herramientas analíticas:** las THD, como la IA y el big data, permiten una toma de decisiones estratégicas más informada mediante el análisis de grandes conjuntos de datos y la identificación de patrones.

2. **Modelos de negocio innovadores**

   ○ *Blockchain* **y contratos inteligentes**: facilitan la automatización de procesos contractuales, permitiendo nuevos modelos de negocio sin intermediarios y con mayor transparencia.

3. **Experiencia del cliente mejorada**

   ○ **RV y RA:** transforman la experiencia del cliente, ya sea en la compra de productos, la asistencia técnica o la interacción con servicios, proporcionando experiencias más inmersivas.

4. **Cadenas de suministro optimizadas**

   ○ **IoT y** *blockchain***:** mejoran la visibilidad y trazabilidad en las cadenas de suministro, reduciendo costes y mejorando la eficiencia.

5. **Personalización y segmentación de mercado**

   ○ **IA y analítica predictiva:** permiten la personalización de productos y servicios según las preferencias individuales, lo que impulsa la lealtad del cliente.

6. **Transformación digital integral**

   ○ **Plataformas** *cloud* y, más específicamente, las SaaS (*software* como servicio): facilitan la implementación y gestión de soluciones digitales, permitiendo una transformación digital completa de los procesos comerciales.

2.5.2 Implicaciones en la planta

1. **Automatización y control avanzado**

   ○ **Automatización basada en IA:** permite la automatización de procesos industriales con mayor flexibilidad y capacidad de adaptación.

2. **Mantenimiento predictivo**

   ○ **Sensores IoT y big data:** facilitan la detección temprana de fallos en equipos, permitiendo un mantenimiento predictivo que reduce tiempos de inactividad.

3. **Producción flexible**

   ○ **Robótica colaborativa y automatización flexible:** facilitan la adaptación rápida de las líneas de producción para satisfacer la demanda variable.

4. **Eficiencia energética**

   ○ **IoT y sistemas de gestión de energía:** permiten la monitorización y gestión en tiempo real del consumo de energía para optimizar la eficiencia.

5. **Gestión de calidad mejorada**

   ○ **Sensores avanzados y big data:** mejoran la gestión de calidad mediante la monitorización continua de los procesos y la identificación proactiva de problemas.

6. **Simulación y diseño virtual**

   ○ **RV y gemelos digitales:** facilitan la simulación y el diseño virtual de procesos y productos, permitiendo una planificación más precisa.

7. **Seguridad industrial reforzada**

   ○ **Sistemas de ciberseguridad industrial:** garantizan la seguridad de los sistemas de control y protegen contra ciberamenazas.

8. **Colaboración remota**

   ○ **Tecnologías de comunicación avanzada con 5G**: facilitan la colaboración remota y la asistencia técnica a través de dispositivos conectados.

La implicación de las THD en una planta no solo mejora la eficiencia operativa, sino que también permite una mayor flexibilidad y capacidad de adaptación a las condiciones cambiantes del mercado. La convergencia de tecnologías en la planta industrial impulsa la denominada «fábrica del futuro» o Industria 4.0, donde la digitalización y la conectividad transforman radicalmente la fabricación.

─── PARA SABER MÁS ───

La importancia de los habilitadores digitales en la cadena de valor de la Industria.

https://youtu.be/glafMnSyEtY

2.6 Mejoras con la implantación de tecnologías disruptivas habilitadoras

La implantación de THD en los entornos IT y OT en la Industria 4.0 ha dado lugar a numerosas mejoras en la gestión del proceso productivo. Aquí se identifican algunas de estas mejoras:

2.6.1 Mejoras producidas en el entorno *Information Technology*

1. **Automatización y eficiencia**

   Automatización de procesos de negocio: la automatización de procesos empresariales mediante tecnologías como RPA (automatización de procesos robóticos) ha mejorado la eficiencia en la gestión de tareas administrativas y de *back office*.

2. **Visibilidad y trazabilidad**

   Sistemas integrados de información: la implementación de sistemas ERP (planificación de recursos empresariales) y sistemas de información integrados proporciona una visibilidad completa de las operaciones empresariales, mejorando la trazabilidad y la toma de decisiones.

3. **Análisis de datos avanzado**

   Business intelligence **(BI) y analítica predictiva:** facilitan la interpretación de grandes conjuntos de datos para tomar decisiones informadas y anticiparse a tendencias, mejorando la planificación estratégica.

4. **Colaboración mejorada**

   Plataformas de colaboración: herramientas colaborativas en la nube y comunicación unificada mejoran la colaboración entre equipos, incluso si están geográficamente dispersos.

5. **Seguridad de datos reforzada**

   Ciberseguridad integral: las soluciones avanzadas de ciberseguridad protegen los datos y sistemas empresariales contra amenazas cibernéticas, asegurando la integridad y confidencialidad de la información.

2.6.2 Mejoras producidas en el entorno *Operation Technology*

1. **Automatización industrial**

   Sistemas de control avanzado: la implantación de sistemas de control industrial basados en tecnologías avanzadas como PLC (controladores lógicos programables) y SCADA (supervisión, control y adquisición de datos) mejora la automatización de la producción.

2. **Mantenimiento predictivo**

   Sensores IoT y big data: facilitan la monitorización continua de equipos y sistemas, permitiendo un mantenimiento predictivo que reduce los tiempos de inactividad no planificados.

3. **Optimización de la producción**

   Gemelos digitales: la creación de gemelos digitales de procesos y productos permite la simulación y optimización continua de la producción en entornos virtuales antes de la implementación física.

4. **Flexibilidad en la producción**

   Automatización flexible: la introducción de robótica colaborativa avanzada y sistemas de producción flexibles permite una adaptación rápida a cambios en la demanda y la fabricación de productos personalizados.

5. **Integración de la cadena de suministro**

   IIoT en la cadena de suministro: mejora la integración y coordinación de la cadena de suministro, desde la entrada de materias primas hasta la entrega de productos terminados.

6. **Eficiencia energética**

   Sensores y sistemas de gestión de energía: la implementación de soluciones IoT para la monitorización del consumo de energía y sistemas de gestión energética contribuye a la eficiencia energética en la planta.

7. **Colaboración entre sistemas IT y OT**

   Convergencia IT-OT: La convergencia entre sistemas IT y OT mejora la alineación de objetivos, facilita la comunicación y permite una gestión integral de la producción.

8. **Seguridad industrial mejorada**

   Ciberseguridad industrial: protege contra amenazas cibernéticas específicas de entornos industriales, garantizando la seguridad y la continuidad operativa.

La integración efectiva de tecnologías habilitadoras en ambos entornos IT y OT crea una sinergia que optimiza la eficiencia, mejora la calidad y agiliza los procesos en la gestión del proceso productivo en la Industria 4.0. Esto contribuye significativamente a la competitividad y sostenibilidad a largo plazo de las empresas industriales.

PARA SABER MÁS

La gestión del proceso productivo en la Industria 4.0.

https://youtu.be/6oSYn8vLibo?list=PLapjNZJIttkvS2G7j8eIg mud3gXhsdM9z

2.7 Sistemas digitalizados y datos

Tanto los sistemas digitalizados como los datos son elementos esenciales para la transformación digital de las empresas, ya que proporcionan la infraestructura y la inteligencia necesarias para adaptarse y prosperar en entornos digitales.

Los **sistemas digitalizados** permiten:

1. **Automatizar procesos** empresariales, lo que conduce a una mayor eficiencia y productividad.

2. La **integración de datos y operaciones empresariales** en toda la organización. Esto significa que la información fluye de manera fluida entre diferentes departamentos y sistemas, lo que mejora la colaboración y la toma de decisiones basada en datos.

3. La **flexibilidad y escalabilidad** adaptándose fácilmente a las cambiantes necesidades comerciales y crecer junto con la empresa. Esto permite una rápida respuesta a las demandas del mercado y la capacidad de expandirse a medida que la empresa crece.

4. **Mejorar la experiencia del cliente** al ofrecer productos y servicios de manera más rápida, precisa y personalizada.

5. Generan grandes cantidades de datos que **pueden ser analizados** para obtener información valiosa sobre el rendimiento empresarial, las tendencias del mercado y el comportamiento del cliente. Esto permite una **toma de decisiones** más informada y estratégica.

Los datos son:

1. **Activos empresariales valiosos** que pueden proporcionar información crítica para la toma de decisiones, la innovación y la ventaja competitiva.

2. Los que permiten a las empresas **personalizar productos y servicios** según las preferencias individuales de los clientes, lo que mejora la satisfacción del cliente y la lealtad a la marca.

3. Los que permiten a las empresas **prever** tendencias futuras, identificar oportunidades de mercado y **anticipar** las necesidades del cliente. La capacidad para recopilar y analizar datos.

4. Utilizados para identificar y eliminar ineficiencias en los procesos empresariales, lo que **conduce a una mayor eficiencia operativa** y ahorro de costes.

5. Recopilados y analizados de manera continua, las empresas pueden **identificar áreas de mejora** y realizar ajustes en tiempo real para optimizar el rendimiento empresarial.

Reto profesional

Monitorizar una empresa mediante IOT y desarrollo en Cloud

Breve descripción

La finalidad de este reto profesional es vivenciar el contexto de la implicación de THD tanto en la parte de negocio como en la parte de planta y la importancia de las THD con la economía sostenible y eficiente. Aplicando un desarrollo e implementación muy sencillo en la nube de IBM pueden comprender y desarrollar mejor el reto de las mejoras producidas debido a la implantación de las tecnologías habilitadoras en relación con los entornos IT y OT.

El reto

En el reto, por equipos, se va a tratar de desarrollar e implementar un prototipo de monitorización sencilla en una empresa u organismo equiparado, mediante la combinación de datos del IoT con las tecnologías de IBM Cloud, para mejorar aspectos de sus operaciones en planta y permitir nuevos modelos de negocio innovadores en una empresa u organismo equiparado, relacionado con los profesionales con el título de Técnico en… donde que ejercen su actividad, que se puede identificar en el apartado primero del Artículo 7 entorno profesional de cada Real Decreto por el que se establece el título.

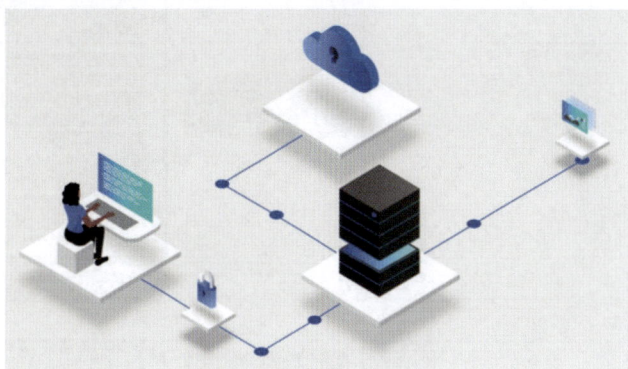

Para realizar el reto profesional, acceda a www.marcombo.info y descargue gratis el contenido adicional.

Código: **MARCOMBO21**

Mapa conceptual

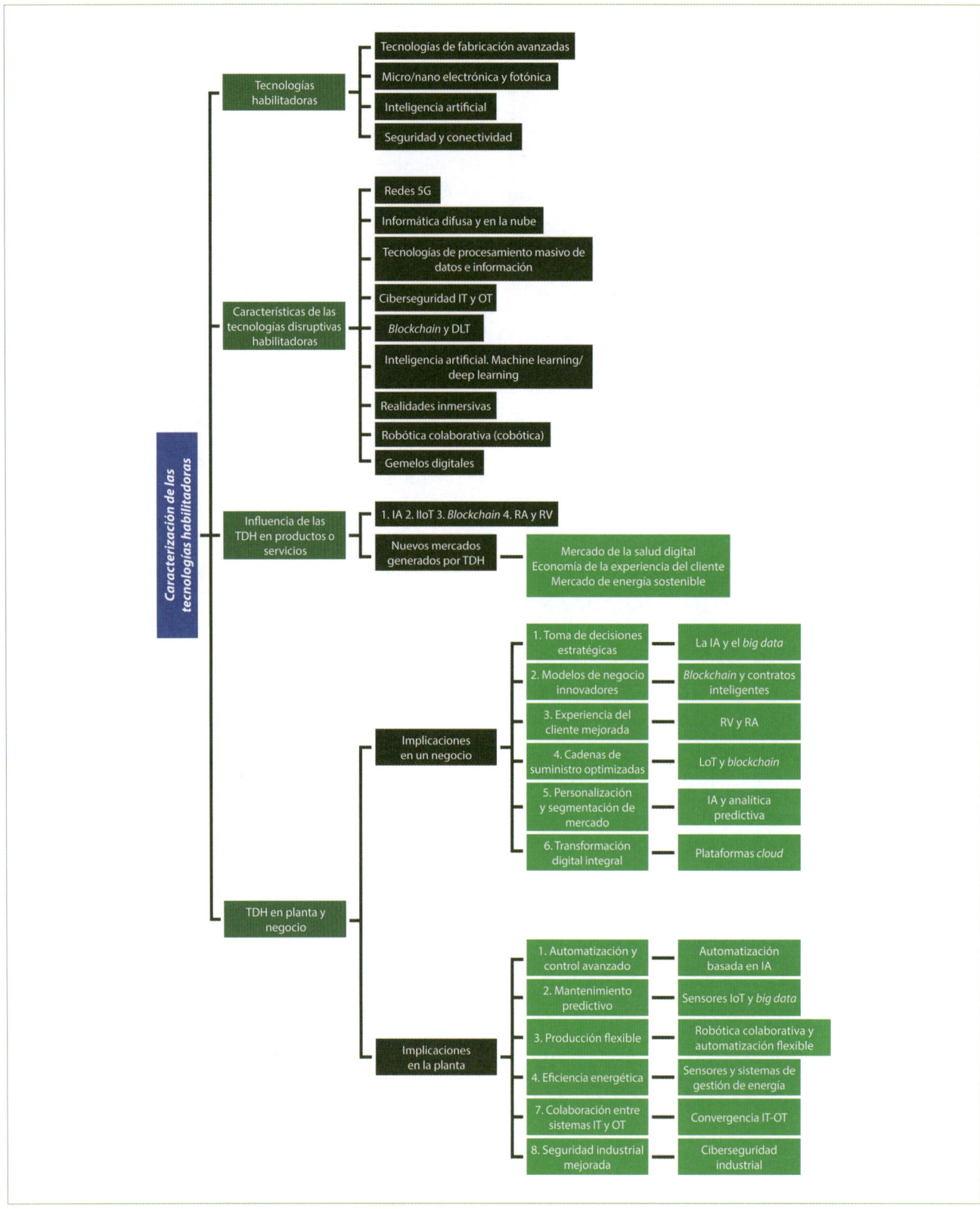

Figura 2.32 Mapa conceptual.

1. **¿Cuál de las siguientes categorías NO forma parte de las tecnologías habilitadoras identificadas en el estudio de 2018?**

   a) Tecnologías industriales avanzadas.

   b) Energías renovables.

   c) Materiales avanzados y nanotecnologías.

   d) Biotecnología y ciencias de la vida.

2. **¿Qué significa 5G?**

   a) Quinta generación de dispositivos móviles.

   b) Quinta generación de tecnología IoT.

   c) Quinta generación de sistemas operativos.

   d) Quinta generación de redes inalámbrica.

3. **¿Qué es la computación en la nube (*cloud computing*)?**

   a) Uso de una red de servidores virtuales para almacenar y procesar datos.

   b) Uso de una red de servidores remotos conectados a Internet para almacenar, administrar y procesar datos.

   c) Uso de una red de servidores locales para almacenar y administrar datos.

   d) Uso de servidores físicos para almacenar y procesar datos.

4. **¿Qué significa el término big data?**

   a) Herramientas utilizadas para procesar y extraer conocimiento útil.

   b) Herramientas para el análisis de datos tradicionales.

   c) La cantidad y complejidad de los datos.

   d) Datos heterogéneos generados a gran velocidad.

5. **¿Cuál es uno de los retos a los que se enfrenta la Industria 4.0 en términos de ciberseguridad?**

   a) Daños económicos y reputacionales.

   b) Gestión de los procesos físicos industriales.

   c) Protección de los sistemas de la compañía.

   d) Realización de auditorías de ciberseguridad en entornos TI.

6. **¿Qué significa DLT en referencia a las tecnologías de registros distribuidos?**

   a) *Distributed Ledger Technology.*

   b) *Deterministic Ledger Technology.*

   c) *Decentralized Ledger Technology.*

   d) *Digital Ledger Technology.*

7. **¿Cuál es el objetivo de la inteligencia artificial?**

   a) Aprender de manera similar a un ser humano.

   b) Tomar decisiones de manera similar a un ser humano.

   c) Procesar información de manera similar a un ser humano.

   d) Imitar la lógica y el razonamiento humano.

8. **¿Qué tecnología engloba a la realidad aumentada, virtual y mixta?**

   a) Tecnología háptica.

   b) Realidad disminuida.

   c) Realidades inmersivas.

   d) Tecnología holográfica.

9. **¿Qué es un gemelo digital?**

   a) Una simulación de un objeto digital.

   b) Una réplica exacta de un objeto físico.

   c) Un modelo virtual de un objeto físico.

   d) Un objeto físico en miniatura.

10. **¿Cuál es el impacto de la IA en el desarrollo de productos?**

    a) Optimización del diseño de productos.

    b) Automatización de procesos contractuales.

    c) Utilización de *blockchain* para rastrear la cadena de suministro.

    d) Uso de RA para mejorar la experiencia del cliente.

Para realizar las actividades 1, 2, 5 y 6, acceda a www.marcombo.info y descargue gratis el contenido adicional, complemento imprescindible de este libro.

Código: **MARCOMBO21**

ACTIVIDAD 1

Lea el documento de Ametic «Industria 4.0: ¿Qué son las redes 5G?», que analiza la implicación de las redes 5G tanto en la parte de negocio como en la parte de planta, y responda las siguientes preguntas:

a) ¿Cuáles son las ventajas de aplicar el IoT industrial al realizar la supervisión del estado?

b) ¿Cuáles son las ventajas de aplicar el IoT industrial al realizar la gestión del rendimiento de los activos?

c) ¿Cuáles son las ventajas de aplicar el IoT industrial al realizar el mantenimiento predictivo?

d) ¿Cuáles son las ventajas de aplicar el IoT industrial al realizar la gestión del uso de la energía de las fábricas y las máquinas?

e) ¿Cuáles son las ventajas de aplicar el IoT industrial al realizar la gestión de los suministros y el inventario en todas las ubicaciones de fabricación?

ACTIVIDAD 2

Lea el documento de Ametic «¿Qué es la Inteligencia Artificial Industrial?» y elabore un breve informe que relacione la tecnología IAI con sus características y áreas de aplicación.

ACTIVIDAD 3

Realice una búsqueda de información de los casos prácticos de Impresión 3D de HP para los procesos de fabricación aditiva por tipo de aplicación (prototipado, útiles de fabricación y pieza final) sobre su sector más cercano. Como ayuda, de proporciona la dirección siguiente:

https://www.hp.com/es-es/printers/3d-printers/resources/case-studies-resources.html?jumpid=va_u5wy4sgiva

ACTIVIDAD 4

Visione la sesión del 6.º Congreso de Industria y Pyme con el nombre «Liberando todo el potencial del Gemelo Digital»: https://youtu.be/xyPT4gF4Ba0

Analice la implicación del TD, gemelo digital, tanto en la parte de negocio como en la parte de planta.

ACTIVIDAD 5

Lea el documento del Ministerio para la Transformación Digital y de la Función Pública, «Estrategia de Impulso de la Tecnología 5G», e identifique de su sector más cercano, la tabla tipo informe que relacione el 5G con las tendencias, los casos de uso, los ODS y las áreas de aplicación.

ACTIVIDAD 6

Lea el e-book de Siemens *Aplicación del Internet de las cosas a la fabricación: Ocho casos de uso con IoT para aumentar el retorno de la inversión*, que identifica las mejoras producidas debido a la implantación de la IoT en relación con los entornos IT y OT, y responda las siguientes preguntas:

a) ¿Cuáles son las ventajas de aplicar el IoT industrial al realizar la supervisión del estado?

b) ¿Cuáles son las ventajas de aplicar el IoT industrial al realizar la gestión del rendimiento de los activos?

c) ¿Cuáles son las ventajas de aplicar el IoT industrial al realizar el mantenimiento predictivo?

d) ¿Cuáles son las ventajas de aplicar el IoT industrial al realizar la gestión del uso de la energía de las fábricas y las máquinas?

e) ¿Cuáles son las ventajas de aplicar el IoT industrial al realizar la gestión de los suministros y el inventario en todas las ubicaciones de fabricación?

ACTIVIDAD 7

Lea el artículo «El Futuro de la Comunicación Inclusiva: Gafas con IA de Stanford para Personas Sordas» y elabore un pequeño informe que relacione las tecnologías con sus características y sus áreas de aplicación:

https://observatorio-ia.com/estudiantes-de-stanford-crean-gafas-con-ia-que-transcriben-el-habla-en-tiempo-real-para-personas-sordas

ACTIVIDAD 8

Lea el artículo «Neuralink anuncia el éxito del primer chip cerebral en un ser humano: ¿qué significa?» y elabore un pequeño informe que relacione las tecnologías con sus características y sus áreas de aplicación:

https://www.nationalgeographic.com.es/ciencia/neuralink-exito-primer-chip-cerebral-ser-humano-que-significa_21520

U 3

Cloud y sistemas conectados

En esta unidad va a estudiar:

- *Cloud*. Definición y niveles. *Cloud computing*.
- Posibilidades del trabajo en la nube.
- *Edge computing* y su relación con la nube.
- *Fog* y *mist*. Relación con la nube.
- Ventajas del uso de los recursos de la nube.
- Uso de *cloud* y la rentabilidad de la empresa.

Con su estudio, va a ser capaz de:

- Identificar los diferentes niveles de la nube.
- Identificar las principales funciones de la nube (procesamiento de datos, intercambio de información, ejecución de aplicaciones, entre otros).
- Describir el concepto de *edge computing* y su relación con la nube.
- Definir los conceptos de *fog* y *mist* y sus zonas de aplicación en el conjunto.
- Identificar las ventajas que proporciona la utilización de la nube en los sistemas conectados.

3.1 Introducción

El *cloud computing* o informática en la nube ha adquirido un papel de gran protagonismo en el panorama actual de las nuevas tecnologías y en el mundo empresarial. Por ello merece la pena realizar un acercamiento a su situación actual y distinguir los distintos servicios que puede ofrecer a la digitalización de las empresas.

En esta unidad se van a identificar los sistemas basados en la nube y su influencia en el desarrollo de los sistemas digitales.

3.2 *Cloud*. Definición y niveles

GLOSARIO

El *cloud computing* o informática en la nube abarca todo lo relacionado con los servicios que funcionan en la nube (*cloud*) y a los que podemos acceder a través de Internet. Se refiere al acceso a ordenadores, otros elementos de IT y aplicaciones de *software* a través de una conexión de red, a menudo accediendo a centros de datos utilizando redes de áreas extensa (WAN) o conectividad a Internet.

Según el NIST (National Institute of Standards and Technology), el *cloud computing* es «un modelo ubicuo, conveniente y bajo demanda mediante red a un conjunto compartido de recursos de recuento configurables (p. ej., redes, servidores, almacenamiento, aplicaciones y servicios) que pueden ser rápidamente provisionados y liberados con un mínimo esfuerzo de gestión o interacción con el proveedor del servicio».

Figura 3.1
La informática en la nube.

3.2.1 Características del *cloud computing*

Entre sus principales características y ventajas podemos destacar:

1. **Autoservicio bajo demanda.** El consumidor del servicio puede aprovisionar recursos de manera rápida y aumentar su capacidad sin necesidad de la intervención del proveedor.

2. **Abstracción.** Característica o capacidad de aislar los recursos informáticos contratados al proveedor de servicios *cloud* de los equipos informáticos del cliente. Esto se consigue gracias a la virtualización, con lo que la organización usuaria no requiere de personal dedicado al mantenimiento de la infraestructura, actualización de sistemas, pruebas y demás tareas asociadas que quedan del lado del servicio contratado.

3. **Agilidad en la escalabilidad.** Característica o capacidad consistente en aumentar o disminuir las funcionalidades ofrecidas al cliente, en función de sus necesidades puntuales sin necesidad de nuevos contratos ni penalizaciones. De la misma manera, el coste del servicio asociado se modifica también en función de las necesidades puntuales de uso de la solución. Esta característica, relacionada con el pago por uso, evita los riesgos inherentes de un posible mal dimensionamiento inicial en el consumo o en la necesidad de recursos.

4. **Multiusuario.** Capacidad que otorga la nube, que permite a varios usuarios compartir los medios y recursos informáticos, facilitando la optimización de su uso.

5. **Autoservicio bajo demanda.** Permite al usuario acceder de manera flexible a las capacidades de informática en la nube de forma automática a medida que las vaya requiriendo, sin necesidad de una interacción humana con su proveedor o proveedores de servicios *cloud*.

6. **Acceso sin restricciones.** Característica consistente en la posibilidad ofrecida a los usuarios de acceder a los servicios contratados de *cloud computing* en cualquier lugar, en cualquier momento y con cualquier dispositivo que disponga de conexión a redes de servicio IP.

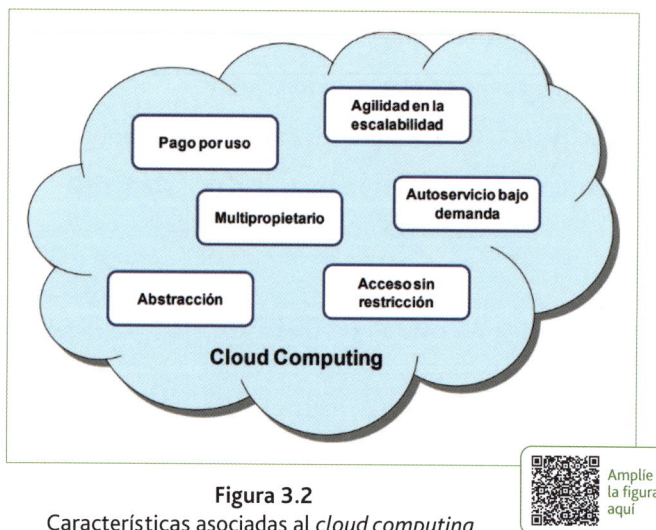

Figura 3.2
Características asociadas al *cloud computing*.

3.2.2 Clasificación de soluciones de cloud computing

En la actualidad, las soluciones de *cloud computing* disponibles en el mercado admiten diferentes clasificaciones según el aspecto que se tenga en cuenta para realizar dicha clasificación.

Se definen tres características fundamentales que marcan la clasificación de las soluciones *cloud*: niveles de servicio (familias), modelos de despliegue (formas de implementación) y modelos de negocio (agentes intervinientes).

Estas tres características, junto con sus diferentes tipos de soluciones asociadas, se pueden representar en un cubo de tres dimensiones, tal y como se muestra en la siguiente figura.

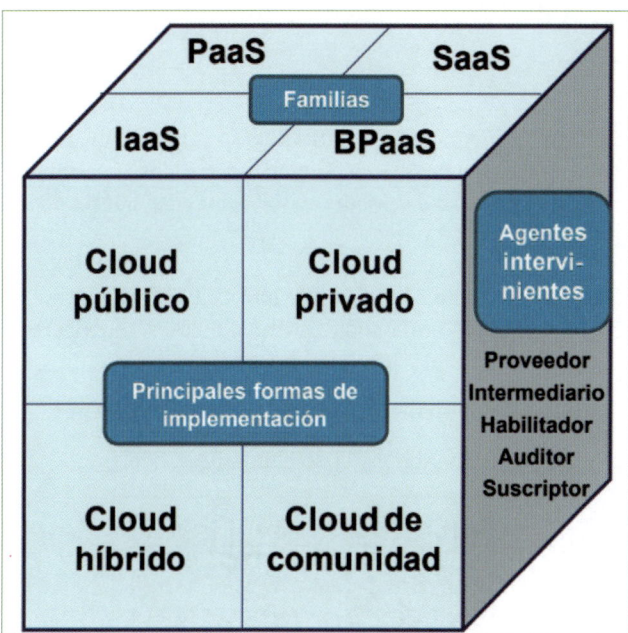

Figura 3.3
Cubo de clasificación de soluciones de *cloud computing*.

Mediante la combinación de estas tres dimensiones se detallan los distintos tipos de *cloud computing* existentes en el mercado, así como sus principales agentes.

Modelos de implementación o de despliegue en cloud computing

Un modelo de implementación en nube representa un tipo específico de entorno en la nube, que se distingue principalmente por la propiedad, el tamaño y el acceso. En la actualidad, puede hablarse de cuatro modelos comunes de implementación en nube:

1. ***Cloud* público (externo):** es el más común de los tipos *cloud computing*. Con el modelo de nube pública se ofrecen recursos (potencia de recuento, almacenamiento, bases de datos, plataforma para desarrollo, aplicaciones, etc.) bajo demanda y de forma inmediata

a través de Internet. Los recursos subyacentes, *hardware* y *software*, y todo lo que corresponde a infraestructura física son propiedad del proveedor, quien se encarga del mantenimiento y la administración. En la nube pública se puede implementar cualquier aplicación, experimentar, migrar todo el centro de datos de la empresa, etc.; las posibilidades son infinitas.

Este modelo proporciona a los desarrolladores, administradores de sistemas y las empresas en general la facilidad de centrarse en lo que más importa al negocio, evitando la planificación de capacidad informática o la adquisición y administración de *hardware*, entre otras tareas del departamento de TI.

EJEMPLO 1

Identifique algunos proveedores más conocidos e importantes en la actualidad que ofrecen una nube pública.

Solución:

Amazon Web Services (AWS), Microsoft Azure, Google Cloud Platform e IBM Cloud son ejemplos de nube pública.

Figura 3.4
Batalla de las nubes públicas:
AWS contra Azure contra Google contra IBM.

PARA SABER MÁS

Nube pública de InteVolution.

https://youtu.be/lQf66Pup8z8

2. ***Cloud* privado (interno):** hay empresas que no se fían de la seguridad de un tercero o consideran que deben tener el control total de su entorno con su equipo de trabajo y su propia infraestructura. Por tal razón, surgió la necesidad de replicar el modelo en entornos privados, por lo que se encuentran en las

instalaciones de dicha organización o en un centro de datos privado. De esta forma se consiguen los beneficios de *cloud computing* como agilidad, automatización, escalabilidad, etc. Por tanto, una nube privada está compuesta por recursos informáticos utilizados únicamente por una institución; la infraestructura siempre se mantiene en una red privada, y el *hardware* y *software* es para la propia organización.

Puede ser gestionada por la propia empresa o por un tercero, y puede alojarse dentro o fuera de sus instalaciones.

EJEMPLO 2

Identifique algunos proveedores más conocidos e importantes en la actualidad que ofrecen una nube privada.

Solución:

A nivel mundial, existe una variedad de proveedores de nube privada con un gran reconocimiento. Sin embargo, la empresa debe tener en cuenta que, cuanto mayor sea la cercanía física entre los centros de datos del proveedor y esta, mejor en términos de latencia y de velocidad. Telefónica Empresas, SYNTAX.

Figura 3.5
Simbolismo del acceso privado a la nube para empresas.

PARA SABER MÁS

Nube privada de InteVolution.

https://youtu.be/TP2MXweguH8

3. **Cloud híbrido** es una composición de dos tipos diferentes (nube pública y nube privada), que se perciben como entidades separadas, pero, a la vez, se encuen-

tran unidas por una tecnología estandarizada, facilitando la comunicación, portabilidad de los datos y aplicaciones. Lo que se pretende es combinar los dos modelos de implementación y obtener lo mejor de ambos. Algunas empresas tienen una nube privada funcionando perfectamente y han alcanzado un grado de madurez alto. Sin embargo, se produce la necesidad de conseguir más recursos que no son capaces de producir, por tanto, necesitan de un tercero (proveedor de nube pública) para no perder eficiencia. Es entonces cuando se realiza la integración, obteniendo así un modelo híbrido.

Hay que tener claro que la nube privada no es lo mismo que una infraestructura local con virtualización tradicional; debe cumplir con ciertas características de *cloud computing*. OpenStack, OpenNebula y CloudStack son alternativas de código abierto para implementar este modelo.

EJEMPLO 3

Identifique algunos proveedores más conocidos e importantes en la actualidad que ofrecen soluciones de nube híbrida.

Solución:

Los enlaces de proveedores de IBM y HPE ofrecen entornos de nube híbrida para distribuir, ejecutar y conectar cargas de trabajo y TI en cualquier lugar.

https://www.ibm.com/es-es/hybrid-cloud?lnk=flatitem

https://www.hpe.com/es/es/solutions/cloud.html

4. **Cloud de comunidad**: se trata de *clouds* utilizados por distintas organizaciones cuyas funciones y servicios sean comunes, permitiendo con ello la colaboración entre grupos de interés.

Al analizar un *cloud* de comunidad, se debe considerar que, en principio, sus fortalezas y debilidades se sitúan entre las del privado y las del público. En general, el conjunto de recursos disponibles con un *cloud* de comunidad es mayor que en el privado, con las ventajas evidentes que ello conlleva en términos de elasticidad. Sin embargo, la cantidad de recursos es menor que los existentes en una solución de *cloud* público, limitando la elasticidad respecto a dicho *cloud* público. Por otra parte, el número de usuarios de este tipo de nube es menor que los de la nube pública, lo que la dota de mayores prestaciones en cuestiones de seguridad y privacidad.

Identifique algunas formas de implementación de los *clouds* de comunidades para facilitar el acceso a recursos de interoperabilidad entre distintas organizaciones.

Solución:

Ejemplos de esta forma de implementación son los *clouds* de comunidades de servicios de salud (en inglés, *healthcare community cloud*) para facilitar el acceso a aplicaciones e información crítica de carácter sanitario, y los *clouds* de comunidad gubernamentales (en inglés, *government community cloud*) para facilitar el acceso a recursos de interoperabilidad entre organismos públicos y administraciones públicas.

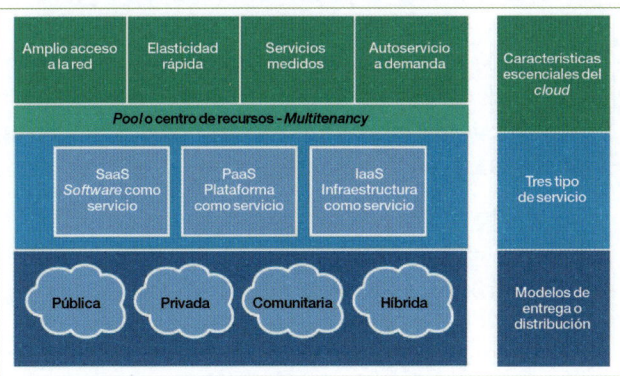

Figura 3.6
Modelos de despliegue en *cloud computing*.

Por familias *cloud* (modelos de servicio)

1. ***Infrastructure as a Service* (IaaS).** Familia de *cloud computing* consistente en poner a disposición del cliente el uso de la infraestructura informática (capacidad de informática, espacio de disco y bases de datos, entre otros) como un servicio.

Los clientes que optan por este tipo de familia *cloud*, en vez de adquirir o dotarse directamente de recursos como, pueden ser los servidores, el espacio del centro de datos o los equipos de red, optan por la externalización en busca de un ahorro en la inversión en sistemas TI.

Con esta externalización, las facturas asociadas a este tipo de servicios se calculan en base a la cantidad de recursos consumidos por el cliente, basándose así en el modelo de pago por uso.

Figura 3.7
Concepto IaaS (infraestructura como servicio).

Identifique algunos modelos de servicio de infraestructura como servicio o *Infrastructure as a Service*.

Solución:

Ejemplo de IaaS:

- AWS
- Microsoft Azure
- Google Cloud Platform
- OpenStack

2. ***Software as a Service* (SaaS).** Familia de *cloud computing* consistente en la entrega de aplicaciones como servicio, siendo un modelo de despliegue de *software* mediante el cual el proveedor ofrece licencias de su aplicación a los clientes para su uso como un servicio bajo demanda.

Los proveedores de los servicios SaaS pueden tener instalada la aplicación en sus propios servidores web (permitiendo a los clientes acceder, por ejemplo, mediante un navegador web), o descargar el *software* en los sistemas del contratante del servicio. En este último caso, se produciría la desactivación de la aplicación una vez finalice el servicio o expire el contrato de licencia de uso.

Figura 3.8
Concepto SaaS (*software* como servicio).

Identifique algunas soluciones de *cloud computing* de Software as a Service orientada a particulares y empresas.

Solución:

La solución de *cloud computing* de Software as a Service puede estar orientada a distintos tipos de clientes según su condición:

Usuarios particulares:

- Microsoft Office 365
- Aplicaciones web de Google
- Servicio de mensajería Slack

Usuarios profesionales:

- CRM
- ERP

3. ***Platform as a Service* (PaaS).** Familia de *cloud computing* consistente en la entrega, como un servicio, de un conjunto de plataformas informáticas orientadas al desarrollo, análisis, despliegue, *hosting* y mantenimiento de los sistemas operativos y aplicaciones propias del cliente.

Las principales características asociadas al *Platform as a Service* como solución *cloud* se exponen a continuación:

○ Facilita el despliegue de las aplicaciones del cliente, sin el coste y la complejidad derivados de la compra y gestión del *hardware* y de las capas de *software* asociadas.

○ Ofrece a través de redes de servicio IP todos los requisitos necesarios para crear y entregar servicios y aplicaciones web.

Figura 3.9
Concepto PaaS (plataforma como servicio).

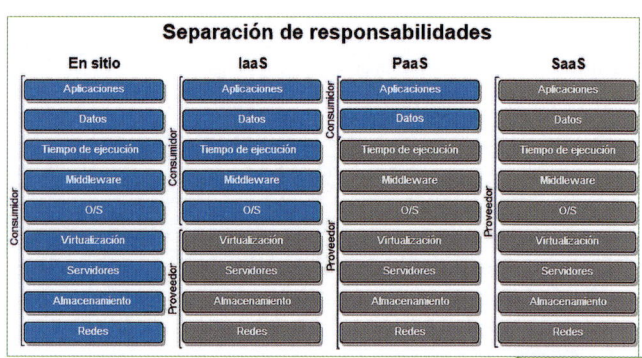

Figura 3.11
Comparativa de las responsabilidades que asume el consumidor y el proveedor.

Amplíe la figura aquí

4. ***Business Process as a Service* (BPaaS).** Familia de *cloud computing* consistente en la provisión como servicio de procesos de negocio *end-to-end* altamente estandarizados a través de su entrega dinámica, la modalidad de pago por uso y los modelos de consumo de autoservicio bajo demanda.

Su característica principal es que los recursos utilizados mediante esta solución para ejecutar los procesos de negocio son compartidos entre los diferentes clientes del proveedor. En muchos casos, este hecho proporciona un aporte de valor al negocio; sin embargo, la solución BPaaS se encuentra en fase incipiente, siendo todavía un modelo de negocio en el que los proveedores tan solo operan en la actualidad en nichos concretos.

EJEMPLO 7

Identifique algunas soluciones de *cloud computing* de *Platform as a Service*.

Solución:

• AWS Elastic Beanstalk

• Azure App service

• Google App Engine

• Red Hat OpenShift

• CloudFountry

• Heroku

ACTIVIDAD PROPUESTA 3.1

Tras el SaaS, PaaS e IaaS están surgiendo nuevas alternativas que cubren las expectativas de los negocios que deseaban seguir creciendo en este nuevo entorno, como BPaaS e iPaaS. Investigue qué es iPaaS.

ACTIVIDAD PROPUESTA 3.2

Zscaler Zero Trust Exchange™ es una plataforma de seguridad nativa de la nube que permite a la empresa disfrutar de una experiencia de usuario más rápida y segura en una nube de seguridad de nivel empresarial. Investigue qué es SECaaS. ¿Qué ventajas tiene? ¿Cuál es su alcance?

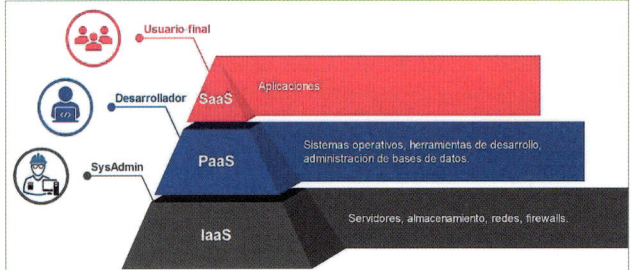

Figura 3.10
Tres tipos principales de servicio de informática en la nube: IaaS, PaaS y SaaS.

ACTIVIDAD PROPUESTA 3.3

Una buena herramienta para aplicaciones web, *backends*, procesamiento de datos/flujos, o para crear *chatbots* en línea o *backends* para dispositivos IoT es FaaS. Investigue qué es FaaS. ¿Qué ventajas tiene? Indique algunos ejemplos conocidos de FaaS.

Por agentes intervinientes en el negocio

Como principales agentes intervinientes en el negocio se pueden definir: el proveedor, el intermediario, el habilitador, el auditor y el suscriptor, los cuales se detallan a continuación.

1. **El proveedor** presta servicios a través de la nube a suscriptores o intermediarios, es decir, el servicio ofertado por la empresa proveedora al cliente, ya sea de forma directa o a través de un intermediario.

2. **El intermediario** presta servicios de intermediación entre los usuarios finales y los proveedores en un mercado dinámico de oferta y demanda como es el *cloud computing*. Como ejemplo se pueden mencionar los servicios frontales o las intermediaciones extremo-extremo.

3. **El habilitador** es un agente proveedor típicamente enfocado al mercado de proveedores de *cloud*. Son empresas que proveen de *software* y *hardware* a proveedores de servicios *cloud*, para que estos desarrollen y ofrezcan al usuario servicios en la nube.

4. **El auditor** es el agente encargado de llevar a cabo las evaluaciones independientes de los servicios en la nube, de las operaciones asociadas a los sistemas de información, del rendimiento y de la seguridad en el uso de la solución *cloud*.

5. **El suscriptor** se corresponde con el usuario contratante de los servicios *cloud*, el cliente de los proveedores, los intermediarios y los auditores.

Figura 3.13
Ingeniero supervisando la granja de servidores para IaaS, SaaS, PaaS de un habilitador.

Figura 3.14
Auditor en una sala de control del sistema del centro de datos.

Figura 3.12
Agentes intervinientes en el negocio de servicios de *cloud computing*.

Figura 3.15
Suscriptor Intercambiando información y datos usando
los servicios *cloud*.

3.3 Posibilidades del trabajo en la nube

El *cloud computing* comprende muchos tipos de servicios y puede ser un proceso complejo cuando se clasifican.

Los servicios *cloud* se agrupan por similitud, dependencias y puntos complementarios entre ellos.

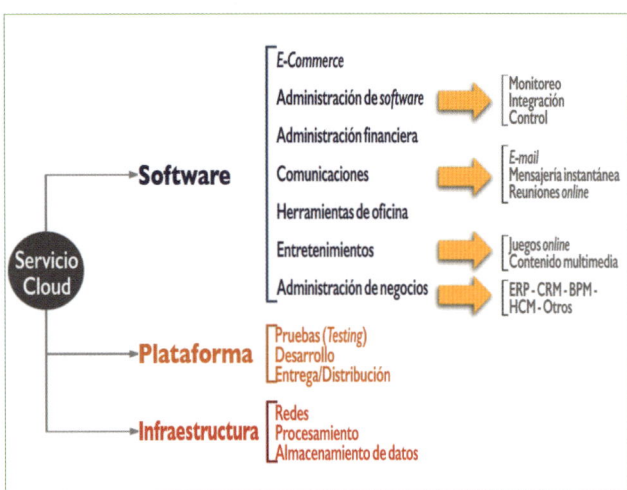

Figura 3.16
Clasificación de dominios *cloud*.

3.3.1 Dominios *cloud* SaaS

- **Comercio electrónico (*e-commerce*):** servicios como tiendas *online* para productos de tiendas físicas, o tiendas de aplicaciones para dispositivos móviles.

- **Administración de *software* (*software management*):** servicios que permiten a dos o más sistemas comunicarse entre sí, estando instalados en la nube o no. Aquí se incluyen:

  ○ Sistemas de monitorización (p. ej., seguridad, *performance*, cumplimiento del SLA, etc.).

  ○ Sistemas de control (p. ej., crear, iniciar o detener otros servicios).

  ○ Gestión de la cadena de suministro.

  ○ Sistemas de integración (p. ej., sincronización de datos).

- **Gestión financiera (*Financial Management System, FMS*):** son aplicaciones que proporcionan visibilidad en la posición financiera de una empresa, mediante la automatización y el soporte a los procesos de cualquier actividad que tenga un impacto financiero en la entidad. Además, proporcionan informes de datos financieros, según sea necesario por las regulaciones locales e internacionales. Este tipo de aplicaciones incluyen, entre otras, las de consolidación financiera, las de tesorería y gestión de efectivo, las de contabilidad, las de gestión tributaria, las de cuadros de mando, etc.

- **Comunicación (*communication*):** servicios ligados a la comunicación (p. ej., VoIP, *webcasts*, *webinars* o conferencias web, aplicaciones de mensajería instantánea para empresas o *enterprise instant messaging*, etc.

- **Paquetes de *software* de oficina (*office suites*):** conjunto de programas destinados a ser utilizados por los trabajadores de la empresa durante su operativa diaria. Los componentes del paquete se distribuyen generalmente en conjunto, tienen una interfaz de usuario similar y por lo general pueden interactuar entre sí y contienen procesadores de texto, hojas de cálculo, aplicaciones para presentaciones, conversión de ficheros, calendarios y gestión de agendas, etc.

- **Creación de contenido digital (*Digital Content Creation, DCC*):** *software* destinado al desarrollo de material digital de interés periodístico, educativo y de entretenimiento (animaciones, audio, gráficos, imágenes, vídeo, etc.), para la distribución a través de Internet u otros medios electrónicos.

- **Gestión del negocio (*business management*):** aplicaciones corporativas tales como CRM (*Customer Relationship Management*), sistemas ERP (*Enterprise Resource Planning*) con conexiones entre inteligencia de negocios (BI) o BPM (*Business Process Management*).

3.3.2 Dominios *cloud* PaaS

- **Análisis de *software* (*testing*):** servicios *cloud* que permiten realizar pruebas automáticas a nuevas aplicaciones.

- **Desarrollo de *software* (*developing*):** entornos para desarrollo de *software*, por ejemplo, los IDE (*Integrated Development Environment*), programas para el control de versiones y para el seguimiento de errores.

- **Despliegue de sistemas (*deploying*):** servicios *cloud* que ofrecen un entorno para desplegar aplicaciones, por ejemplo, páginas web o servicios web.

3.3.3 Dominios *cloud* IaaS

- **Procesamiento (*processing*):** recursos virtuales de procesamiento, por ejemplo, ejecución de máquinas virtuales, consistentes en ofrecer al cliente la posibilidad de aumentar su capacidad informática, sin tener que incurrir en los gastos de capital que supondría la adquisición de los equipos físicos necesarios para maximizar dicha capacidad.

- **Almacenamiento en la nube (*storage*):** las soluciones de almacenamiento incluidas dentro de las infraestructuras como un servicio *cloud* son un modelo de negocio en el que un proveedor alquila espacio en su infraestructura propia de almacenamiento, para su uso por parte de una pequeña empresa o un individuo.

- **Redes (*networking*):** redes virtuales y otros servicios que funcionen sobre una infraestructura de red existente.

Figura 3.17
Trabajando en el centro de servidores para dar servicio cloud IaaS para el almacenamiento en la nube.

Figura 3.18
Sistemas ERP (*Enterprise Resource Planning*) con conexiones entre inteligencia de negocios (BI), producción, módulos CRM y diagrama de recursos humanos en el dominio *Cloud* SaaS.

EJEMPLO 8

Identifique el tipo de trabajo correspondiente a los servicios de copia de seguridad (*backup services*).

Solución:

El servicio de copia de seguridad es una solución de tipo IaaS existente en el mercado que proporciona a los usuarios un sistema periódico de copia y almacenamiento de archivos informáticos en la infraestructura del proveedor. Estos archivos pueden ser posteriormente recuperados en caso de fallo o cambio de los equipos, de pérdida puntual de datos o de necesidad de recuperación de datos tras un desastre.

EJEMPLO 9

Identifique el tipo de trabajo correspondiente a las aplicaciones de mensajería instantánea para empresas (*Enterprise Instant Messaging*).

Solución:

Las aplicaciones de mensajería instantánea para empresas (Enterprise Instant Messaging) son soluciones de tipo IaaS existentes en el mercado que constituyen una forma de comunicación en tiempo real, basada en la inserción de un texto directamente en un chat de interlocución entre dos o más empleados, que utilizan sus ordenadores personales u otros dispositivos que dispongan de la aplicación incorporada y acceso a la red. La información y documentación intercambiada por los usuarios de la aplicación se transfiere a través de una red, como por ejemplo Internet. Los programas de mensajería instantánea más avanzados también permiten mejorar los modos de comunicación, incorporando funcionalidades como la voz en vivo, la videollamada, la inclusión de enlaces a los medios de comunicación, o la compartición y visualización de equipos y recursos varios.

ACTIVIDAD PROPUESTA 3.4

Una buena herramienta para la gestión de la cadena de suministro como soluciones de tipo SaaS existentes en el mercado. Investigue qué es aplicación de abastecimiento/adquisición (*sourcing/procurement*). ¿Qué establece el *software* de planificación de la cadena de suministro? ¿Cuál es el objetivo del sistema de gestión de almacenes (*Warehouse Management System*, WMS)? ¿Para qué se utiliza el sistema de gestión del transporte (*Transportation Management System*, TMS)? ¿De qué se encarga la aplicación del cumplimiento de transacciones a nivel mundial (*Global Trade Compliance*)? ¿Para qué sirve la solución de planificación del servicio de piezas *(Service Parts Planning*, SPP)?

3.4 *Edge computing* y su relación con la nube

Edge computing actúa en los datos de origen.

Esta proximidad a los datos en su origen puede ofrecer grandes ventajas de negocio: conocimientos más rápidos, tiempos de respuesta mejorados y mayor disponibilidad del ancho de banda.

GLOSARIO

Edge computing es una infraestructura de informática distribuida que acerca las aplicaciones empresariales a los orígenes de datos, como dispositivos de IoT o servidores periféricos locales.

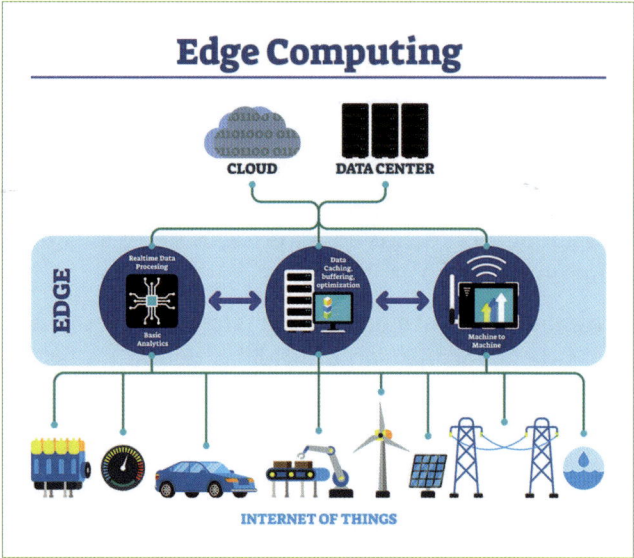

Figura 3.19
Edge computing.

Tabla 3.1 Diferencias entre *edge computing* y *cloud computing*.

Cloud computing	versus	*Edge computing*
Localización		
Remota. El almacenamiento, la gestión y el procesamiento se realiza en un servidor de red central remoto. Los datos son accesibles a través de Internet, lejos de la fuente.		Cercana. Los datos se procesan físicamente cerca o en el dispositivo real (la fuente de datos), que se encuentra en el borde de la red.
Latencia		
Alta. El intercambio de datos frecuente y de alta carga pone a prueba la red, lo que resulta en una alta latencia.		Baja. Requiere poco ancho de banda, ya que la información se procesa inicialmente cerca de la fuente de datos.
Capacidad		
Alta. Puede procesar grandes volúmenes de datos y escalar; el coste se determina por la unidad de procesamiento utilizada.		Baja. No pueden procesar muchos datos debido a la limitada disponibilidad de recursos. Esto es en parte compensado por el acceso cercano de comunicación con nodos.
Distribución		
Centralizada. La nube es un sistema de gestión centralizada (CMS), lo que significa que está controlada por una sola entidad.		Descentralizada. Los cálculos se realizan en el borde de la red, a menudo utilizando notas distribuidas.
Seguridad		
Alta. El servidor virtual es administrado por una entidad, lo que asegura la máxima protección.		Media. Los datos distribuidos significan que la seguridad puede ser más susceptible a las amenazas individuales y a factores externos.
Beneficios		
Reducción de costes, escalabilidad, accesibilidad y seguridad.		Alta velocidad y capacidad de respuesta, baja latencia, resultados en tiempo real y análisis en el borde.
Casos de uso		
Inventario, inteligencia de negocio, big data, análisis profundo, visualización de datos enriquecidos, tableros, informes y acceso al *backend*.		Dispositivos IoT (dispositivos de mano, *wearables)* e IIoT (robots de piso de fábrica, señalización digital en tiendas de minoristas), resonancias magnéticas, semáforos, vehículos autónomos, cajeros automáticos y casos de uso de «misión crítica» en general.

Cloud computing y *edge computing* están interrelacionados, pero tienen sus diferencias y ventajas. La tabla anterior indica los beneficios de cada servicio para las empresas.

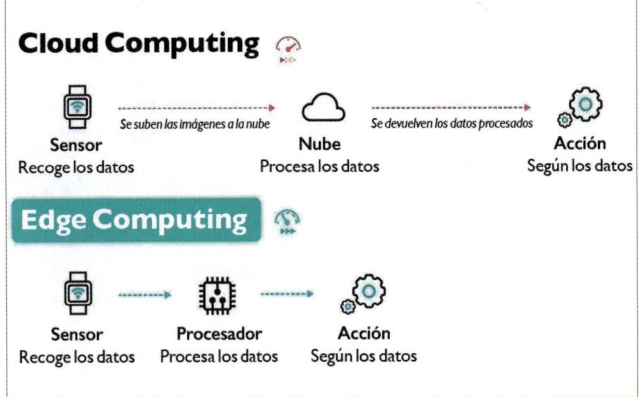

Figura 3.20
En *edge computing* los datos se procesan lo más cerca del lugar de origen, la respuesta es inmediata.

El crecimiento de los dispositivos de IoT están generando volúmenes de datos sin precedentes. Y los volúmenes de datos seguirán creciendo a medida que las redes 5G aumenten el número de dispositivos móviles conectados.

Antes, el compromiso de la nube y la IA era automatizar y acelerar la innovación extrayendo conocimientos prácticos de los datos. Sin embargo, la escala y la complejidad sin precedentes de los datos creados por los dispositivos conectados ha superado la capacidad de las prestaciones de infraestructura y de red.

El envío de todos los datos generados por dispositivos a un centro de datos centralizado o a la nube causa problemas de ancho de banda y latencia. *Edge computing* ofrece una alternativa más eficiente: los datos se procesan y analizan más cerca del punto en el que se crean. Como los datos no tienen que atravesar una red hasta una nube o un centro de datos para poder ser procesados, la latencia se reduce significativamente. *Edge computing* —y *edge computing* móvil en redes 5G— permite un análisis de datos más rápido y completo, creando la oportunidad de obtener información más detallada, tiempos de respuesta más rápidos y mejores experiencias del cliente.

--- EJEMPLO 10 ---

Identifique algún caso de uso de *edge computing* e IoT.

Solución:

En hospitales, los sensores de los aparatos recopilarían datos sobre los pacientes que se albergarían en servidores locales (lo que aumentaría la privacidad de esta información sensible).

--- PARA SABER MÁS ---

Visione la comparativa *edge computing* frente a *cloud computing* realizada por Tecnologías Demakis.

https://youtu.be/MBUabimpai0

3.5 *Fog* y *mist.* Relación con la nube

Cloud computing tiene limitaciones, como alta latencia, alto ancho de banda de red, poca fiabilidad, poca seguridad y más. Esta es una de las muchas razones por las que surgió *fog computing*.

3.5.1 *Fog computing* o informática en la niebla

La informática en la niebla o *fog computing* fue creada por primera vez por Cisco con el objetivo de extender la informática en la nube (*cloud computing*) hasta el borde (*edge*) de la red de una empresa.

--- GLOSARIO ---

Fog computing es una infraestructura de red que se extiende desde los bordes exteriores (*outer edges*) donde se crean los datos hasta donde finalmente se almacenarán, ya sea en la nube o en el centro de datos de un cliente.

Fog proporciona el eslabón perdido de qué datos se deben enviar a la nube (*cloud*) y qué se puede analizar localmente, en el perímetro (*edge*).

Una infraestructura de informática en la niebla (*fog computing*) puede tener una variedad de componentes y funciones diferentes, por ejemplo, puertas de enlace (*gateways*) que brindan acceso a nodos de borde (*edge nodes*), enrutadores cableados e inalámbricos y servicios globales en la nube (*cloud*).

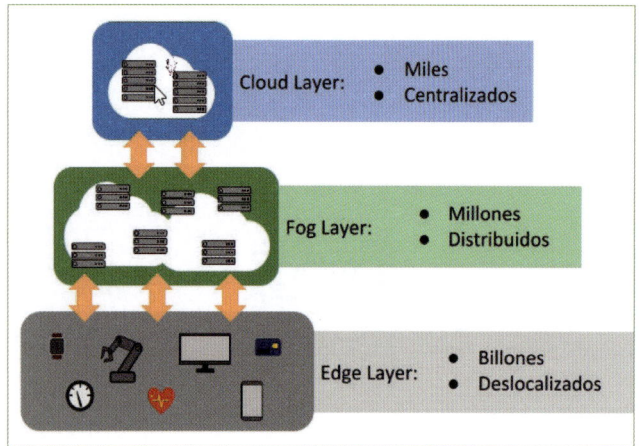

Figura 3.21
Distribución e infraestructura en los niveles de *cloud*, *fog* y *edge computing*.

Figura 3.22
Casos de usos de la arquitectura de *fog computing*.

Hay muchos beneficios para la informática en la niebla:

- Brinda a las empresas más opciones para procesar datos donde sea más apropiado hacerlo, produciendo así mejores conocimientos una vez que se analizan los datos y permitiendo que se tomen más acciones en tiempo real sobre los datos analizados.

- Manejar más datos en el borde y enviar solo lo que realmente se necesita a la nube reduce la cantidad de datos que tiene en la nube y, por lo tanto, mejora su seguridad.

- La informática en la niebla también puede crear conexiones de red de baja latencia entre dispositivos y puntos finales de análisis. Esto reduce la cantidad de ancho de banda requerido en comparación con si los datos tuvieran que enviarse de vuelta a la nube o al centro de datos para su procesamiento.

EJEMPLO 11

Identifique algún caso de uso de *fog computing* e IoT.

Solución:

Las ciudades inteligentes (*smart cities*), donde los sistemas de servicios públicos utilizan cada vez más datos en tiempo real para ejecutar los sistemas de manera más eficiente. A veces, estos datos se encuentran en un lugar remoto, por lo que es esencial procesarlos cerca de donde se crearon. La informática en la niebla es ideal en un caso como este.

Esencialmente, hay cientos de aplicaciones en las que es necesario realizar análisis de datos en tiempo real para responder a estos incidentes de la manera más rápida y eficiente posible, como bancos que utilizan análisis de datos en tiempo real para controlar el fraude, o automóviles autónomos, donde el automóvil debe ser capaz de procesar instantáneamente lo que sucede a su alrededor para evitar un accidente.

Algunas aplicaciones requieren una latencia ultrabaja, lo que ha hecho que las personas busquen otras opciones para el poder de recuento, y este modelo de informática se conoce como *mist computing*.

3.5.2 *Mist computing*

GLOSARIO

Mist computing o informática en la neblina es el (*edge*) borde extremo de una red, dispositivos finales que generalmente constan de microcontroladores y sensores.

La informática en la neblina lleva los conceptos de *fog computing* más allá al llevar parte de los dispositivos sensores y actuadores que conforman la red. Con *mist computing*, el cálculo se realiza en el borde de la red en los microcontroladores de los nodos integrados. Permiten a los desarrolladores replicar diferentes partes de las aplicaciones IoT en nodos más cercanos al usuario final o incluso en sus propios dispositivos, aprovechando las capacidades computacionales de estos dispositivos para minimizar el tiempo de respuesta y mejorar la calidad del servicio.

Objetivos principales de *mist computing*:

- Permitir recabar recursos mediante capacidades informáticas y comunicación disponibles en el propio sensor.

- Permitir que se aprovisionen, implementen, gestionen y supervisen cálculos arbitrarios en el propio sensor.

Hay muchos beneficios para *mist computing*. La comunicación requiere 5 veces el poder de la informática en un microcontrolador incorporado, por lo que, al recopilar datos sin procesar en el borde de su red y agruparlos mediante filtrado, mecanismos de identificación de anomalías y reconocimiento de patrones, puede enviar solo datos esenciales hasta el puerta de enlace, enrutador o servidor, que a su vez conserva la energía de la batería y el ancho de banda. *Mist computing* es ideal para situaciones de bajo consumo de energía donde extender la vida útil de la batería es una preocupación central.

Mist computing permite los siguientes procesos:

- Analítica local y datos de toma de decisiones.

- Datos y aplicaciones altamente robustos.

- Mecanismos de control de acceso a datos para hacer cumplir el consentimiento de privacidad a nivel local.

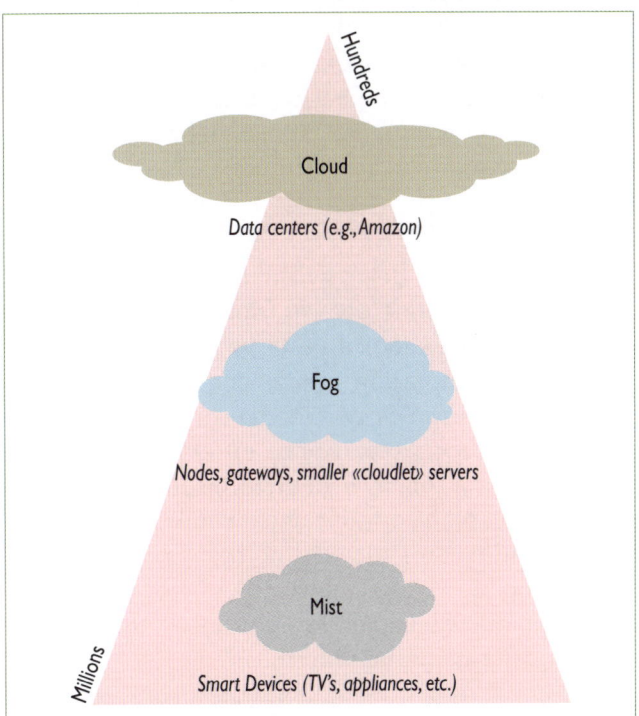

Figura 3.23
Mist computing comparando los niveles de neblina, niebla y nube.

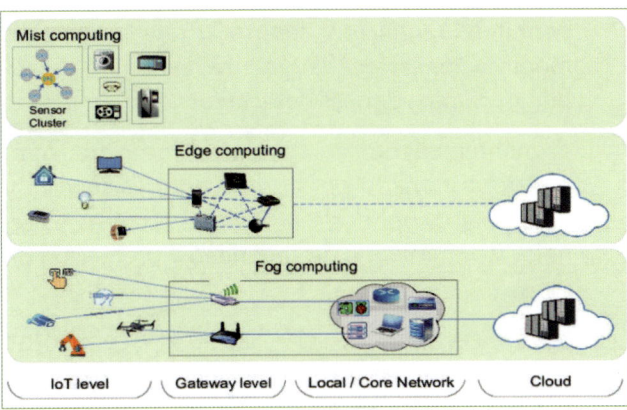

Figura 3.24
Dominio de *mist edge* y *fog computing*.

3.6 Ventajas del uso de los recursos de la nube

Las soluciones y servicios de *cloud computing* ofertados por los proveedores e intermediarios ofrecen una serie de ventajas a las empresas privadas (económico-financieras, foco en el negocio, rapidez y flexibilidad, tecnológicas, seguridad, disponibilidad y movilidad, etc.), a la economía, a las organizaciones públicas y de investigación y a los ciudadanos (mayor y mejor oferta de servicios, gobierno abierto, educación), respecto de las funcionalidades ofrecidas por los sistemas tradicionales de TI.

3.6.1 Ventajas para las empresas

Las líneas estratégicas de competitividad de las empresas se fundamentan en el desarrollo de determinados ejes como la comercialización, la internacionalización, la eficiencia productiva, la capacitación del capital humano, la eficiencia financiera, la calidad o el grado de implantación de las tecnologías e innovación.

Cloud computing es el **instrumento acelerador para que una empresa logre evolucionar en su competitividad.** Facilita soluciones y servicios tecnológicos que permitan optimizar la competitividad de las empresas.

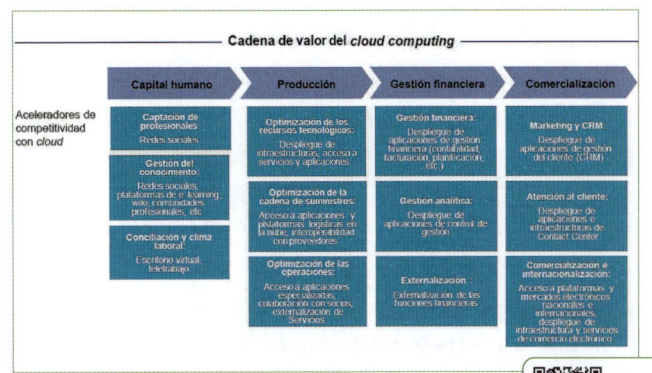

Figura 3.25
Factores de competitividad de las empresas.

Cloud computing proporciona un acceso más rápido, flexible y económico a tecnologías y servicios que mejorarán la competitividad de las empresas. Las empresas podrán acceder a infraestructuras y soluciones tecnológicas que permitirán optimizar su cadena productiva y de suministro (soluciones de automatización de procesos, plataformas de gestión financiera, infraestructuras físicas, etc.), podrán acceder a servicios de *outsourcing* más sofisticados y automatizados, agilizarán la captación de profesionales cualificados a través de las redes sociales profesionales, podrán acceder a plataformas de conocimiento y formación «en la nube», tendrán disponibles soluciones para implementar estrategias de *marketing* y gestión personalizada de clientes o podrán operar en mercados electrónicos internacionales y ofrecer sus productos y servicios a través de entornos de comercio electrónico.

Las empresas que apuestan por la implementación de modelos tecnológicos basados en *cloud computing* adquieren un conjunto de ventajas operacionales inmediatas en el despliegue y consumo de los servicios tecnológicos necesarios para su negocio, así como un conjunto de ventajas y oportunidades que redundan de forma específica en el departamento de TI de una compañía:

- **Ventajas de tipo económico-financieras**

  ○ El suscriptor del servicio de *cloud computing* tan solo paga por el uso realizado, reduciéndose sustancialmente los costes fijos y las inversiones asociadas a los recursos TI (herramientas informáticas y la renovación de licencias de las mismas).

  ○ El suscriptor del servicio de *cloud computing* no tiene que ser necesariamente dueño de la infraestructura usada, evitando así asumir las inversiones de capital. Esto se consigue mediante la contratación de los servicios ofertados por un proveedor o intermediario, el cual disponga de soluciones IaaS dentro de su catálogo de servicios.

  ○ El uso de soluciones *cloud* supone un ahorro de costes de personal, ya que no es necesario disponer de un gran departamento de TI en el organigrama interno de la empresa, con lo que gran parte del personal encargado de la gestión de los recursos de TI puede reubicarse en otras áreas de la compañía.

  ○ El precio de los servicios *cloud* es competitivo por efecto de las economías de escala generadas gracias a ciertas características inherentes al modelo *cloud* como son la escalabilidad, el autoservicio bajo demanda y el pago por uso.

- **Ventaja en centrar la empresa en su estrategia de negocio y externalización de las operaciones tecnológicas,** concentrando todos sus esfuerzos en su negocio, ya que pueden encomendar al proveedor toda la responsabilidad y la gestión de competencias de la entidad asociadas a TI. Los servicios de la entidad que pueden externalizarse a un proveedor que gestione los mismos mediante *cloud computing* se describen en la figura siguiente.

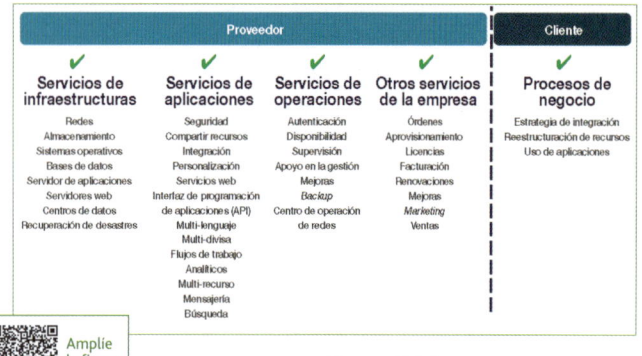

Figura 3.26
Distribución de servicios con uso de soluciones *cloud*.

- **Rapidez y flexibilidad**

  ○ El despliegue de los sistemas y servicios *cloud* contratados al proveedor por parte de los clientes es rápido y sencillo, permitiendo a las empresas usuarias optimizar sus procesos productivos y sus costes.

  ○ Debido a la alta flexibilidad de las soluciones *cloud* y su agilidad en la escalabilidad, a medida que aumentan los requerimientos de los clientes la solución *cloud* contratada puede redimensionarse fácilmente para cubrir dichas necesidades.

  ○ Además, se pueden liberar fácilmente (interrumpiendo el pago por uso y dándose de baja al cliente en los sistemas del proveedor) los recursos TI una vez dejen de ser utilizados, así como se puede mantener la configuración de los mismos almacenada en los sistemas propios del cliente para un posible nuevo uso en el futuro.

- **Mejora de la gestión tecnológica y de la seguridad**

  ○ El suscriptor del servicio de *cloud computing* siempre dispone para su uso de la última actualización tecnológica de la infraestructura, sistemas, configuración, aplicaciones, etc.; lo que elimina el riesgo de pérdida de competitividad por obsolescencia tecnológica en el tratamiento de la información, y le permite disponer de recursos tecnológicos suficientes como para que los requerimientos técnicos no sean un obstáculo a la hora de ofrecer nuevos productos y servicios, abrir nuevas líneas de negocio o modificar los modelos de gestión internos.

  ○ Los grupos de suscriptores y las distintas comunidades asociadas al *cloud* que comparten recursos dentro de una misma nube permiten impulsar la innovación y la mejora continua de los productos y servicios dispuestos por el proveedor, así como permiten identificar y desarrollar rápidamente las modificaciones tecnológicas requeridas para cubrir los puntos débiles detectados.

  ○ El mantenimiento de la solución de *cloud computing* gestionado por el proveedor es sencillo y seguro, al disponer de las últimas técnicas y tecnologías en materia de seguridad y protección de datos.

  ○ Los proveedores de servicios *cloud* disponen de sistemas duplicados que reducen la posibilidad de pérdida de información o de servicio en caso de un desastre.

- **Acceso ilimitado y disponibilidad**

  ○ Gracias a las características específicas del *cloud computing*, a pesar de que el usuario disponga de acceso a varios servidores, tan solo resulta necesario solicitar un único acceso, no requiriéndose completar la configuración de la totalidad de servidores.

○ Permite que varias personas puedan trabajar a la vez en un mismo documento en tiempo real, mejorando con ello la productividad y fomentando la comunicación entre el personal interno de la organización.

○ El acceso ilimitado que ofrece el *cloud computing* aumenta la flexibilidad de la empresa y permite a sus empleados disponer de los recursos tecnológicos necesarios para trabajar a distancia, mejorando también con ello la productividad del personal de la entidad.

Figura 3.27
Ventajas de acceso ilimitado, flexibilidad y disponibilidad para los empleados gracias al *cloud*.

● **Sostenibilidad y *Green* TIC**

○ El uso de la tecnología *cloud* en lugar de las soluciones tradicionales permite reducir el consumo de energía y la emisión de gases contaminantes de los recursos de TI de las empresas usuarias; un entorno *cloud computing* puede suponer un ahorro energético y de espacio superior al 60%.

○ Los principales factores que permiten reducir el consumo de energía y la emisión de gases contaminantes de los recursos TI son:

– **Aprovisionamiento dinámico:** reduce el exceso de recursos informáticos, a través de una mejor adecuación de la capacidad de la plataforma respecto a la necesidad real de la entidad.

– **Multiarrendamiento:** minimiza los picos de carga dando un servicio simultáneo, con la misma infraestructura, a un gran número de clientes.

– **Utilización de servidores:** opera en los distintos servidores con una ratio de uso mayor.

– **Eficiencia del centro de datos:** utiliza diseños de infraestructura avanzados en los centros de datos, que reducen las pérdidas de energía en los sistemas de refrigeración, de acondicionamiento de energía, etc.

EJEMPLO 12

Identifique una empresa que aprovechó las ventajas de *cloud computing*.

Solución:

La empresa de entretenimiento y distribución de contenido audiovisual en línea Netflix, gracias al impulso que les dio la popularidad de su servicio y la demanda de los mismos, tuvieron que migrar en 2016 sus centros de datos tradicionales a un entorno *cloud* para poder abastecer a todos sus suscriptores.

https://about.netflix.com/es/news/completing-the-netflix-cloud-migration

3.7 Uso de *cloud* y la rentabilidad de la empresa

Todas las ventajas del *cloud computing* presentadas son aplicables, en términos generales, a cualquier tipo de empresa. Sin embargo, la dimensión o sector en el que opera una compañía incide en la tipología de servicio y modelo *cloud* que debe integrar para maximizar los beneficios de su inversión. Así, para analizar el impacto y beneficios que las soluciones *cloud* aportan a cada tipo de empresa es conveniente segmentarlas según dos aspectos característicos: tamaño y sector.

En función del tamaño y capacidad de la empresa, las alternativas de *cloud* público parecen las más adecuadas y efectivas, mientras que compañías grandes con mayores recursos y volumen de gestión suelen apostar por la implementación de nubes privadas o híbridas.

En cuanto a la división sectorial, para cubrir las necesidades propias de cada potencial cliente, los proveedores recopilan los procesos típicamente desarrollados por las empresas de cada sector organizativo, y desarrollan las funcionalidades necesarias para cubrir los requerimientos de las entidades del sector; desarrollando dichas funcionalidades, se generan las correspondientes soluciones *cloud* específicas para el sector en cuestión. Igualmente, la naturaleza del negocio del sector y las necesidades de procesamiento tecnológico determinan las principales ventajas que el *cloud* puede aportar en dicho sector.

El impacto económico generado por el ahorro de costes ha sido analizado en términos de gasto tecnológico de capital, operación y energía en los principales sectores productivos de la economía (construcción, energía, servicios financieros, manufacturas, distribución, turismo, gobierno, educación sanidad, etc.) y para las principales tipologías de *cloud computing*, considerando igualmente los nuevos gastos derivados de la inversión y mantenimiento de este modelo.

- En términos de gasto de capital tecnológico se ha estimado que los ahorros globales de costes tecnológicos oscilan entre el 17 % para entornos de *cloud* privado y superan el 30 % para los híbridos y públicos:

  ○ Ahorros de inversión y costes tecnológicos de *hardware* y plataforma aproximados al 20 %.

  ○ Reducciones del 2 % en el coste de mantenimiento del *software*, gracias a la estandarización y consolidación de aplicativos asociados al proceso de migración hacia *cloud*.

  ○ Reducciones del 18 % y 44 % en almacenamiento de datos e infraestructura de red, respectivamente.

- En términos de ahorros operacionales el *cloud* aporta principalmente la posibilidad de migración de plantilla de áreas tecnológicas hacia otros procesos de negocio de mayor valor y la mejora de la eficiencia en los procesos tradicionales de desarrollo, mantenimiento y gestión de sistemas. Los ahorros estimados superan el 19 % para entornos privados, el 24 % para híbridos y el 30 % para públicos.

- El ahorro energético derivado de la reducción y consolidación de infraestructuras es el más significativo, y oscila entre el 44, 61 y 79 % de reducción para entornos privados, híbridos y públicos, respectivamente.

3.7.1 El uso del *cloud computing*

En España, el 32 % de las empresas declararon haber utilizado servicios en la nube en 2021, un crecimiento del 4 % respecto del año anterior, y así se espera que aumente la tendencia en años venideros.

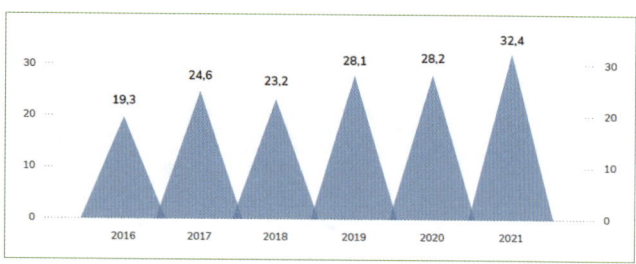

Figura 3.29
Empresas que utilizan servicios de *cloud computing* (%/total de empresas con acceso a Internet). Fuente: INE.

La propensión a utilizar la informática en la nube varía por tamaño de empresa y sector. Solo el 29 % de las pequeñas empresas españolas utilizan servicios en la nube, frente al 48 % de las medianas y el 68 % de las grandes.

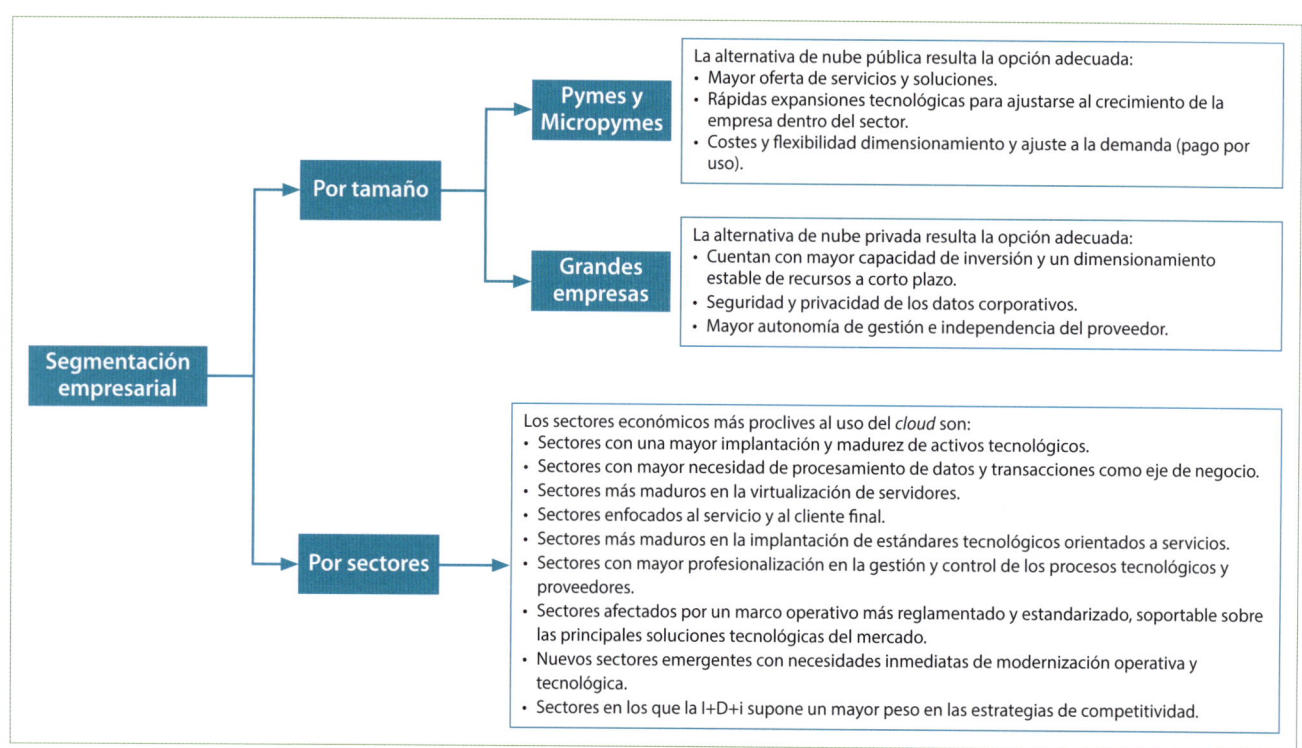

Figura 3.28
Beneficios del *cloud* según el tipo de empresa.

(36 %), aplicaciones informáticas de planificación de recursos empresariales (34 %) y plataformas informáticas que alojan entornos de desarrollo, prueba o implementación de aplicaciones (30 %).

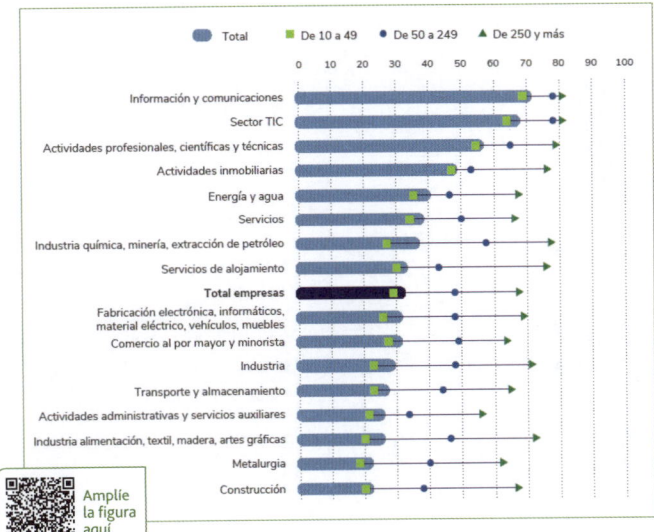

Figura 3.30
Empresas que usan *cloud computing* por sector de actividad y tamaño de estas (%/total de empresas con acceso a Internet). Fuente: INE.

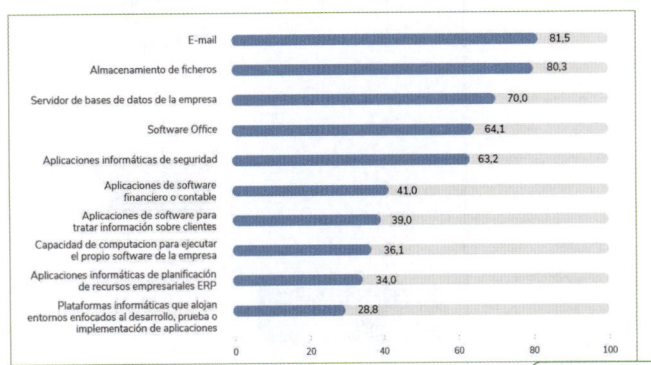

Figura 3.31
Empresas que compraron algún servicio de *cloud computing* a través de Internet (%/total de empresas que usan *cloud computing*). Fuente: INE.

También varía mucho la adopción de estos servicios según la actividad económica. Los tres sectores más proclives a estas tecnologías son información y comunicaciones (72 %), TIC (67 %) y actividades profesionales, científicas y técnicas (56 %). En cambio, los sectores de la metalurgia (22 %) y la construcción (22 %) presentan baja implantación de estos servicios.

Por otro lado, los servicios más solicitados son el correo electrónico y el almacenamiento de ficheros, el 81 y 80 %, respectivamente. Además, el *cloud computing* se emplea como servidor de bases de datos (70 %) y para proveer *software* (64 %) y aplicaciones informáticas de seguridad (63 %), así como para *software* financiero o contable (41 %), *software* para tratar información sobre clientes (39 %), para ejecutar el *software* de la empresa

---

SABER MÁS

La fábrica inteligente en la nube: agilizando procesos y reduciendo costes con el cloud computing.

https://youtu.be/lINsx1xsk2w?list=PLapjNZJlttkvS2G7j8eIg mud3gXhsdM9z

Reto profesional

Controlar en una empresa, mediante Google Cloud Platform, la facturación de recursos y analizar el gasto

Breve descripción

La finalidad de este reto profesional es vivenciar el contexto de la implicación en los sistemas basados en cloud y su influencia en el desarrollo de los sistemas digitales, aplicando Google Cloud Platform para controlar en una empresa la facturación de recursos y analizar el gasto. De este modo, se comprenderá y desarrollarán mejor las ventajas que proporciona la utilización de la cloud en los sistemas conectados.

El reto

En el reto, por equipos, se va a tratar de usar herramientas de administración de costes de Google Cloud proporcionando mayor visibilidad, capacidad de rendir cuentas, inteligencia y control. Mediante la facturación de Cloud se debe realizar un seguimiento de los gastos de Google Cloud, para pagar las facturas y optimizar los costes en una empresa u

organismo equiparado relacionado con los profesionales con el título de Técnico en… que ejercen su actividad, que se puede identificar en el apartado primero del Artículo 7 entorno profesional de cada Real Decreto por el que se establece el título.

Para realizar el reto profesional, acceda a www.marcombo.info y descargue gratis el contenido adicional. Código: **MARCOMBO21**

Mapa conceptual

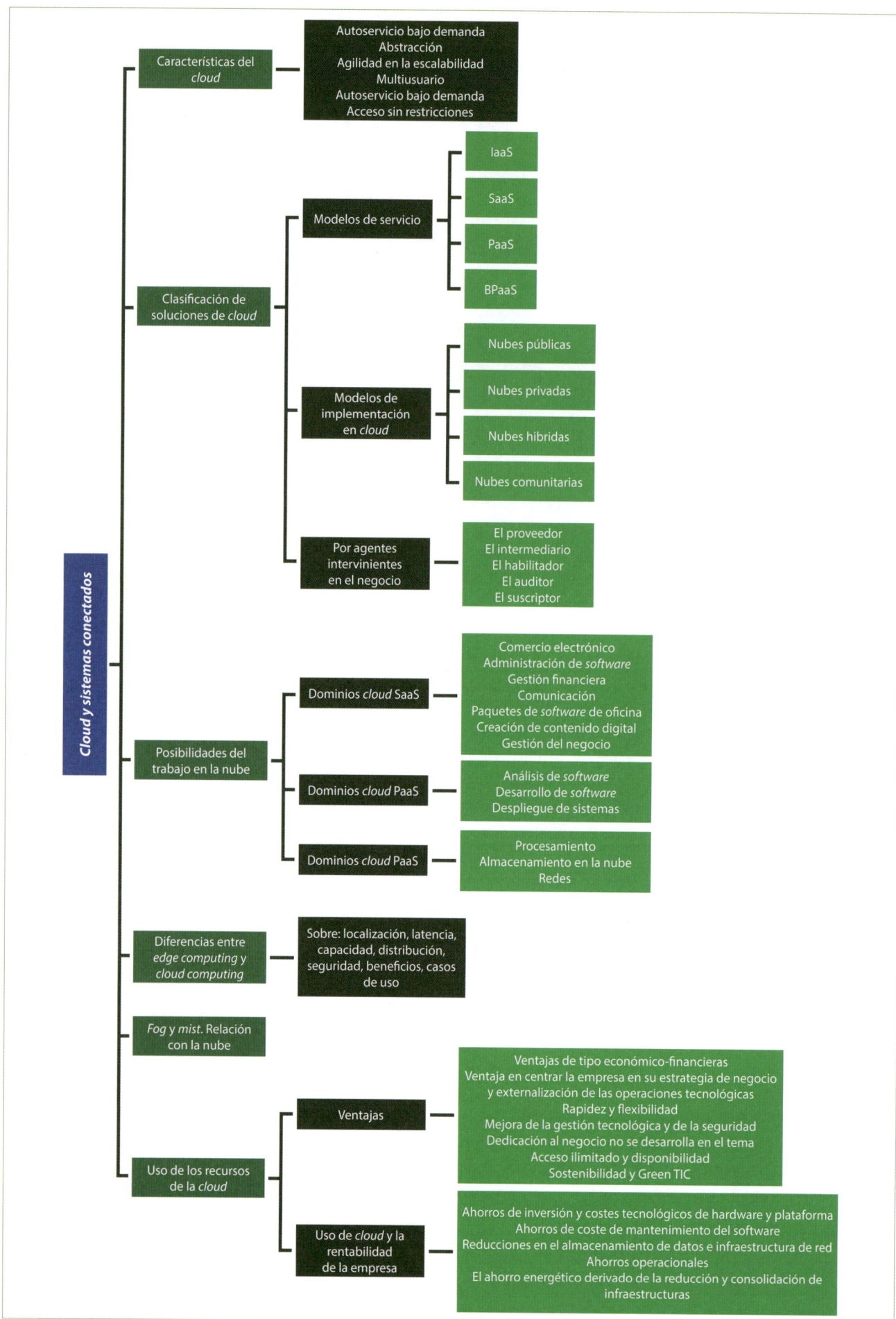

Figura 3.32 Mapa conceptual de la gestión de la producción.

TEST DE EVALUACIÓN

1. Defina *cloud computing* o informática en la nube:

   a) Acceso a centros de datos utilizando redes de área extensa (WAN) o conectividad a Internet.

   b) Servidores ubicuos y bajo demanda.

   c) Recursos de recuento configurables que se pueden provisionar y liberar rápidamente.

   d) Servicios que funcionan en la nube y se pueden acceder a través de Internet.

2. ¿Cuál es el modelo de implementación de *cloud computing* más común?

   a) *Cloud* privado (interno)

   b) *Cloud* híbrido

   c) *Cloud* público (externo)

   d) *Cloud* de comunidad

3. ¿Qué es *Infrastructure as a Service* (IaaS)?

   a) Entrega como servicio de un conjunto de plataformas informáticas.

   b) Provisión como servicio de procesos de negocio *end-to-end*.

   c) Poner a disposición del cliente el uso de la infraestructura informática como un servicio.

   d) Entregar aplicaciones como servicio.

4. ¿Cuál es el agente encargado de llevar a cabo evaluaciones independientes de los servicios en la nube?

   a) El auditor

   b) El proveedor

   c) El habilitador

   d) El intermediario

5. ¿Qué servicio ofrece el dominio *cloud* PaaS?

   a) Análisis de *software*

   b) Gestión financiera

   c) Creación de contenido digital

   d) Comunicación

6. ¿Cuál es el objetivo principal de la informática en la niebla (*fog computing*)?

   a) Mejorar la seguridad de los datos en la nube.

   b) Extender la informática en la nube hasta los bordes de la red.

   c) Proporcionar conexiones de red de baja latencia.

   d) Reducir la cantidad de datos almacenados en la nube.

7. ¿En qué se diferencia la *mist computing* de la *fog computing*?

   a) En los componentes y funciones

   b) En las limitaciones de la *cloud computing*

   c) En el objetivo principal

   d) En el modo de procesamiento de datos

8. ¿Cuál es una ventaja económico-financiera del uso de soluciones *cloud*?

   a) Reducción de los costes de persona

   b) Inversiones de capital

   c) Mayor flexibilidad en los procesos productivos

   d) Mejor oferta de servicios

9. ¿Qué ventaja ofrece el *cloud computing* en términos de rapidez y flexibilidad?

   a) Liberación fácil de recursos no utilizados.

   b) Bloquea la solución contratada.

   c) Acceso a plataformas de conocimiento y formación.

   d) Configuración sencilla de servicios.

10. ¿Cuál es una ventaja del uso de recursos de la nube en cuanto a acceso ilimitado y disponibilidad?

    a) Mayor flexibilidad de la empresa

    b) Mayor comunicación entre el personal interno

    c) Mejora de la productividad del personal

    d) Reducción del consumo de energía

ACTIVIDADES

Para realizar las actividades 2 y 4, acceda a www.marcombo.info y descargue gratis el contenido adicional, complemento imprescindible de este libro.

Código: **MARCOMBO21**

ACTIVIDAD 1

Realice una búsqueda de información de cómo escoger la mejor tecnología cloud para pymes en la siguiente dirección:

https://gamco.es/soluciones-en-la-nube-para-pyme/

Luego, identifique qué servicio *cloud* asociado es el que más se contrata.

ACTIVIDAD 2

Lea la «Guía para clientes que contraten servicios de Computing de la Agencia Española de Protección de Datos» e identifique:

a) Los actores en el modelo de *cloud computing*.

b) Qué se debe conocer para la contratación de servicios de *cloud computing*.

ACTIVIDAD 3

Identifique qué etapas se deben completar para hacer evolución y migración *cloud* eficiente según presta Telefónica Empresas, consultando la siguiente dirección:

https://www.telefonicaempresas.es/grandes-empresas/servicios/para-tu-nube/evolucion-y-migracion-cloud/

ACTIVIDAD 4

Lea la «Guía de aproximación para el empresario, *cloud computing*» del Incibe (Instituto Nacional de Ciberseguridad), e identifique los aspectos legales a tener en cuenta en la utilización de la *cloud* en los sistemas conectados de la empresa.

ACTIVIDAD 5

Identifique los objetivos, los retos y los resultados en el diseño y despliegue de puestos en «La nube en el sector sanitario», tal como indica el enlace de telefónica de teletrabajo con Azure:

https://www.telefonicaempresas.es/grandes-empresas/sobre-telefonica-empresas/casos-de-exito/sector-sanitario-teletrabajo-con-azure/

ACTIVIDAD 6

Identifique los objetivos, los retos y los resultados en «Soluciones Cloud Contact Center en el sector bancario», como indica el enlace de telefónica siguiente:

https://www.telefonicaempresas.es/grandes-empresas/sobre-telefonica-empresas/casos-de-exito/cloud-cc-en-sector-bancario/

ACTIVIDAD 7

Identifique los objetivos, los retos y los resultados en «Soluciones de voz para empleados en el sector *retail*», como indica el enlace de telefónica siguiente:

https://www.telefonicaempresas.es/grandes-empresas/sobre-telefonica-empresas/casos-de-exito/tienda-2-0-la-tecnificacion-en-la-gestion/

ACTIVIDAD 8

Identifique los objetivos, los retos y los resultados en «Soluciones 5G para empresas, productos conectados e inteligentes con IoT empleados en el sector de fabricación de buques», como indica el enlace de telefónica siguiente:

https://www.telefonicaempresas.es/grandes-empresas/sobre-telefonica-empresas/casos-de-exito/navantia-asistencia-en-fabricacion/

Aplicación de la inteligencia artificial

En esta unidad va a estudiar:

- Inteligencia artificial (IA). Ejemplos de aplicación.

- Tipos de IA: débil, fuerte, simbólica, subsimbólica.

- Evolución de la IA.

- La IA y los datos. Protección de datos.

- Relación de la IA con los sectores productivos o áreas de aplicación.

- Inteligencia artificial y tratamiento de datos. Minería de datos.

- Lenguajes de programación en IA.

- La inteligencia artificial y el título.

- Relación entre las THD en el sector del título y la IA.

Con su estudio, va a ser capaz de:

- Identificar la importancia de la IA en la automatización de procesos y su optimización.

- Relacionar la IA con la recogida masiva de datos (big data) y su tratamiento (análisis) con la rentabilidad de las empresas.

- Valorar la importancia presente y futura de la IA.

- Identificar los sectores con implantación más relevante de IA.

- Identificar los lenguajes de programación en IA.

- Describir cómo influye la IA en el sector del título.

4.1 Introducción

En la actualidad, la IA (inteligencia artificial) es una de las tecnologías en las que más se está invirtiendo junto con la gestión de grandes volúmenes de datos (big data) para la transformación digital de las empresas. Gracias al análisis de datos y a las capacidades de la IA, como el aprendizaje automático o la toma de decisiones a partir de esos datos, se pueden optimizar y automatizar procesos dentro de las compañías para aumentar su rentabilidad, independientemente del sector o industria al que pertenezcan.

En esta unidad se van a identificar aplicaciones de la IA en entornos del sector donde está enmarcado el título describiendo las mejoras implícitas en su implementación.

4.2 Inteligencia artificial. Ejemplos de aplicación

La IA congrega un gran número de tecnologías que dotan a las máquinas de la capacidad para comprender, analizar y aprender, convirtiéndolas en herramientas capaces de automatizar y mejorar procesos de forma autónoma.

---- **GLOSARIO** ----

La inteligencia artificial es la habilidad de una máquina de presentar las mismas capacidades que los seres humanos, como el razonamiento, el aprendizaje, la creatividad y la capacidad de planear.

La IA permite que los sistemas tecnológicos perciban su entorno, se relacionen con él, resuelvan problemas y actúen con un fin específico. La máquina recibe datos (ya preparados o recopilados a través de sus propios sensores, por ejemplo, una cámara), los procesa y responde a ellos.

Los sistemas de IA son capaces de adaptar su comportamiento en cierta medida, analizar los efectos de acciones previas y trabajar de manera autónoma.

Algunas tecnologías con inteligencia existen desde hace más de 50 años, pero los avances en la potencia informática y la disponibilidad de enormes cantidades de datos y nuevos algoritmos han permitido que se den grandes avances de IA en los últimos años.

La inteligencia artificial tiene un papel central en la transformación digital de la sociedad y ha pasado a ser una prioridad de la UE.

Se espera que sus aplicaciones futuras impliquen grandes cambios, pero la IA ya está presente en las vidas de todos.

Figura 4.1
Usos cotidianos y futuros de la IA.

La IA se desarrolla rápido. Cambiará las vidas de las personas, pues mejorará la atención sanitaria (por ejemplo, incrementando la precisión de los diagnósticos y permitiendo una mejor prevención de las enfermedades), aumentará la eficiencia de la agricultura, contribuirá a la mitigación del cambio climático y a la correspondiente adaptación, mejorará la eficiencia de los sistemas de producción a través de un mantenimiento predictivo, aumentará la seguridad de los europeos y aportará otros muchos cambios que de momento solo se pueden intuir. Al mismo tiempo, la IA conlleva una serie de riesgos potenciales, como la opacidad en la toma de decisiones, la discriminación de género o de otro tipo, la intromisión en las vidas privadas o su uso con fines delictivos.

---- **PARA SABER MÁS** ----

El Parlamento reclama un marco jurídico que permita a las personas beneficiarse de la inteligencia artificial, pero reduciendo los riesgos al mínimo.

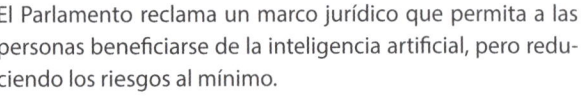

https://multimedia.europarl.europa.eu/es/artificial-intelligence-keeping-humans-at-its-heart_N01-PUB-200922-ARTI_ev

Figura 4.2
El ser humano, lo primero.

4.2.1 La inteligencia artificial en ejemplos del día a día

Figura 4.3
Ejemplos de uso de la inteligencia artificial.

Algunas aplicaciones que utilizan la IA.

- **Compras por Internet y publicidad.** La IA se usa mucho para crear recomendaciones personalizadas para los consumidores, basadas, por ejemplo, en sus búsquedas y compras previas o en otros comportamientos en línea. La IA es muy importante en el comercio, para optimizar los productos, planear el inventario, para procesos logísticos, etc.

- **Búsquedas en la web.** Los motores de búsqueda aprenden de la gran cantidad de datos que proporcionan sus usuarios para ofrecer resultados de búsqueda relevantes.

- **Asistentes personales digitales.** El uso de los asistentes virtuales de los *smartphones* que responden a preguntas, dan recomendaciones y ayudan a organizar las rutinas de sus propietarios se ha generalizado.

- **Traducciones automáticas.** El *software* de traducción de idiomas, ya sea basado en texto escrito o hablado, se basa en IA para proporcionar y mejorar las traducciones. Esto también se aplica a funciones como el subtitulado automático.

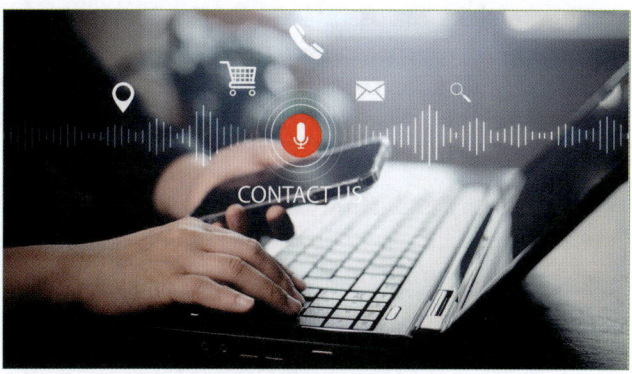

Figura 4.4
Técnico utilizando una aplicación de reconocimiento de voz y traducción de idiomas.

- **Casas, ciudades e infraestructuras inteligentes.** Los termostatos inteligentes aprenden de nuestro comportamiento para ahorrar energía, mientras que los desarrolladores de ciudades inteligentes esperan poder regular el tráfico para mejorar la conectividad y reducir los atascos.

- **Vehículos** que utilizan ya funciones de seguridad impulsadas por IA.

EJEMPLO 1

Identifique algún sistema de asistencia para conducción impulsado por IA.

Solución:

La UE ayudó en la financiación del sistema de asistencia a la conducción basado en visión VI-DAS, que detecta posibles situaciones peligrosas y accidentes. La navegación se basa en gran medida en IA.

https://www.vicomtech.org/es/idi-tangible/proyectos/proyecto/sistemas-de-asistencia-para-conductores-inspirados-en-vision-vi-das

PARA SABER MÁS

Visione: *VI-DAS*: sistemas de asistencia al conductor inspirados en la visión, por Vicomtech.

https://youtu.be/8o3hT3H_gDU

- **Ciberseguridad.** Los sistemas de IA pueden ayudar a reconocer y luchar contra los ciberataques y otras amenazas en línea basándose en los datos que reciben continuamente, reconociendo patrones e impidiendo los ataques.

- **Lucha contra la desinformación.** Aplicaciones de la IA pueden detectar noticias falsas y desinformación al extraer información de las redes sociales, buscar palabras sensacionales o alarmantes e identificar qué fuentes en línea se consideran autorizadas.

4.2.2 Otros ejemplos de aplicaciones de IA

Con la IA se pretende transformar casi todos los aspectos de la vida y la economía. Estos son otros ejemplos:

Salud. Los investigadores estudian cómo usar la IA para analizar grandes cantidades de datos sobre la salud para encontrar patrones que podrían llevar a nuevos descubrimientos en la medicina y a otras formas de mejorar los diagnósticos individuales.

EJEMPLO 2

Identifique algún sistema para mejorar diagnósticos de salud impulsado por IA.

Solución:

Los investigadores desarrollaron un programa de IA que respondía a llamadas de emergencia y decían que detectaba paros cardiacos con más rapidez de lo que lo podría hacer un médico.

PARA SABER MÁS

Visione: *Con IA, médicos podrán predecir infartos diez años antes del suceso.*

https://youtu.be/yMYCCkfalpk

- **Transporte.** La IA podría mejorar la seguridad, velocidad y eficiencia del tráfico ferroviario al minimizar la fricción de las ruedas, maximizar la velocidad y permitir la conducción autónoma.

- **En la industria.** La IA puede ayudar a que los productores sean más eficientes y potencien las fábricas al usar robots, optimizar los recorridos de ventas o con

predicciones puntuales del mantenimiento necesario o de averías en fábricas inteligentes.

Figura 4.5
Técnica superior de la fábrica inteligente que trabaja con la IA aplicada al sistema de monitorización en tiempo real.

- **Comida y agricultura.** La IA puede usarse para construir un sistema alimentario sostenible: podría garantizar comida más sana al minimizar el uso de fertilizantes, pesticidas y el riego; mejorar la productividad y reducir el impacto medioambiental. Además, los robots podrían quitar las malas hierbas y reducir el uso de herbicidas.

Ya hay muchos granjeros que usan la IA para controlar el movimiento, la temperatura y el consumo de alimentos de sus ganados.

- **Administración pública y servicios.** Al usar enormes cantidades de datos y reconocer patrones, la IA podría prever desastres naturales, permitir una preparación adecuada y reducir sus consecuencias.

4.3 Tipos de inteligencia artificial: débil, fuerte, simbólica, subsimbólica

Existen diferentes maneras de clasificar la IA y diferentes conceptos que se usan de forma confusa y de forma indistinta (aunque en realidad signifiquen cosas diferentes). Se trata de conceptos que, aunque han sido acuñados con esos nombres por ingenieros y matemáticos, nos remiten a problemas filosóficos.

4.3.1 Débil, fuerte

Las IA pueden ser de dos tipos: **fuertes y débiles**.

- Las **débiles** son modelos informáticos de ciertos procesos mentales (IA simbólica) o cerebrales (IA subsimbólica) que se diseñan con el propósito de que resulten útiles para el estudio científico.

- Las **fuertes** son también modelos informáticos, pero que simulan la mente o el cerebro en su totalidad (IA humana) o bien solo la conducta producida por ellos (IA ajena).

Es un objetivo importante para la investigación sobre IA y un tema interesante para la ciencia ficción.

Es muy común trabajar con máquinas que son capaces de replicar acciones , lo que en sí mismo es muy beneficioso. Sin embargo, AGI es un sistema capaz de estudiar y comprender a los humanos y lidiar de manera precisa con las interacciones y los comportamientos de los usuarios.

El funcionamiento del modelo ANI se proyecta a través de la programación de sus acciones. En esa etapa debe estar preparada para actuar en un solo rol, reduciendo su desempeño tanto como sea posible.

Esto también garantizará que pueda desempeñar plenamente su papel. Por más que eso parezca una limitación, también puede verse como una dedicación amplia e integral.

Las clasificaciones técnicas ubican al ANI como una inteligencia incapaz de reproducir el comportamiento humano, solo simulándolo. Por eso, solo está orientado a objetivos específicos.

Normalmente, ANI se utiliza en funciones como:

- Asistentes virtuales (Siri, Alexa o Cortana, entre otros)
- Reconocimiento facial
- Fltros de *spam* en correos electrónicos
- Sistemas de vehículos autónomos

Tabla 4.1 Cuadro comparativo.

IA fuerte (AGI)	IA débil (ANI)
La máquina realmente puede pensar y realizar tareas por sí misma como un ser humano.	Los dispositivos no pueden realizar estas tareas por sí solos, pero están diseñados para parecer inteligentes.
Funcionalidad	
Un algoritmo es almacenado por un programa de ordenador.	Las tareas se introducen manualmente para ser realizadas.
Ejemplos	
No hay ejemplos adecuados de IA fuerte. (Jamás se ha logrado crear una IA en el sentido fuerte).	Un automóvil automático o dispositivos de control remoto.
Progreso	
Etapa inicial.	Etapa avanzada.

Figura 4.6
Infografía para diferenciar IAD de IAF. Fuente: Huawei.

4.3.2 Simbólica, subsimbólica

La IA se divide en dos grandes corrientes o programas de investigación: IA simbólica e IA subsimbólica.

La **IA simbólica** aspira a reproducir los procesos mentales y la **IA subsimbólica** aspira a replicar el funcionamiento del cerebro. Ahora bien, mente y cerebro pueden ser concebidos de muchas maneras posibles.

> **GLOSARIO**
>
> La *symbolic* **AI** es un subcampo de la IA que se centra en la representación (legible) de **alto nivel simbólico** de los problemas, la lógica matemática y la búsqueda.

La IA simbólica se ocupa de la construcción de sistemas con características que se puedan definir como inteligentes. En este caso:

1. Se define el problema a resolver.

2. Se diseña el sistema capaz de resolverlo siguiendo esquemas prefijados por la disciplina.

3. Los sistemas expertos siguen este esquema.

4. Se introducen una serie de reglas lógicas que recogen el conocimiento de un experto sobre una materia y, mediante mecanismos de inferencia parecidos a los que empleamos al razonar, se sacan conclusiones.

En la IA simbólica los sistemas siguen un esquema de arriba hacia abajo, ya que es necesario disponer de una aproximación a la solución de problema y diseñarla completamente.

La forma más exitosa de la IA simbólica son los **sistemas expertos**, los cuales utilizan una red de reglas de producción. Las normas de producción conectan símbolos en una relación similar a una instrucción «si-entonces» (*if-then*). El sistema experto procesa las reglas para hacer deducciones y determinar qué información adicional se necesita, por ejemplo, qué preguntas hacer, usando simbología legible para el ser humano.

> **PARA RECORDAR**
>
> Un **sistema experto** es un sistema informático que emula el razonamiento humano actuando tal y como lo haría un experto en un área de conocimiento.

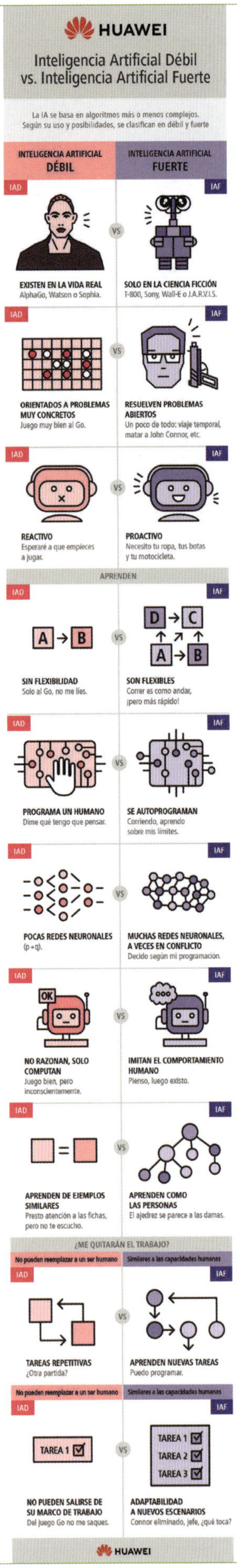

¿Cuál es el paradigma de la IA simbólica en mente cuando se pregunta «¿Qué es una manzana?»?

Solución:

La respuesta será que una manzana es «una fruta», «tiene un color rojo, amarillo o verde» o «tiene una forma redondeada». Estas descripciones son simbólicas porque utilizamos símbolos (color, forma, tipo) para describir una manzana.

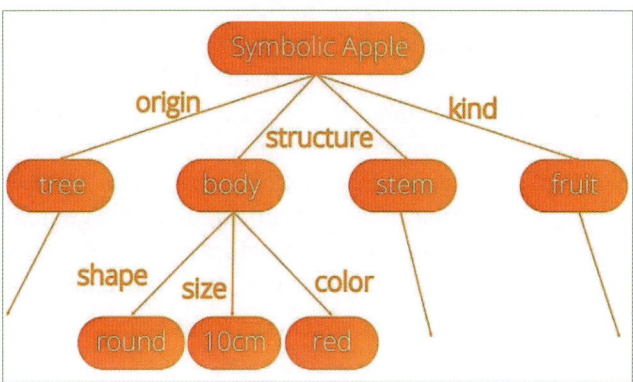

Figura 4.7
La manzana simbólica.

La IA subsimbólica es aquella IA que realiza diseños a alto nivel de sistemas capaces de resolver los problemas utilizando las técnicas de la disciplina; se parte de los sistemas genéricos que van adaptándose y construyéndose hasta formar por sí mismo un sistema capaz de resolver el problema.

El supuesto principal del paradigma subsimbólico es que la capacidad de extraer un buen modelo con experiencia limitada hace que un modelo sea exitoso. Aquí, en lugar de relaciones claramente definidas y legibles por humanos, diseñamos ecuaciones matemáticas menos explicables para resolver problemas.

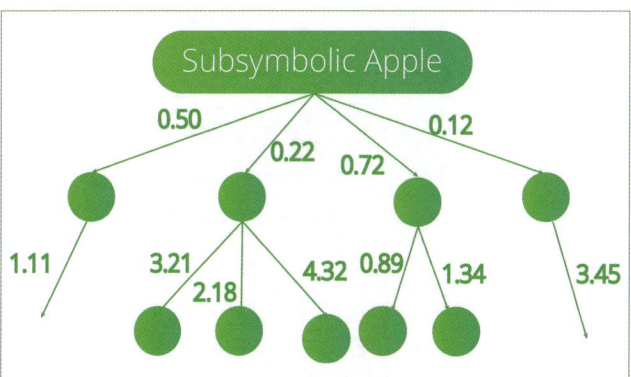

Figura 4.8
La manzana subsimbólica.

Las redes neuronales, la estadística, la optimización numérica y los árboles de decisión son algunos de los modelos de IA subsimbólica más populares.

La IA simbólica se sigue aplicando en algunos dominios más pequeños (como la representación del conocimiento), pero la mayoría de las aplicaciones de IA en el siglo XXI no emplean símbolos legibles como sus objetos primarios.

Relación entre la Inteligencia artificial (IA) simbólica y las redes neuronales.

https://youtu.be/OPHuqMRRHCQ

4.4 Evolución de la inteligencia artificial

Ya en 1637, el filósofo y matemático René Descartes se preguntaba si las máquinas podrían llegar a pensar, como los animales, a los que consideraba meros autómatas, sin alma, claro. La evolución de la IA toma fuerza en la década de 1950, la edad de oro de la IA. Alan Turing había publicado su test en su trabajo «Computer machine and intelligence». Fue uno de los primeros escritos serios que planteaba la posibilidad de una inteligencia mecánica.

- En 1956 se empleó el término IA en Dartmouth durante una conferencia.

- En 1966 aparece un *chatbot* llamado ELIZA, el primer programa informático de procesamiento del lenguaje natural.

Los hitos más importantes de la evolución de la IA aparecen en la figura siguiente.

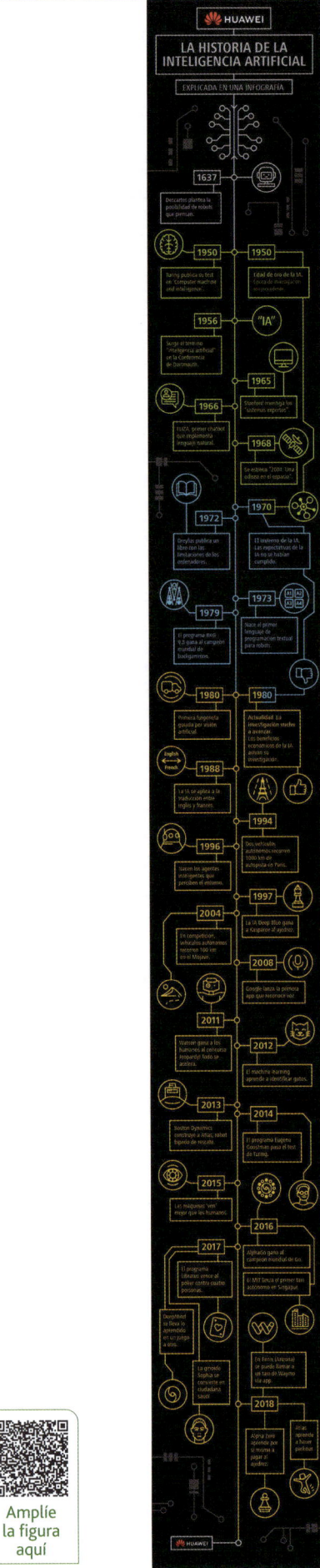

Figura 4.9
Los principales hitos en la historia de la IA. Fuente: HUAWEI.

- En 1972, Hubert Dreyfus publicaba un polémico libro titulado *Lo que las máquinas no pueden hacer*. Era un compendio de la limitación de la IA.

- En 1979, coincidiendo con la revisión del libro de Dreyfus, la máquina BKG 9.8 lograba derrotar al campeón de *backgammon* en su propio juego.

- En 1980, Dickmanns consiguió que un vehículo eléctrico pudiese moverse a derecha e izquierda gracias a su visión artificial. Aquel fue el nacimiento de los vehículos autónomos.

- En 1988, una IA es usada por primera vez para traducir del inglés al francés, y viceversa.

- En la década de 1990 surgen los agentes inteligentes, capaces de percibir su entorno, procesar tales percepciones y responder o actuar en dicho entorno de manera racional, es decir, logrando objetivos, tendiendo a maximizar un resultado esperado y adquiriendo conocimiento con su desempeño. Es capaz de percibir su medio ambiente con la ayuda de sensores y actuar en ese medio utilizando actuadores (elementos que reaccionan a un estímulo realizando una acción).

- En 1997, la IA Deep Blue ganaba a Kaspárov.

- El reconocimiento de voz empezó a usarse de forma comercial en 2008, cuando Google lanzó la primera *app* al respecto.

- En 2012, las técnicas de *machine learning* estaban ya bastante optimizadas, y la red de redes había dado a los investigadores enormes bases de datos para operar. Gracias a aquello, una IA aprendía por primera vez a identificar… ¡gatos!

PARA SABER MÁS

El controlador de Atlas combina la percepción del robot Atlas de Boston Dynamics con tareas de manipulación y movilidad de alto nivel, lo que le permite tomar decisiones inteligentes sobre cómo moverse por el mundo. Visione los vídeos del anuncio y su explicación.

https://youtu.be/-e1_QhJ1EhQ

https://youtu.be/XPVC4lyRTG8

Lea cómo se mejora el *software* de control de Atlas para obtener la adaptabilidad necesaria para las tareas del mundo real.

https://bostondynamics.com/blog/picking-up-momentum/

Figura 4.10
Atlas, el robot humanoide que puede correr, saltar y que ahora puede trabajar en labores de construcción.

A partir de aquí, los eventos se vuelven mensuales, semanales, diarios. Su uso se extiende y esto obliga a crear en 2023 la primera ley de IA del mundo en la UE.

PARA SABER MÁS

Una normativa «pionera en el mundo». Un marco legal «único para el desarrollo de una IA en el que se puede confiar».

https://www.rtve.es/play/videos/telediario-fin-de-semana/ue-acuerda-primera-ley-ia/7031431/

4.5 La inteligencia artificial y los datos. Protección de datos

Los datos son la base de la transformación digital de la UE, que actualmente afecta a todos los aspectos de la sociedad y de la economía. También son necesarios para el desarrollo de la IA, que es una prioridad de la UE, y presentan enormes oportunidades para la innovación, la recuperación tras la crisis de la COVID-19 y el crecimiento, por ejemplo, en salud y tecnologías que beneficien al medioambiente.

La IA podría beneficiar a las personas con una mejor atención médica, vehículos más seguros y servicios personalizados. Además, puede mejorar los procesos de producción y aportar una ventaja competitiva a las empresas europeas, incluso en sectores en los que ya tienen posiciones sólidas: economía verde y circular, maquinaria, agricultura, turismo, etc.

Para sacarle el máximo partido a la IA, se ha demandado una legislación centrada en el ser humano, destinada a

establecer un marco de IA que ofrezca más confianza, fije estándares éticos, respalde empleos y ayude a construir una «IA hecha en Europa» que sirva como ejemplo a nivel mundial.

El éxito del desarrollo de la IA en Europa depende en gran medida de una estrategia europea de datos que funcione. El Parlamento conoce la importancia de los datos industriales y públicos para las empresas e investigadores de la UE y demanda espacios de datos europeos, una infraestructura de macrodatos y una legislación que contribuya a la fiabilidad.

Figura 4.11
Estrategia europea de datos.

Para ayudar a aprovechar el potencial de los macrodatos y la IA, el Parlamento adoptó dos leyes para impulsar el intercambio de datos en 2022 y 2023.

Reglas para proteger la privacidad, la transparencia y los derechos fundamentales. Las reglas deben basarse en los valores de la UE sobre privacidad, transparencia y respeto por los derechos fundamentales. El intercambio gratuito de datos debe limitarse a datos que no sean personales o datos completamente anónimos. Las personas a nivel individual deben tener el control total de sus datos y estar protegidas por las normas de protección de datos de la UE, especialmente por el Reglamento General de Protección de Datos (RGPD).

Espacios de datos europeos e infraestructura de macrodatos o big data. Se crean espacios de datos por sectores que permitan compartir los datos siguiendo directrices, requisitos legales y protocolos comunes, siempre y cuando el libre flujo de datos sea la base de toda actuación.

Como consecuencia de la pandemia se debe prestar especial atención al espacio común europeo de datos sanitarios.

El éxito de la estrategia de datos depende en gran parte de la infraestructura de la tecnología de la información y las comunicaciones, como la tecnología relativa a la ciberseguridad y las fibras ópticas, 5G, 6G.

4.5.1 Legislación de la Unión Europea sobre intercambio de datos

Para fomentar el intercambio de datos de la UE, el Parlamento y el Consejo aprobaron en 2022 la Ley de Gobernanza de Datos. Su objetivo es aumentar la disponibilidad de los datos para las empresas y las *startups* estimulando así la innovación.

Si la Unión Europea pierde la oportunidad de explotar el potencial del big data podría significar la pérdida de una implementación óptima de la mayoría de los programas europeos, como el Pacto Verde, al tiempo que acarrearía consecuencias negativas para los consumidores, los negocios y la economía.

Protección de los derechos. Dado que un servicio digital proporciona más información sobre los usuarios que uno tradicional, podría darse una situación de poder desequilibrada que haría que las preferencias e incluso las debilidades de las personas se exploten para obtener beneficios comerciales o políticos.

Con respecto a ello, también los anuncios altamente dirigidos generan preocupaciones sobre una posible manipulación.

Las evaluaciones automatizadas basadas en datos podrían significar que los individuos o grupos sean categorizados, lo que podría llevarlos a ser excluidos, por ejemplo, de oportunidades profesionales o cobertura médica.

PARA SABER MÁS

Inteligencia artificial y protección de datos, por Alexandra Espinoza.

https://youtu.be/e5tQ9MGJRil

4.5.2 Ley de inteligencia artificial de la Unión Europea

La Ley de IA de la UE garantiza que los sistemas de IA utilizados en la UE sean seguros, transparentes, trazables, no discriminatorios y respetuosos con el medio ambiente. Los sistemas de IA deben ser supervisados por personas, en lugar de por la automatización, para evitar resultados perjudiciales.

La nueva normativa establece obligaciones para proveedores y usuarios en función del nivel de riesgo de la IA. Aunque muchos sistemas de IA plantean un riesgo mínimo, es necesario evaluarlos todos.

Figura 4.12
El uso de la IA en la UE estará regulado por la Ley de IA.

Riesgo inaceptable. Los sistemas de IA de riesgo inaceptable son los que se consideran una amenaza para las personas y serán prohibidos. Incluyen:

- Manipulación cognitiva del comportamiento de personas o grupos vulnerables específicos; por ejemplo, juguetes activados por voz que fomentan comportamientos peligrosos en los niños.

- Puntuación social: clasificación de personas en función de su comportamiento, estatus socioeconómico o características personales.

- Sistemas de identificación biométrica en tiempo real y a distancia, como el reconocimiento facial.

Aunque existen algunas excepciones a esta calificación. Por ejemplo, los sistemas de identificación biométrica a distancia *a posteriori*, en los que la identificación se produce tras un retraso significativo, se permitirán para perseguir delitos graves y solo cuando haya previa aprobación judicial.

Alto riesgo. Los sistemas de IA que afecten negativamente a la seguridad o a los derechos fundamentales se considerarán de alto riesgo y se dividirán en dos categorías.

1. Los sistemas de IA que se utilicen en productos sujetos a la legislación de la UE sobre seguridad de los productos. Esto incluye juguetes, aviación, automóviles, dispositivos médicos y ascensores.

2. Los sistemas de IA pertenecientes a ocho ámbitos específicos que deberán registrarse en una base de datos de la UE:

o Identificación biométrica y categorización de personas físicas.

o Gestión y explotación de infraestructuras críticas.

o Educación y formación profesional.

o Empleo, gestión de trabajadores y acceso al autoempleo.

o Acceso y disfrute de servicios privados esenciales y servicios y prestaciones públicas.

o Aplicación de la ley.

o Gestión de la migración, el asilo y el control de fronteras.

o Asistencia en la interpretación jurídica y aplicación de la ley.

Todos los sistemas de IA de alto riesgo serán evaluados antes de su comercialización y a lo largo de su ciclo de vida.

IA generativa. La IA generativa, como ChatGPT, tendría que cumplir requisitos de transparencia:

● Revelar que el contenido ha sido generado por IA.

● Diseñar el modelo para evitar que genere contenidos ilegales.

● Publicar resúmenes de los datos protegidos por derechos de autor utilizados para el entrenamiento.

Riesgo limitado. Los sistemas de IA de riesgo limitado deben cumplir unos requisitos mínimos de transparencia que permitan a los usuarios tomar decisiones con conocimiento de causa. Tras interactuar con las aplicaciones, el usuario puede decidir si desea seguir utilizándolas. Los usuarios deben ser conscientes de cuándo están interactuando con la IA. Esto incluye los sistemas

de IA que generan o manipulan contenidos de imagen, audio o vídeo (p. ej., *deepfakes*).

4.6 Relación de la inteligencia artificial con los sectores productivos o áreas de aplicación

La IA supone una gran oportunidad de crecimiento para las empresas de los distintos sectores industriales, así como para la economía en general. Hay sectores concretos en los que la IA genera un impacto inmenso en cuanto a resultados y aportaciones.

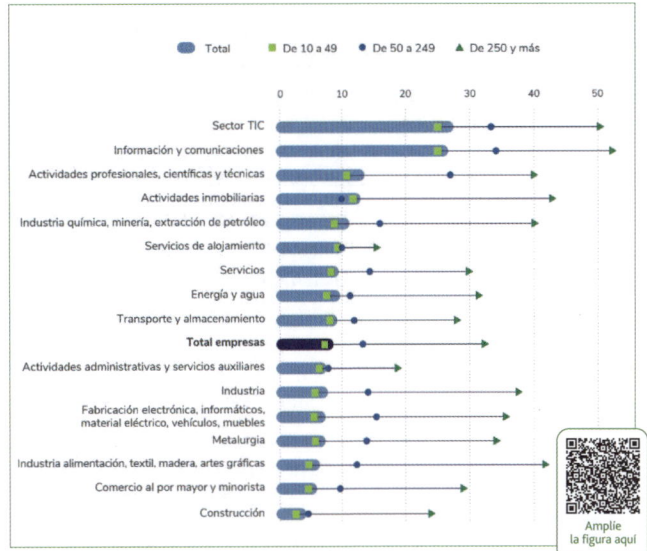

Figura 4.14
Empresas que utilizan tecnología de IA por sector de actividad y tamaño de empresa (%/total de empresas). Fuente: INE.

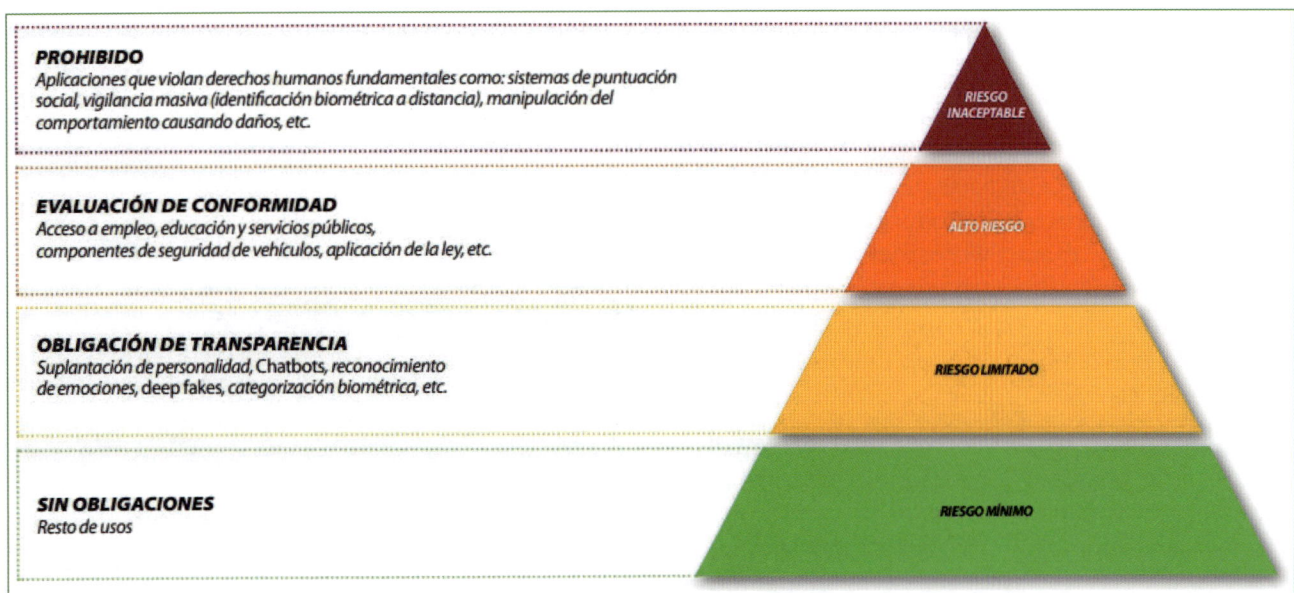

Figura 4.13
Niveles de riesgo de la Ley de IA de la UE.

4.6.1 Sector manufacturero

La incorporación de la IA en la industria manufacturera ha optimizado prácticamente todo el proceso de fabricación, permitido la implementación de fábricas inteligentes y altamente automatizadas, que aprovechan tecnologías como sensores inteligentes, la interconexión entre dispositivos, el análisis de datos y la automatización de procesos para optimizar la producción. Además, la IA también se está utilizando para mejorar la calidad del producto, prevenir defectos y reducir el tiempo de inactividad no planificado. A medida que la Industria 4.0 avanza, se espera que la adopción de la IA en la industria manufacturera siga aumentando para ayudar a mejorar la eficiencia y la rentabilidad de las operaciones de fabricación.

- **Control de daños y mantenimiento rápido:** con la ayuda de robots basados en IA, la detección y solución de fallos se vuelve más fácil. Están programados para detectar fallos y programados con soluciones para superar el daño.

- **Control automático:** las máquinas y robots autónomos impulsados por la IA están programados de tal manera que pueden funcionar automática y anualmente según la situación. Toman decisiones acertadas.

- **Mantenimiento predictivo** basado en aprendizaje automático, sistemas capaces de analizar los datos de monitorización para evaluar el estado de la maquinaria y programar un mantenimiento si es necesario.

- **Optimización de la cadena de suministro y mercancías:** herramientas para clasificar mercancías o encontrar defectos en productos basados en la visión artificial.

- **Drones autónomos** para tareas de vigilancia de la producción, seguridad o inspección.

- **Producción basada en la demanda:** cada etapa del proceso productivo es monitorizada por sensores que proporcionan datos al *software* basado en IA, y la producción se gestiona según el resultado de los datos proporcionados. La producción se gestiona en función de la demanda y la capacidad. Los sistemas robóticos con IA entienden y responden al lenguaje natural del usuario, ya que no solo estudian datos semánticos sino también datos episódicos, es decir, de la experiencia.

- **Diseño generativo:** la IA permite el diseño mediante técnicas generativas para simular el desempeño de productos o infraestructuras en la vida real, sin tener que fabricarlos y luego pasar por el proceso de modificaciones hasta llegar a obtener el diseño óptimo.

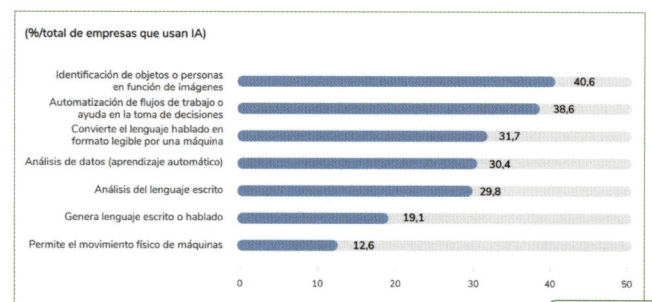

(%/total de empresas que usan IA)

	%
Identificación de objetos o personas en función de imágenes	40,6
Automatización de flujos de trabajo o ayuda en la toma de decisiones	38,6
Convierte el lenguaje hablado en formato legible por una máquina	31,7
Análisis de datos (aprendizaje automático)	30,4
Análisis del lenguaje escrito	29,8
Genera lenguaje escrito o hablado	19,1
Permite el movimiento físico de máquinas	12,6

Figura 4.15
Empresas que usan IA por tipo de tecnología (%/total de empresas que usan IA). Fuente: INE.

Amplíe la figura aquí

4.6.2 Sector sanitario

En el sector de la salud, la IA jugará un papel decisivo. En el campo de la medicina actual, se aplica para optimizar la eficiencia biotecnológica y también en el desarrollo de fármacos (o en el establecimiento de sus dosis). La IA ha irrumpido en la industria centrada en la salud para ayudar tanto a médicos como a pacientes.

- Se puede realizar la asignación de espacios en un hospital, se pueden organizar los turnos de los trabajadores.

- Soporte en decisiones clínicas. Se potenciará el diagnóstico *online* con una eficacia mejorada y un diagnóstico más exacto.

- Cirugías robotizadas. La combinación de IA y robots han revolucionado las cirugías en términos de velocidad, precisión y profundidad al realizar incisiones delicadas.

- Análisis de imágenes médicas. La IA ha demostrado una muy buena precisión y sensibilidad en la identificación de anomalías en imágenes y tiene el potencial para mejorar la capacidad de detectar y caracterizar cambios y anormalidades en los tejidos del cuerpo mediante el análisis de imágenes médicas.

- Monitorización de la salud. Dispositivos portátiles que pueden monitorizar la frecuencia cardiaca o el sueño, o análisis de datos en tiempo real que permita alertar a los médicos si se detectan anomalías.

Figura 4.16
Doctora de un hospital usando la aplicación con IA para el análisis de imágenes médicas.

4.6.3 Sector financiero

La IA se está implementando cada vez más por los proveedores de servicios financieros en diversas industrias dentro del sector financiero: en banca minorista y corporativa, en la gestión de activos, en el *trading* y en los seguros.

- Asesoramiento financiero. Los asistentes virtuales y *chatbots* de IA que pueden ayudar a gestionar las finanzas personales, proporcionando información sobre los ingresos y gastos.

- Operaciones en el sector financiero, para agilizar multitud de operaciones como la reunificación de deudas, la automatización de sistemas de facturación y el proceso de reconciliación de cuentas bancarias en la banca comercial.

- Seguros. Capaz de evaluar los perfiles de riesgo de los consumidores y determinar un plan de seguros apropiado.

- Auditoría y cumplimiento normativo. Sistemas de IA para detectar fraudes y mejorar la precisión en la revisión de documentos, y reducir los costes asociados al cumplimiento normativo.

4.6.4 Sector logístico y del transporte

La IA está revolucionando el sector logístico y del transporte, permitiendo solucionar muchos de los problemas que enfrentan estas industrias.

- Optimización de rutas. La utilización de *software* de IA en logística permite recabar y aprender de los datos para analizar constantemente las mejores rutas disponibles para los conductores, lo que conduce a una organización más eficiente de las rutas de reparto.

- Mantenimiento predictivo. La IA es capaz de hacer predicciones y recomendaciones, mediante el uso de datos actuales e históricos, sobre el estado de los vehículos, posibilitando el aumento de la vida útil de los mismos y reduciendo el tiempo de inactividad.

- Almacenes automatizados. Los almacenes pueden ser inteligentes y emplear soluciones digitales y automatizadas para optimizar la productividad en diversas operaciones logísticas, como la recepción de mercancías, la ubicación de productos y la preparación de pedidos.

- Transporte de personas. Empresas como Uber y Cabify utilizan algoritmos de IA para asignar viajes a conductores en función de la ubicación, el tiempo de espera y la demanda de pasajeros en tiempo real. Estos sistemas también pueden analizar datos históricos para predecir la demanda futura y ajustar la cantidad de conductores en una determinada área para maximizar la eficiencia y reducir los tiempos de espera para los pasajeros. Además, la IA también puede

utilizarse para mejorar la seguridad del conductor y del pasajero, como la detección de fatiga del conductor o la identificación de situaciones de riesgo en la carretera.

--- PARA SABER MÁS ---

Visione: *Logística 4.0*. Importancia de impulsar la colaboración con toda la cadena de suministro.

https://youtu.be/TwMK6r8_tcc

4.6.5 Industria química y farmacéutica

La Inteligencia artificial ha ayudado a la industria química a aumentar la eficiencia operativa, reducir costes y mejorar la experiencia del cliente. Los campos de la ingeniería química lo aplican para el modelado, la clasificación, el control de procesos, la detección de fallas y el diagnóstico.

La IA se puede aplicar a las primeras etapas de desarrollo de productos para aumentar la innovación. Por ejemplo, puede mejorar la productividad de la investigación al permitir el acceso a datos relevantes anteriores durante la etapa inicial de diseño.

También permite la optimización en cada etapa de la cadena de valor.

Figura 4.17
Laboratorio de investigación en biotecnología con uso de IA para analizar el genoma de las bacterias.

4.6.6 La industria del videojuego

En la industria del videojuego es habitual que un jugador real pueda interactuar con uno virtual, gestionado con IA. También es normal encontrar juguetes infantiles que son pequeños robots con IA.

4.6.7 La industria de los medios audiovisuales

Los medios de comunicación tampoco son ajenos a este fenómeno y la utilización de la IA es muy beneficiosa para la detección de las noticias falsas o *fake news* a través del análisis de datos sobre el origen de estas informaciones.

Figura 4.18
Deepfake, IA, desinformación, noticias falsas.

4.7 Inteligencia artificial y tratamiento de datos. Minería de datos

--- GLOSARIO ---

La minería de datos (*data mining*) es el proceso de extraer conocimiento útil y comprensible, previamente desconocido, desde grandes cantidades de datos almacenados en distintos formatos.

Esta definición apela a la extracción (de ahí el nombre de minería) de conocimiento no explícito a partir de los datos. La minería de datos nace no tanto del desarrollo de técnicas específicas y diferentes de las anteriores como de la aparición de nuevas necesidades, en la medida en que la omnipresencia de enormes cantidades de almacenes de datos llenos de enormes cantidades de datos convierten a estos en una potencial materia prima de un «posible» conocimiento «nuevo».

Esta **extracción de información apoya en gran medida a la IA** para detectar patrones de comportamiento a través de algoritmos matemáticos. En pocas palabras, este concepto surge para ayudar a comprender el contenido de una base de datos robusta.

Las etapas por la que se lleva a cabo **el proceso de minería de datos** son:

- **Determinación de los objetivos:** se refiere a los objetivos que el cliente desea bajo la orientación del especialista en minería de datos.

- **Preprocesamiento de los datos:** es la selección, la limpieza, el enriquecimiento, la reducción y la transformación de las bases de datos. Es el tratamiento de los datos de manera general.

- **Determinación del modelo:** es la primera presentación gráfica de la información que se obtuvo del procesamiento de los datos. Estos algoritmos se crean con apoyo de la IA.

- **Análisis de los resultados:** se enfoca en verificar si los resultados obtenidos son coherentes y los compara con los obtenidos por los análisis estadísticos y de visualización gráfica.

Figura 4.19
Centro de alta tecnología que trabaja la minería de datos.

Algunas de las **técnicas** más utilizadas son:

- ***Market basket analysis:*** permite detectar qué productos se adquieren conjuntamente y permite incorporar variables técnicas que ayudan en la interpretación, como el día de la semana, la localización o forma de pago. También puede aplicarse en contextos diferentes como lo es el comercio electrónico.

- **Series temporales:** permite modelizar componentes básicos de la serie, tendencia, ciclo y estacionalidad y así poder hacer predicciones para el futuro, tales como cifra de ventas, previsión de consumo de un producto o servicio, etc.

- **Previsión local:** individuos parecidos tendrán comportamientos similares respecto de una cierta variable de respuesta. La técnica consiste en situar a los individuos en un espacio determinado y hacer predicciones de su comportamiento a partir del comportamiento observado en sus vecinos.

- **Redes neuronales:** inspiradas en el modelo biológico, son generalizaciones de modelos estadísticos clásicos. Su novedad radica en el aprendizaje secuencial, el hecho de utilizar transformaciones de las variables originales para presentar nuevos datos y predicciones sobre un comportamiento específico.

- **Los árboles de decisión:** es un modelo de predicción que se utiliza en el campo de la IA a partir de una base de datos en donde se construyen los diagramas de construcciones lógicas. Normalmente está determinado por una serie de condicionales que definirán la probabilidad de obtener resultados esperados.

Se puede observar claramente la importancia de las técnicas de minería de datos para resolver problemas empresariales. También es clara su aportación para resolver problemas científicos que impliquen el tratamiento de grandes cantidades de datos.

Además, existe una aportación propia de técnicas específicas de IA, en particular sobre la integración de los algoritmos, la automatización del proceso y la optimización del coste que implica el resultado del procesamiento de millones de datos en todo momento.

4.8 Lenguajes de programación en IA

En la IA, la elección del lenguaje de programación puede depender del tipo específico de algoritmo utilizado, así como de la manipulación y procesamiento de datos. A continuación se describen algunos lenguajes de programación comúnmente utilizados en IA en función de los algoritmos y el manejo de datos:

1. Python

Algoritmos: se utiliza ampliamente en diversos algoritmos de IA, desde aprendizaje automático hasta procesamiento de lenguaje natural (NLP) y visión por ordenador.

Datos: bibliotecas como NumPy, Pandas y scikit-learn facilitan la manipulación y el análisis de datos.

Figura 4.20
Lenguaje de programación Python.

2. R

Algoritmos: principalmente utilizado en estadísticas y análisis de datos. R tiene una amplia variedad de paquetes para algoritmos estadísticos y de aprendizaje automático.

Datos: especialmente fuerte en manipulación y análisis estadístico de datos.

3. Java

Algoritmos: puede ser utilizado para una variedad de algoritmos de IA, especialmente en aplicaciones empresariales.

Datos: Java es robusto en el manejo de grandes conjuntos de datos y es utilizado en entornos empresariales.

4. C++

Algoritmos: se utiliza en algoritmos de aprendizaje automático, especialmente en situaciones donde se requiere eficiencia y velocidad.

Datos: ofrece un rendimiento eficiente y se utiliza en aplicaciones de alto rendimiento.

Figura 4.21
Lenguaje de programación C++.

5. JavaScript (Node.js)

Algoritmos: utilizado en el desarrollo de aplicaciones web con elementos de IA, como *chatbots* y aplicaciones basadas en navegador.

Datos: puede ser usado para manipulación de datos en el lado del servidor.

6. Lisp

Algoritmos: tiene una influencia histórica en la IA y se ha utilizado en sistemas expertos.

Datos: bien adaptado para manipulación de datos simbólicos y lógicos.

7. Prolog

Algoritmos: especializado en lógica y programación declarativa, utilizado en sistemas expertos y procesamiento de lenguaje natural.

Datos: eficiente para manipular datos estructurados.

8. Scala

Algoritmos: utilizado en aprendizaje automático y procesamiento de datos, a menudo con el *framework* Apache Spark.

Datos: combina la concisión de la sintaxis con la eficiencia de Java.

9. Matlab

Algoritmos: ampliamente utilizado en investigación y desarrollo para algoritmos de aprendizaje automático y procesamiento de señales.

Datos: herramientas poderosas para manipulación y visualización de datos.

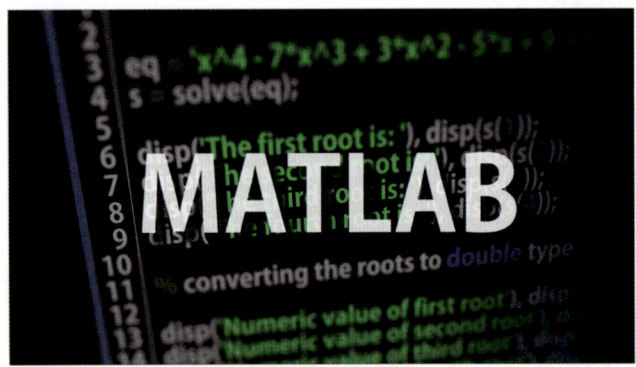

Figura 4.22
Código Matlab.

10. Go

Algoritmos: ganando popularidad en la implementación de algoritmos de aprendizaje automático y procesamiento de datos.

Datos: eficiente para el procesamiento de datos, especialmente en sistemas distribuidos.

La elección del lenguaje también puede depender del marco de trabajo o la biblioteca específica que se utilice para implementar algoritmos de IA y manipulación de datos. Además, las tendencias en la elección de lenguajes pueden cambiar con el tiempo a medida que evolucionan las tecnologías y las comunidades de desarrollo.

4.9 La inteligencia artificial y el título

La automatización y la IA no necesariamente destruyen puestos de trabajo, sino que más bien los transforman. Las personas, las empresas y los mercados laborales tendrán que adaptarse y adquirir nuevas habilidades que les permitan cooperar con las máquinas. Los títulos de formación profesional tendrán que ofrecer habilidades y competencias «compatibles con los robots», combinando habilidades ocupacionales específicas con competencias.

A primera vista, los titulados como técnicos y técnicos superiores STEM (ciencia, tecnología, ingeniería y matemáticas, por su nombre en inglés) son los más indicados para poder trabajar en IA. Pero quienes trabajan ahora mismo en IA aseguran que los perfiles y los equipos multidisciplinares son cada vez más necesarios.

4.9.1 Ámbito de la inteligencia artificial en que se puede trabajar

El campo de la IA es muy amplio y los titulados no pueden conocerlo todo. Hay que saber en qué se va a especializar (desarrollador, algoritmo, diseñar funciones de negocio, etc.). Por eso, se recomienda comenzar con un análisis de las habilidades e intereses de cada título de formación profesional.

Para trabajar en IA es importante contar con carácter general con un fundamento matemático medio-alto, conocimientos de programación, capacidad de modelizar y disponer de habilidades relacionadas con la creatividad.

Ese grado de conocimiento de la parte más física o matemática va a depender, de nuevo, del trabajo que se quiera desarrollar en IA. Cualquier titulado que tenga un conocimiento de programación puede desarrollar aplicaciones de IA sin bajar al detalle, porque los gigantes digitales como Microsoft, Amazon, IBM o Google les permitirá consumir IA a través de sus servicios sin meterse en un conocimiento exhaustivo y de primer nivel.

Se puede distinguir dos tipos de trabajos relacionados con la IA: los más técnicos (como el desarrollo de los algoritmos) y los de negocio (o la aplicación a cada industria o área).

Cualquier perfil que trabaje en IA debe tener una mínima base ética. Precisamente porque la tecnología va más rápida que la regulación es importante que los técnicos que trabajen en este ámbito tengan una formación ética. Esto va de personas haciendo cosas para el beneficio de otras personas.

EJEMPLO 4

Identifique el uso que se le puede dar a la IA por parte de los profesionales titulados de la familia profesional de comercio y *marketing*.

Solución:

El uso de la IA por parte de estos titulados en la organización puede ser para facilitar la estrategia de ventas y *marketing* con:

- Una herramienta de CRM (administración de relaciones con los clientes) que integre IA como Hubspot.
- Los *chatbots*, impulsados por la IA, son herramientas poderosas para la atención al cliente, ya que conversan con esos clientes y con los potenciales de forma automática. Así, mientras los *chatbots* pueden hacer frente a cuestiones básicas, el servicio de atención al cliente puede afrontar preguntas más complejas. De esta forma, se mejora la productividad de la atención al cliente y potenciales clientes.
- La personalización de anuncios se ha convertido en una herramienta fundamental para cualquier vendedor online, pues crea una experiencia de compra para cada usuario, como Retail Rocket se apoya en la IA para personalizar el *customer journey* y ofrecer una estrategia de comunicación por segmentos de clientes, así como automatizar las campañas de forma que se ofrezca a cada usuario contenidos relevantes en el mejor momento y en el mejor soporte.

ACTIVIDAD PROPUESTA 4.1

Identifique algún uso que se le puede dar a la IA por parte de los profesionales titulados de su familia profesional.

PARA SABER MÁS

Visione: *IA en la medicina del futuro en Dubái,* por Euronews.

https://youtu.be/qxzvCG2m5-w

4.10 Relación entre las tecnologías disruptivas habilitadoras en el sector del título y la inteligencia artificial

Investigaciones de la OCDE enfatizan el impacto negativo de la IA en el empleo y varios estudios han proporcionado estimaciones dramáticas sobre la pérdida de empleos y la obsolescencia de tareas u ocupaciones enteras. Al centrarse en la tarea obsoleta, en lugar de reemplazar el trabajo, y en la complementariedad hombre/máquina, se ha contribuido a que se lleven a cabo investigaciones recientes sobre automatización que muestran una mayor imagen positiva del futuro del trabajo. Sin embargo, la proliferación de la tecnología de IA generativa se cree que abre muchas más posibilidades para automatizar tareas, lo que potencialmente podría reducir horas trabajadas en un 30 % para 2030.

▌Reto profesional

Uso de herramientas de IA para manejar documentos en los procesos de la empresa

Breve descripción

La finalidad de este reto profesional es vivenciar el contexto del manejo de aplicaciones de la IA en entornos del sector donde está enmarcado el título, describiendo las mejoras implícitas en su implementación, aplicando una herramienta de IA para facilitar en una empresa el manejo de documentos que se han de simplificar y resumir, o mostrar más detalles o información relacionada con sus productos y/o servicios.

El reto

En el reto, por equipos, se va a tratar de usar herramientas alternativas gratuitas a LangChain (como Chatbot PDFgear), o con LangChain, para aprender rápidamente del contexto de los documentos PDF y generar respuestas precisas basadas en el análisis de todo el documento PDF, proporcionando así beneficios a una empresa u organismo equiparado relacionado con los profesionales con el título de Técnico en… que ejercen su actividad, que se puede identificar en el apartado primero del Artículo 7 entorno profesional de cada Real Decreto por el que se establece el título.

Para realizar el reto profesional, acceda a www.marcombo.info y descargue gratis el contenido adicional.

Código: **MARCOMBO21**

Mapa conceptual

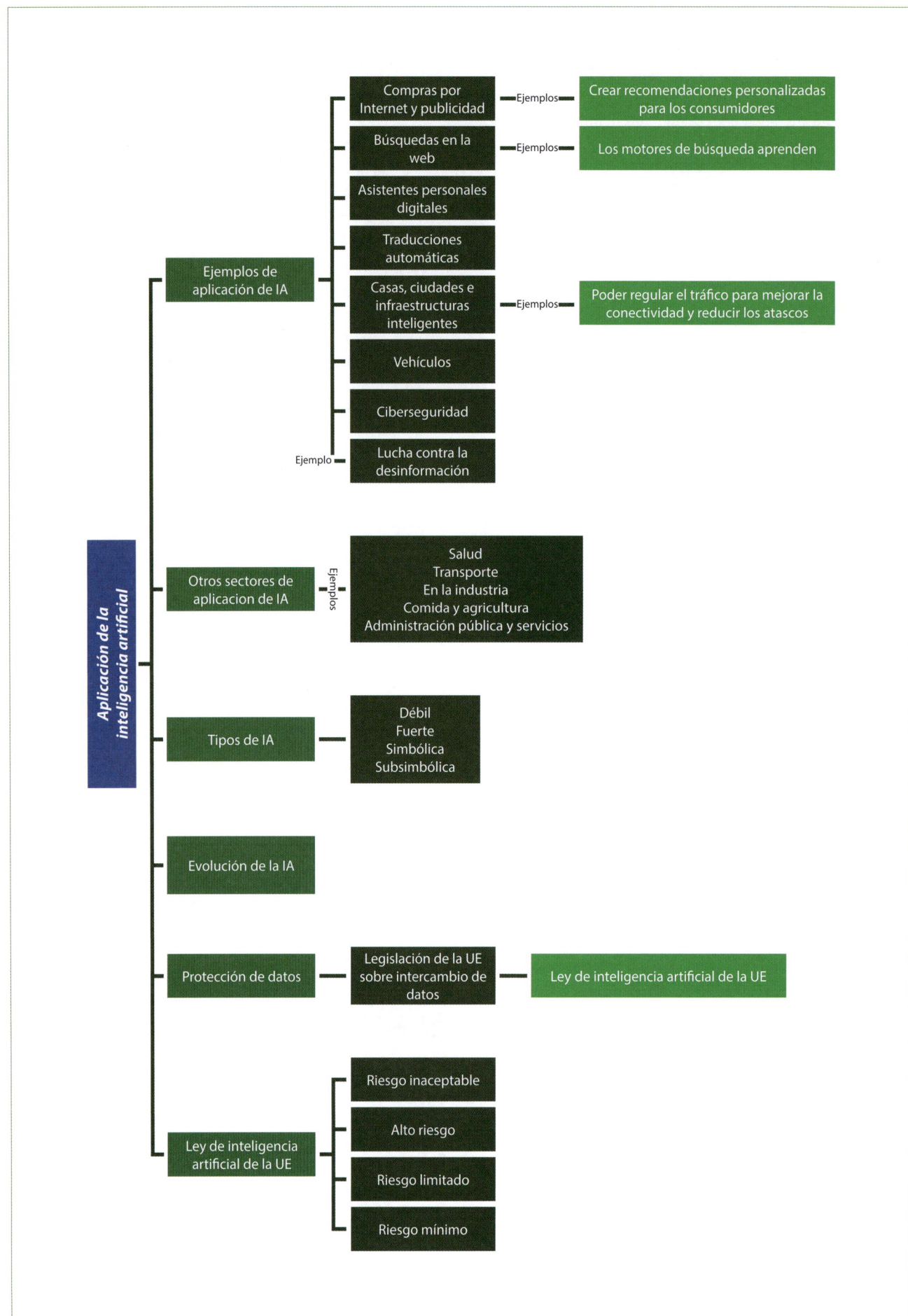

Figura 4.23 Mapa conceptual de la gestión de la producción.

TEST DE EVALUACIÓN

1. ¿Cuál es una de las capacidades de la IA que permite a las máquinas automatizar y mejorar procesos de forma autónoma?

a) La capacidad de aprendizaje.

b) La capacidad de razonamiento.

c) La capacidad de creatividad.

d) Todas las opciones anteriores.

2. ¿Cuál es la diferencia entre una IA fuerte y una IA débil?

a) La IA fuerte iguala la inteligencia humana mientras que la IA débil se enfoca en un trabajo único.

b) La IA fuerte imita la mente humana mientras que la IA débil imita el cerebro humano.

c) La IA fuerte simula la conducta humana mientras que la IA débil modela procesos mentales.

d) La IA fuerte es inflexible y no se adapta a los requisitos de un sistema o máquina mientras que la IA débil es capaz de replicar acciones humanas.

3. ¿Quién planteó la posibilidad de una inteligencia mecánica en su trabajo titulado «Computer machine and intelligence»?

a) René Descartes.

b) Alan Turing.

c) Dickmanns.

d) Hubert Dreyfu.

4. ¿Cuál es un objetivo clave de los espacios de datos europeos?

a) Limitar el flujo de datos personales.

b) Fomentar la ciberseguridad.

c) Establecer protocolos comunes para el intercambio de datos.

d) Promover la transparencia en el intercambio de datos.

5. ¿Cuál es uno de los principales objetivos de la Ley de IA de la UE?

a) Asegurar que los sistemas de IA sean seguros y transparentes.

b) Garantizar que los sistemas de IA sean poco confiables.

c) Asegurar que los sistemas de IA sean discriminatorios.

d) Prohibir el uso de sistemas de IA en la UE.

6. ¿En qué sector la IA se está utilizando para mejorar la calidad del producto, prevenir defectos y reducir el tiempo de inactividad no planificado?

a) Sector financiero.

b) Sector sanitario.

c) Sector logístico y del transporte.

d) Sector manufacturero.

7. ¿Qué es la minería de datos?

a) Es el proceso de almacenar grandes cantidades de datos en distintos formatos.

b) Es el proceso de analizar datos estadísticos y de visualización gráfica.

c) Es el proceso de eliminar datos irrelevantes de una base de datos.

d) Es el proceso de extraer conocimiento útil y comprensible desde grandes cantidades de datos almacenados en distintos formatos.

8. ¿Qué técnica de minería de datos permite detectar qué productos se adquieren conjuntamente?

a) Previsión local.

b) Redes neuronales.

c) Series temporales.

d) *Market Basket Analysis.*

9. ¿Cuál de los siguientes lenguajes de programación es ampliamente utilizado en diversos algoritmos de IA, desde aprendizaje automático hasta procesamiento de lenguaje natural (NLP) y visión por ordenador?

a) JavaScript

b) Python

c) C++

d) .

10. El responsable de mantenimiento debe coordinarse con:

a) El director de operaciones.

b) El responsable de control de calidad.

c) El responsable de producción.

d) Todas las anteriores.

ACTIVIDADES

Para realizar las actividades 1, 8 y 9, acceda a www.marcombo.info y descargue gratis el contenido adicional, complemento imprescindible de este libro.

Código: **MARCOMBO21**

ACTIVIDAD 1

Realice una búsqueda de información en el «Informe del barómetro de la IA en las PYMEs españolas» acerca de qué estrategias han de tomar las pymes para que aprovechen mejor el potencial de la IA.

ACTIVIDAD 2

Realice una búsqueda de información de la importancia presente y futura de la IA, en el artículo de *La Razón*, «La inteligencia artificial creará 300 millones de empleos en 2030».

https://www.larazon.es/tecnologia/inteligencia-artificial-trabajo-300-millones_202303306425ba1e7e9ad300014b6899.html

ACTIVIDAD 3

Identifique la importancia de la IA en la optimización de los procesos colaborativos, en el artículo de la *Revista Byte TI*, «Optimizar el coste total de una plataforma de colaboración impulsada por IA».

https://revistabyte.es/actualidad-it/plataforma-colaboracion/

ACTIVIDAD 4

Identifique la importancia de la IA en la automatización de procesos financieros y su optimización, en el artículo de la revista *Byte TI*, «Cómo la IA está reescribiendo las reglas de la gestión financiera».

https://revistabyte.es/actualidad-it/ia-gestion-financiera/

ACTIVIDAD 5

Identifique la inteligencia artificial en el artículo «La logística 4.0: impacto y aplicaciones destacadas» de Mecalux.

https://www.mecalux.es/blog/inteligencia-artificial-en-almacenes

ACTIVIDAD 6

Identifique las ventajas y desventajas de cada lenguaje de programación de inteligencia artificial, en el artículo de *Impulso 06*.

https://impulso06.com/como-iniciarse-en-la-programacion-de-inteligencia-artificial/

ACTIVIDAD 7

Identifique cómo influye la IA en el sector sanitario, en el artículo de la revista *Byte TI*, «El impacto de la IA y otras tendencias en la sanidad del mañana».

https://revistabyte.es/tendencias-tic/sanidad-ia-tendencias/

ACTIVIDAD 8

Identifique las acciones previstas por el Estado para articular y desarrollar soluciones en infraestructuras de datos y tecnológicas que dan soporte a la IA, en el documento «Estrategia Nacional de Inteligencia Artificial».

ACTIVIDAD 9

Identifique qué medidas hay previstas por el Estado para ayudar a la integración de la IA en el tejido productivo, en el documento «Estrategia Nacional de Inteligencia Artificial».

ACTIVIDAD 10

Identifique la importancia de la IA en la automatización de procesos agrícolas y su optimización, en el artículo de Telefónica, «¿Cómo influye la inteligencia artificial en la agricultura?».

https://www.telefonica.com/es/sala-comunicacion/blog/como-influye-inteligencia-artificial-agricultura/

U 5

Evaluación de datos

En esta unidad va a estudiar:

- Dato versus información.
- Ciclo de vida del dato.
- Análisis de datos.
- Almacenamiento de datos en la nube.
- Etapas de la ingeniería de datos.
- Aplicación a las empresas de la ciencia de datos.
- Importancia de la seguridad en el manejo de datos.

Con su estudio, va a ser capaz de:

- Establecer la diferencia entre dato e información.
- Describir el ciclo de vida del dato.
- Identificar la relación entre big data, análisis de datos, *machine/deep learning* e inteligencia artificial.
- Describir las características que definen big data.
- Describir las etapas típicas de la ciencia de datos y su relación en el proceso.
- Describir los procedimientos de almacenaje de datos en la nube.
- Describir la importancia del *cloud computing*.
- Identificar los principales objetivos de la ciencia de datos en las diferentes empresas.
- Valorar la importancia de la seguridad y su regulación en relación con los datos.

5.1 Introducción

Los datos son increíblemente importantes para cualquier empresa: equipo de desarrollo, finanzas, *marketing*, operaciones, ventas, etc. ¿Y por qué son tan importantes? Porque gracias a ellos se toman decisiones en todas las áreas; es decir, se dejan a un lado las corazonadas o impulsos y se realizan acciones según los datos disponibles.

En esta unidad se va a evaluar la importancia de los datos, así como su protección en una economía digital globalizada, definiendo sistemas de seguridad y ciberseguridad tanto a nivel de equipo/sistema como globales.

5.2 Dato versus información

Los datos hoy en día son los activos más valiosos que puede tener una empresa. Gracias a ellos es posible tomar decisiones de manera oportuna y segura, mejorar los procesos de producción, retener y atraer más clientes y mejorar los productos o servicios, así como crear nuevos.

La pirámide de la información es un modelo sobre la gestión de la información que muestra el camino que lleva de los datos a la sabiduría y la estrategia de una empresa.

Figura 5.1
Pirámide de la información.

GLOSARIO

Dato es un elemento que no transmite información mientras no se procese o no se presente en forma resumida y relacionada con valores. Es una representación simbólica.

Los datos son el nivel más básico, es la información sin tratamiento alguno. Dentro de los datos se pueden incluir:

- **Hechos o eventos** ligados a una transacción u operación y que de alguna forma tienen relación con procesos operativos. Como carecen de interpretación y de contexto, no tienen ninguna utilidad por sí mismos.

- **Señales** que recibimos de la realidad o de una instalación (tensión, intensidad, luz, sonido, calor, etc.).

- **Símbolos** que representan esa realidad (grabaciones, imágenes, textos, diagramas).

Dando sentido a los datos se llega al siguiente nivel, la Información.

GLOSARIO

Información: es un conjunto organizado de datos procesados que constituyen un mensaje que cambia el estado de conocimiento del sujeto o sistema que recibe dicho mensaje.

La información son los datos más relevantes extraídos de los datos básicos buscando sentido en ellos. Los datos que responden a preguntas como ¿quién?, ¿qué?, ¿cuándo?, ¿dónde? y ¿cuántos? son datos con significado.

La información (*information*) se refiere a todos aquellos datos (*data*) organizados y convenientemente procesados que nos permiten extraer el conocimiento (*knowledge*) que facilita la toma de decisiones (*wisdom*), permitiendo el seguimiento de los objetivos propuestos mediante una actuación apropiada.

El dato representa el nivel más básico: una cifra o una cadena de texto. La información añade contexto al dato. El conocimiento añade cómo utilizar la información. La sabiduría añade cuándo y por qué utilizar el conocimiento.

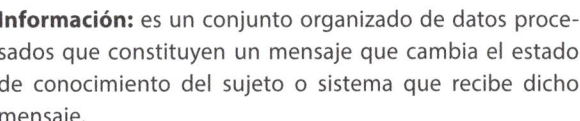

EJEMPLO 1

La aplicación de la pirámide de la información es lo que permite alcanzar la sabiduría: de la cifra «42» a se debe bajar la temperatura corporal del paciente de la forma más rápida posible.

Solución:

Si un equipo de electromedicina marca la cifra «42», se obtiene un dato, un número entero en base decimal.

Sería muy normal preguntar «¿42 qué?» Ahí es cuando el dato se convierte en información: cuando es capaz de responder a una pregunta concreta y adquiere significado, por ejemplo: ¿es la lectura de la temperatura del paciente, 42 grados centígrados? Aquí se ve que el dato pasa a convertirse en información, se ha complementado con una precisión y unas unidades que lo definen adecuadamente.

La experiencia acumulada sobre casos anteriores dice que un paciente con una temperatura de 42 grados centígrados puede desarrollar daños cerebrales irreversibles. Esto permite formular un conocimiento mediante una regla: «si la temperatura del paciente alcanza los 42 grados centígrados, se pueden producir lesiones cerebrales irreversibles», que puede reflejarse con una señal de alarma del equipo acústica y visual.

La aplicación de este conocimiento es lo que permite alcanzar la sabiduría: se debe bajar la temperatura corporal del paciente de la forma más rápida posible, el equipo puede activar sistemas de refrigeración o frío al paciente mientras se toman otras medidas.

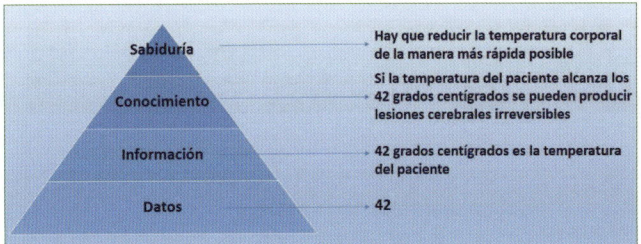

Figura 5.2
Jerarquía dato-información-conocimiento-sabiduría.

La información se define a partir de los datos disponibles, el conocimiento se extrae de dicha información y la sabiduría es entendida como la habilidad para aplicar dicho conocimiento en beneficio propio o común.

5.3 Ciclo de vida del dato

El ciclo de vida de los datos es una secuencia de etapas por las que pasan los datos a lo largo de toda su vida útil.

Implementar de forma correcta cada etapa del ciclo de vida de los datos permite a una organización generar, utilizar y reutilizar datos de una manera mucho más eficiente, sacándoles el máximo partido y, por tanto, obteniendo una información de mayor calidad que permite tomar decisiones con una base más sólida. Incluso, el ciclo de vida de los datos ayuda a mantener la calidad de estos durante toda su vida útil.

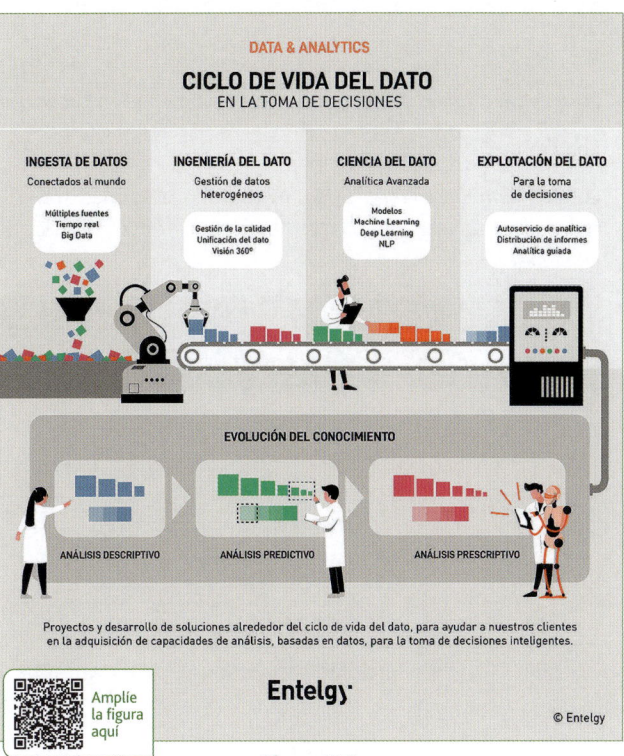

Figura 5.3
Ciclo de vida del dato. Fuente: Entelgy.

Ingesta del dato: ERP, CRM, inventarios, órdenes de pedido, nóminas, partes de alta de empleados, ventas, consultas de clientes, etc. Los datos que genera el día a día de cualquier negocio y su relación con el cliente son cada día más y el primer paso es recopilarlos. Por ello, la primera fase de este recorrido hacia la información consiste en la ingesta o la forma de obtener e importar esos datos, ya sea para su uso inmediato en tiempo real o para ser almacenados y, más tarde, analizados.

Este paso inicial es una de las piezas fundamentales dentro de la arquitectura big data.

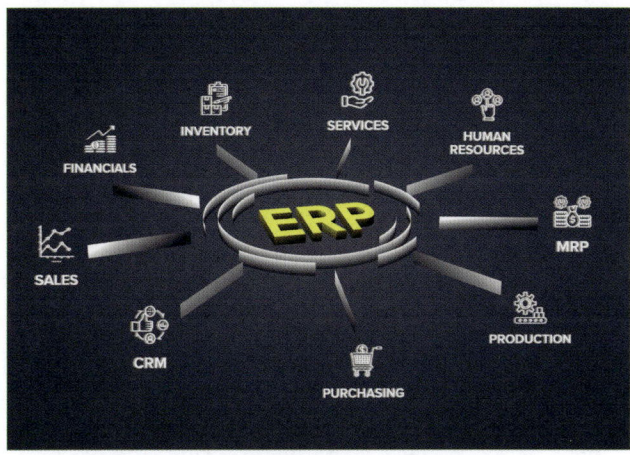

Figura 5.4
Planificación de recursos empresariales ERP para ingesta de datos.

---- EJEMPLO 2 ----

Busque herramientas ERP para implementar en la empresa que faciliten la ingesta de datos.

Solución:

Los ERP (*Entreprise Resource Planning*) son plataformas muy utilizadas por compañías de todos los tamaños para gestionar sus procesos empresariales, adaptables a las diferentes necesidades de cada empresa; esta una tabla comparativa para escoger el adecuado:

Programa	Precio	Instalación	*App*	Particularidad
Holded	Prueba gratis	Nube	Sí	Intuitivo, versátil y completo, ofrece lo último en tecnología de gestión empresarial en una sola plataforma en la nube.
Selenne	Precio personalizado	Descargable	Sí	Se especializa en los sectores de ingeniería, industria química, fabricación e inspecciones.
Geslan	Precio personalizado	Descargable	No	Diseñado para carpinterías, materiales de construcción, fábricas de conservas, tiendas, etc.
Odoo	Precio personalizado	Nube	Sí	Tiene herramientas de *marketing online* y de RR.HH.
Oracle	Precio personalizado	Nube	Sí	Ofrece servicios muy diversos a todo tipo de empresarios e industrias.

- **Ingeniería del dato:** una vez recopilada la información es el momento de organizar los datos. La variedad de fuentes de las que una empresa ha de recopilar los datos va a acompañada de una pluralidad igual de amplia en cuanto a los formatos de dichos datos. *Mails*, llamadas, chats, documentos, imágenes, cuestionarios, etc. Los datos recopilados tras la ingesta deben ser ahora limpiados, cumplimentados y verificados. El objetivo de este paso, de ingeniería del dato, es lograr una identidad única de cada dato para poder así tener una visión 360° de la información con la que contamos.

- **Data science (ciencia del dato):** es el momento de aplicar técnicas de analítica avanzada sobre los datos, mediante la implementación de modelos probabilísticos, predictivos y prescriptivos. Incluso modelos basados en **machine learning**, o aplicando **deep learning** para el análisis de datos no estructurados como vídeos, imágenes o audios, mediante procesamiento de lenguaje natural o **Natural Language Processing (NLP)**.

Estos modelos alimentarán las herramientas de explotación que protagonizan el siguiente paso del recorrido.

- **Explotación de dato:** como si de un diamante en bruto se tratara, tras recopilar, unificar y analizar los datos, ha llegado la fase de extraer el valor que encierran y así poder tomar decisiones de negocio. Para ello, en este paso se aplican técnicas de **data discovery,** cuya máxima es el autoservicio, que permite que todos los profesionales de la compañía puedan conocer y analizar, de forma rápida y sencilla, los datos que precisa. Por ejemplo, un gerente de ventas podría obtener información de manera directa de quiénes son los clientes y productos más rentables del último mes, sin tener que recurrir al departamento de TI, permitiendo así reducir tiempos y aumentar la productividad del negocio.

Una fase en la que, además, es posible y fundamental visualizar todos esos datos de forma gráfica, al tiempo que generar distintos informes y cuadros de mando, para trabajar con ellos y alcanzar conclusiones.

- **Evolución del conocimiento:** el último trayecto en el camino es la fase en la que realmente convertir esa información de valor en conocimiento para no solo optimizar e incrementar el negocio actual de una compañía, sino también para poder predecir sus próximas decisiones. Es el momento en el que, mediante el empleo de modelos predictivos, la organización adquiere capacidades para proyectar aquellas variables que impactan de manera directa en el negocio, ayudando en la gestión proactiva de la compañía. En este estadio la empresa es capaz de dar respuesta a preguntas del estilo «¿qué ocurrirá?» Una pregunta a la que la tecnología les propondrá acciones, ayudándoles así en la toma de decisiones.

5.4 Análisis de datos

GLOSARIO

El **análisis de datos** es un proceso que consiste en inspeccionar, limpiar y transformar datos con el objetivo de resaltar información útil, para sugerir conclusiones y apoyo en la toma de decisiones.

GLOSARIO

La **ciencia de datos** es un campo interdisciplinario que involucra métodos científicos, procesos y sistemas para extraer conocimiento o un mejor entendimiento de datos en sus diferentes formas, ya sea estructurados o no estructurados, lo cual es una continuación de algunos campos de análisis de datos como la estadística, la minería de datos, el aprendizaje automático y la analítica predictiva.

ACTIVIDAD PROPUESTA 5.1

Busque las principales diferencias entre el analista de datos (*data analyst*) y el científico de datos (*data scientist*), en cuanto a los siguientes aspectos:

- Actividades principales
- Tipos de análisis
- Habilidades técnicas requeridas
- Herramientas que deben manejar
- Requisitos en lo referente a educación
- Salarios

Para plantear su solución sírvase de la figura 5.5 y del siguiente enlace:

https://youtu.be/2SrImp8vpKE

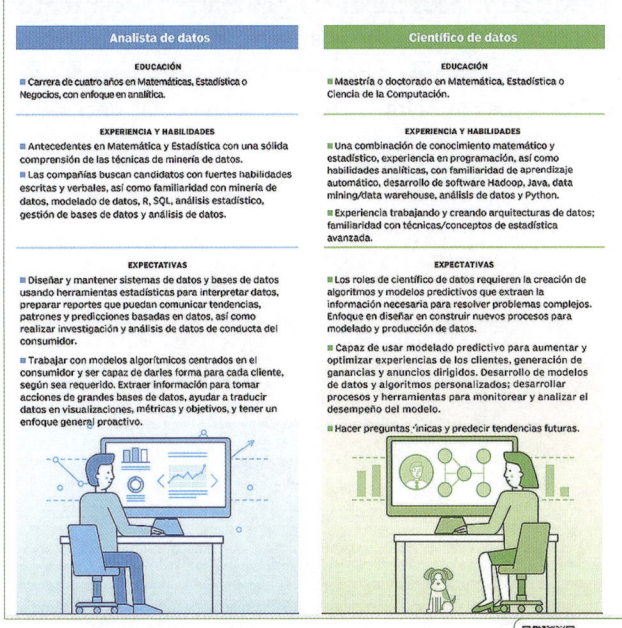

Figura 5.5
Científico de datos versus analista de datos.

PARA SABER MÁS

Visione: *¿Cómo es el trabajo de un DATA SCIENTIST? o Científico de Datos*. Consultora tecnológica Entelgy.

https://youtu.be/s97pUW5fvXo

La ciencia de datos se puede referir también, de forma más amplia, **a los métodos, procesos y sistemas que involucran tratamiento de datos para esa extracción de conocimiento**. Puede englobar desde técnicas estadísticas y de análisis de datos hasta los modelos inteligentes que aprenden «por sí mismos» (no supervisados), lo que tocaría parte de *machine learning* también. De hecho, este término se puede confundir con **minería de datos** (más de moda hace unos años) o con el propio *machine learning*.

Los expertos en ciencia de datos (llamados muchas veces **científicos de datos**) se enfocan en la resolución de problemas que involucran datos complejos, y buscan patrones en la información, correlaciones relevantes y, en definitiva, obtener **conocimientos a partir de los datos**. Suelen ser expertos en matemáticas, estadística y programación (aunque no tienen que ser expertos en las tres cosas).

Al contrario que los expertos en IA (o *machine learning* o *deep learning*), que buscan la manera de generalizar la solución a problemas mediante el aprendizaje automático, **los científicos de datos generan conocimientos particulares y específicos a partir de los datos** de los que parten. Lo cual es una diferencia sustancial del enfoque, de los conocimientos y de las técnicas necesarias para cada especialización.

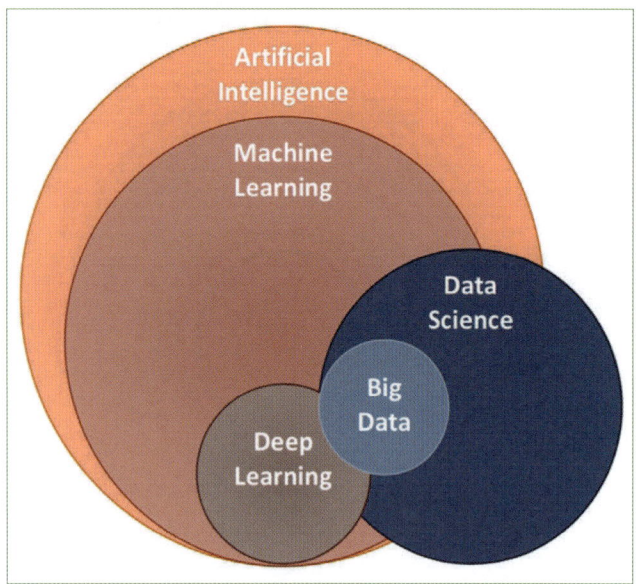

Figura 5.6
Las diferencias que hay entre *data science*, IA, *machine learning* y *deep learning*.

5.4.1 Inteligencia artificial

La IA tiene muchos campos y ramas de aplicación, desde el procesamiento de lenguaje natural (entender el lenguaje de un humano) hasta la visión artificial, por ejemplo, para reconocer los objetos de una fotografía. Además, la representación del conocimiento, clasificación, etiquetado, agrupación y la predicción o recomendación son campos habituales de la IA.

PARA SABER MÁS

Visione: *Inteligencia artificial aplicada a los negocios: Operaciones Inteligentes*. Consultora tecnológica Entelgy.

https://youtu.be/qVyScBU56fQ

Una máquina impulsada por IA puede mejorar su capacidad basándose en «datos nuevos» que no formaban parte del conjunto de datos que se utilizó por primera vez para entrenarla.

Busque un ejemplo de un sistema impulsado por IA que puede mejorar su capacidad basándose en la gestión de nuevos datos que inicialmente no usaba.

Solución:

Un sistema de videovigilancia CCTV con tecnología de IA para monitorizar las infracciones de las señales de tráfico puede mejorar su capacidad para detectar infracciones sobre la base de nuevas imágenes de cámaras y las correspondientes multas de infracción de tráfico.

La IA es una colección de algoritmos matemáticos que permiten a los ordenadores comprender la correlación entre varios elementos de datos. En el ejemplo 5.3 del sistema de vigilancia de antes, los datos recopilados y analizados en tiempo real pueden estar relacionados con los semáforos, los intermitentes, la posición de los vehículos en un semáforo, los carriles de tráfico, la distancia entre los vehículos, etc., para llegar a una conclusión procesable, es decir, determinar una infracción por saltarse una señal de tráfico y emitir una multa de manera automática.

5.4.2 *Machine learning*

Machine learning (ML) o aprendizaje automático es un subconjunto de IA. En realidad, podría considerarse un campo por sí solo, que usa algoritmos de *data mining* (minería de datos). Se utiliza en escenarios en los que se necesita que las máquinas aprendan de grandes volúmenes de datos. El conocimiento así adquirido se aplica a un nuevo conjunto de datos. ML le da a una máquina la capacidad de aprender de (o acerca de) conjuntos de datos más nuevos sin dar instrucciones explícitas.

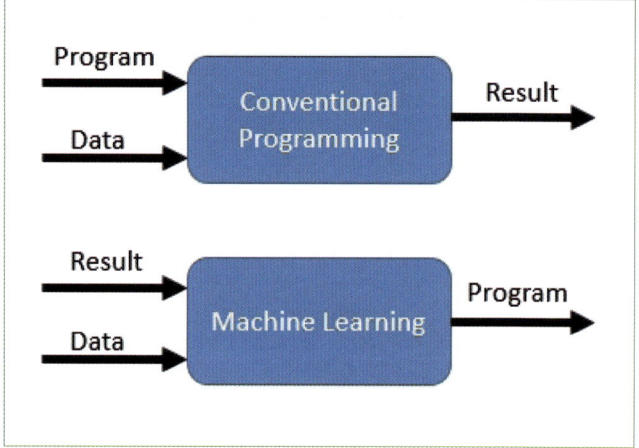

Figura 5.7
Resultados adquiridos aplicados a un nuevo conjunto de datos.

Se puede decir que ML es la implementación o aplicación actual de la IA. Algunos de los métodos más comunes implementados para «hacer que las máquinas aprendan» son:

- Aprendizaje supervisado

- Aprendizaje no supervisado

- Aprendizaje automático reforzado

En algunos métodos, a la máquina se le informa de antemano acerca de las variables independientes (entrada) y dependientes (salida). La máquina aprende la relación entre estos dos tipos de variables analizando un conjunto de datos denominado «conjunto de datos de entrenamiento». Antes de entrenar un modelo de datos, se llevan a cabo una serie de pasos de preprocesamiento de datos.

Una vez que una máquina ha sido «entrenada» lo suficiente o cuando un modelo de ML está listo, se aplica a un nuevo conjunto de datos, denominado «conjunto de datos de prueba».

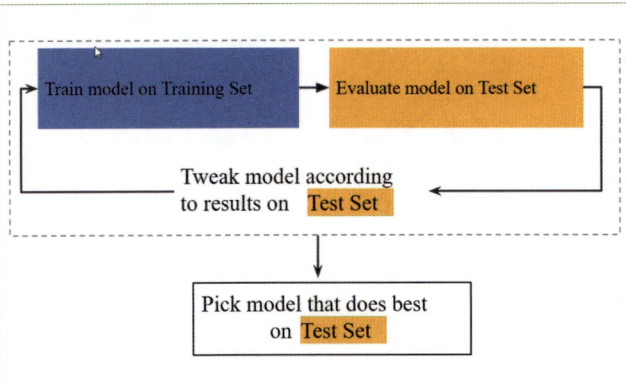

Figura 5.8
Dividir un conjunto de datos en un conjunto de entrenamiento y uno de prueba te permite juzgar si un modelo determinado realizará generalizaciones eficaces sobre los datos nuevos.

El modelo ML entra en modo de producción solo después de que se haya probado lo suficiente para su fiabilidad y precisión.

ML implica el uso de varios algoritmos como regresión lineal simple, regresión de árbol de decisión, regresión polinomial, «vecinos más cercanos K», etc. Los algoritmos de ML se pueden utilizar para abordar problemas de regresión, problemas de predicción, problemas de clasificación, etc.

Dado que las bibliotecas de aprendizaje automático (p. ej., SciKit) han evolucionado mucho en los últimos años, incluso los programadores sin experiencia en estadísticas o formación en IA pueden comenzar a usar estas bibliotecas para construir, entrenar, probar e implementar modelos de aprendizaje automático. Sin embargo, siempre es útil saber cómo funcionan exactamente los diferentes algoritmos de ML para comprender lo que está haciendo.

5.4.3 *Deep learning*

Deep learning (DL), o aprendizaje profundo, es un subconjunto o un avance del ML. DL entra en juego cuando

ML no puede ofrecer los resultados deseados, si bien ML es adecuado cuando su conjunto de datos es relativamente pequeño y es la opción preferida cuando:

- Los datos tienen demasiadas características.

- Los datos son enormes.

- Se requiere un nivel de precisión extremadamente alto.

En comparación con ML, DL puede resolver problemas más complejos, pero es más difícil de implementar, ya que requiere *hardware* especializado (p. ej., GPU) para ejecutarse y requiere más tiempo para entrenar el modelo (DL utiliza modelos de redes neuronales para comprender una gran cantidad de datos).

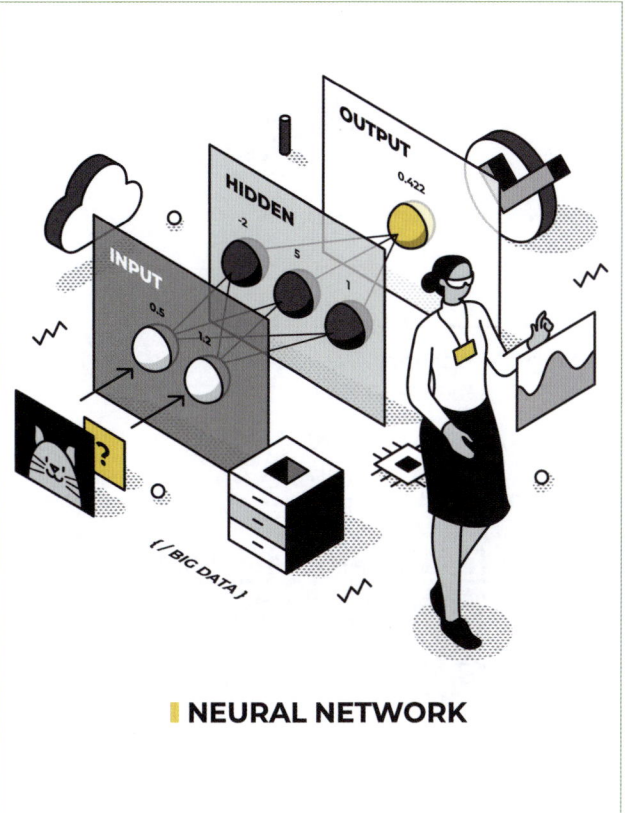

Figura 5.9
Ilustración de una red neuronal que consta de tres capas, diseñada para reconocer una fotografía. La científica de datos visiona un gráfico que representa el rendimiento o la salida de la red.

Siri, Alexa o Google Assistant son algunas aplicaciones que usan DL para comprender tus solicitudes. Cuando Facebook reconoce a los amigos en una imagen o Netflix recomienda películas, son ejemplos de DL aplicado a un producto comercial.

Desde los agregadores de noticias, pasando por la detección de *fake news* hasta los automóviles autónomos, el procesamiento del lenguaje natural (NLP), el reconocimiento visual y los asistentes virtuales, las aplicaciones basadas en DL se están implementando en muchas áreas.

Busque un ejemplo de un *chatbot* que trabaja con el aprendizaje profundo o DL.

Solución:

Un servicio para crear interfaces de conversación con voz y texto para cualquier negocio es la aplicación Amazon Lex, que ofrece las funcionalidades de aprendizaje profundo de Alexa, del reconocimiento automático de voz, para convertir voz en texto, y tecnología de comprensión del lenguaje natural, para reconocer la intención del texto, como indica el siguiente artículo.

https://en.solusoft.com/amazon-lex-el-chatbot-que-trabaja-con-el-aprendizaje-profundo-de-alexa/

PARA SABER MÁS

Visione: *Conversational AI powered by Amazon Lex y Amazon Lex: 8 Things You HAVE To Know.*

https://youtu.be/Q2yJf4bn5fQ

https://youtu.be/iDCWxfl2EQo

5.4.4 *Big data*

Las 7 «V» características más importantes del *big data* son:

- **Volumen de información:** las cantidades masivas de datos que se almacenan con la finalidad de procesar dicha información, transformando los datos en acciones.

- **Velocidad de los datos:** la rapidez con la que son creados, almacenados y procesados en tiempo real.

- **Variedad de los datos**: las formas, tipos y fuentes en las que se registran los datos.

- **Veracidad de los datos**: la incertidumbre de los datos, es decir, al grado de fiabilidad de la información recibida.

- **Viabilidad**: la capacidad que tienen las empresas de generar un uso eficaz del gran volumen de datos que manejan.

- **Visualización de los datos**: de manera que sean legibles y accesibles, para encontrar patrones y claves ocultas en el tema a investigar.

- **Valor de los datos**: está en que sean accionables, es decir, que los responsables de las empresas puedan tomar una decisión (la mejor decisión) en base a estos datos.

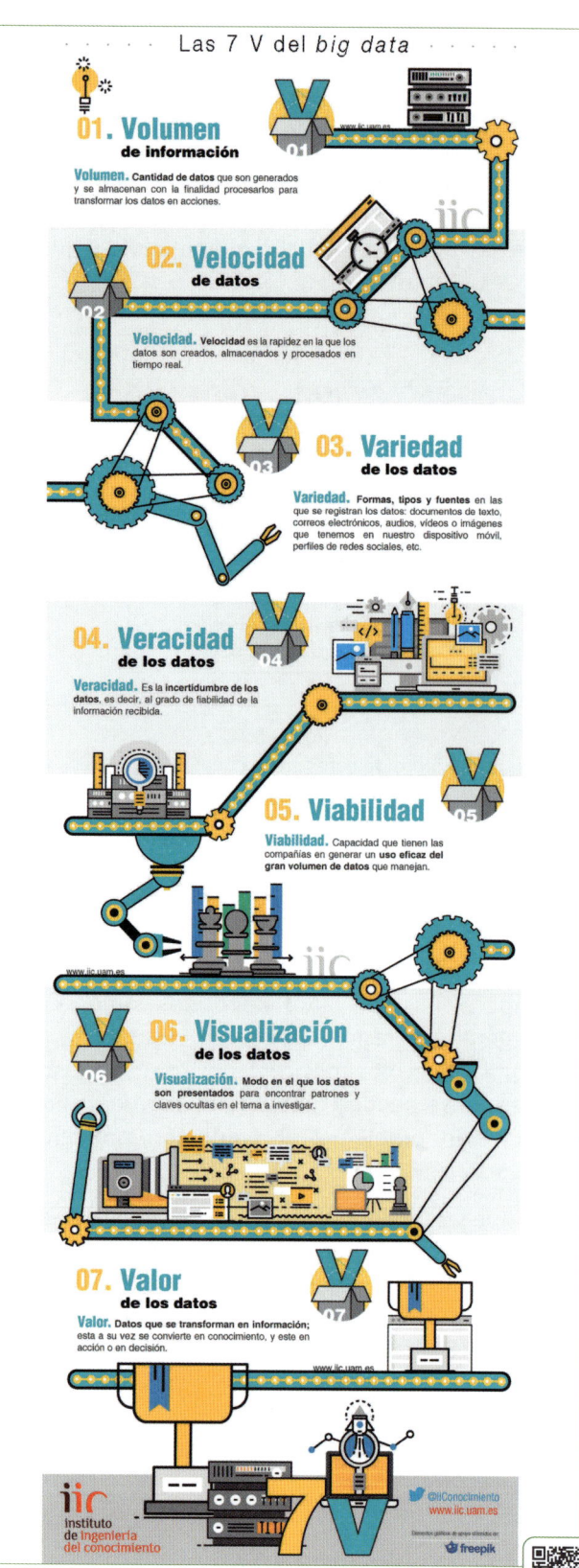

Figura 5.10
Infografía sobre las 7 V de Big Data.
Fuente: Instituto de Ingeniería del Conocimiento.

PARA SABER MÁS

Visione y lea: *Las siete 'V' del Big Data del Instituto de Ingeniería del Conocimiento - IIC.*

https://youtu.be/S81frJYbjcE

https://www.iic.uam.es/innovacion/big-data-caracteristicas-mas-importantes-7-v/

Figura 5.11
Discos duros de almacenamiento de proveedor Cloud.

5.5 Almacenamiento de datos en la nube

El almacenamiento en la nube describe el acto de almacenar datos de infraestructura de nube privada, pública o híbrida. Las nubes privadas incluyen *hardware* en las instalaciones gestionado por un usuario o empresa para su propio beneficio, mientras que las nubes públicas se refieren a proveedores de servicios en la nube (CSP) pública como los servicios web de Amazon, Google Cloud y Microsoft Azure. Estos CSP ofrecen servicios de almacenamiento en la nube, comúnmente denominados almacenamiento como servicio (STaaS). En un modelo híbrido o multinube, un usuario o empresa combina su propia funcionalidad en la nube en las instalaciones con las ofertas de STaaS de un CSP. Para casos de uso híbrido, es posible que las infraestructuras privadas y públicas sean compatibles para facilitar una transferencia sencilla de datos de una solución de almacenamiento a otra.

Para usuarios particulares y pequeñas empresas, el almacenamiento en la nube puede referirse al uso de aplicaciones como Microsoft OneDrive, Google Drive o Dropbox para almacenar archivos en línea y acceder a ellos desde cualquier dispositivo de Internet conectado. Para pequeñas empresas y oficinas domésticas, los usuarios pueden invertir en un almacenamiento adjunto a la red (NAS), a veces denominado servidor de medios, que es un servidor dedicado privado para almacenamiento de datos. El *hardware* del NAS consiste en múltiples unidades de disco, que pueden incluir unidades de disco duro para la eficiencia de costes o unidades de estado sólido (SSD) para un acceso de datos más rápido y una CPU con eficiencia energética como un procesador Celeron® de Intel®.

5.5.1 Los procedimientos de almacenaje de datos en la nube

Los procedimientos básicos para el almacenamiento en la nube son:

1. **Selección del proveedor de servicios en la nube CSP** que se adapte a las necesidades de la empresa. Algunos de los proveedores más conocidos son Amazon Web Services (AWS), Microsoft Azure y Google Cloud Platform, entre otros.

2. **Creación de una cuenta y configuración**, incluyendo la elección de la región de almacenamiento, la configuración de permisos de acceso y la configuración de políticas de retención de datos.

3. **Creación de espacios de almacenamiento,** según las necesidades. Estos pueden incluir, dentro del CSP, *buckets* (en el caso de Amazon S3 o en Google Cloud Storage) o contenedores (en Azure Blob Storage).

4. **Subida de datos**, a través de una interfaz web proporcionada por el proveedor y herramientas de línea de comandos o API (*Application Programming Interface*) específicas del proveedor.

5. **Organización y clasificación,** creando carpetas, etiquetas o metadatos para categorizar los datos según su tipo, fecha, proyecto, etc.

6. **Gestión de acceso y seguridad,** que implica establecer políticas de seguridad, autenticación de usuarios y cifrado de datos para proteger la privacidad y seguridad de la información almacenada.

7. **Copias de seguridad y recuperación de datos,** copias automáticas y programadas de los datos para protegerlos contra la pérdida o daño. Además, muchos proveedores de servicios en la nube ofrecen opciones de recuperación de datos para restaurar información en caso de emergencia.

8. **Monitoreo y optimización**, con herramientas de monitoreo proporcionadas por el proveedor para supervisar el almacenamiento, el ancho de banda y otros aspectos relacionados con los datos en la nube.

9. **Actualización y mantenimiento,** implicando la adopción de nuevas características o servicios ofrecidos por el proveedor, así como la revisión y actualización periódica de las políticas de almacenamiento y seguridad.

10. **Evaluación de costes**, esto implica comprender la estructura de precios del proveedor, identificar áreas de derroche y tomar medidas para reducir costes cuando sea posible.

Figura 5.12
Datacenters o Centro de datos, instalaciones donde están los servidores de la Nube de un CSP.

5.6 Etapas de la ingeniería de datos

El proceso de ingeniería de datos se divide en cinco etapas: recolección de datos, limpieza de datos, transformación de datos, modelado de datos y visualización de datos.

1. **Recolección de datos:** en esta etapa, los ingenieros de datos recolectan datos de diferentes fuentes, como bases de datos, archivos, encuestas y sensores. La recolección de datos es esencial para tener una base sólida para el análisis posterior.

2. **Limpieza de datos:** una vez que los datos se han recolectado, los ingenieros de datos deben limpiar los datos para eliminar cualquier error o inconsistencia. Esto incluye la eliminación de valores faltantes, la corrección de errores y la normalización de los datos.

3. **Transformación de datos:** en esta etapa, los ingenieros de datos utilizan técnicas de transformación para convertir los datos en un formato utilizable para el análisis. Esto incluye la agregación de datos, la creación de nuevas variables y la creación de tablas pivote.

4. **Modelado de datos:** una vez que los datos están limpios y transformados, los ingenieros de datos utilizan técnicas de modelado para analizar los datos. Esto incluye la utilización de técnicas estadísticas y de aprendizaje automático para identificar patrones y tendencias en los datos.

5. **Visualización de datos:** por último, los ingenieros de datos utilizan herramientas de visualización para representar los datos de manera clara y fácil de entender. Esto incluye la creación de gráficos y tablas para facilitar la interpretación de los datos y la comunicación de los resultados del análisis.

Es importante señalar que estas etapas no siempre se siguen de manera estricta y pueden variar dependiendo del proyecto, pero en general estas etapas son las que se suelen seguir para llevar a cabo un proyecto de ingeniería de datos.

Además, durante el proceso de ingeniería de datos, es importante tener en cuenta la ética de los datos y la privacidad de los individuos. Los ingenieros de datos deben asegurarse de cumplir con las regulaciones y leyes de privacidad de datos, y deben ser transparentes sobre cómo se están utilizando los datos. También deben tomar medidas para proteger la seguridad de los datos, evitando la pérdida o el robo de información.

Además de estas etapas, la ingeniería de datos también incluye la **implementación y el mantenimiento de sistemas de almacenamiento y procesamiento de datos**. Los ingenieros de datos deben asegurarse de que los sistemas están escalando adecuadamente para manejar grandes cantidades de datos, y deben monitorear y optimizar el rendimiento de los sistemas.

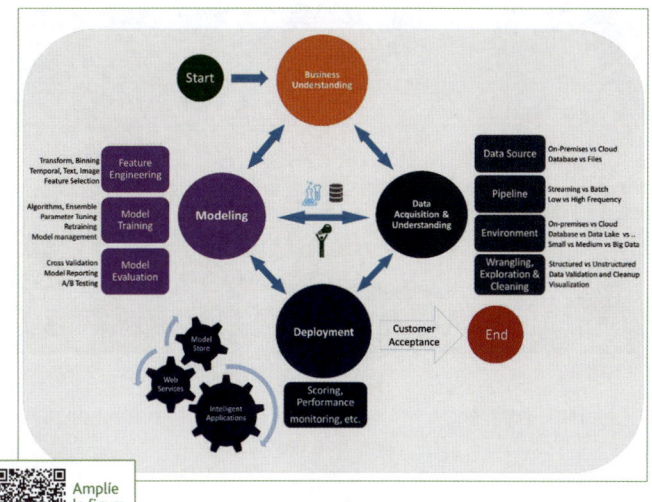

 Amplíe la figura aquí

Figura 5.13
Modelado del proceso de ciencia de datos en equipo.

5.7 Aplicación a las empresas de la ciencia de datos

5.7 Aplicación a las empresas de la ciencia de datos

La ciencia de datos puede tener varios objetivos en diferentes tipos de empresas, pero, en general, los principales objetivos de la ciencia de datos en las empresas incluyen:

1. **Optimización de procesos:** utilizar datos para identificar áreas de mejora en los procesos operativos y de negocio, aumentando la eficiencia y reduciendo costes.

— EJEMPLO 5 —

Busque un ejemplo de una empresa que facilita la optimización de procesos con *big data*.

Solución:

LUCA, la unidad de datos de Telefónica, permite a sus clientes, por ejemplo, utilizar *insights* sobre ubicación y segmentaciones micro-geográficas para planificar la ubicación de campañas publicitarias, la apertura de nuevos establecimientos en los lugares más idóneos o, gracias a los patrones de movilidad, diseñar una red de transporte o logística más eficiente.

https://youtu.be/Q0xnXGyUN5k

2. **Toma de decisiones basada en datos**: proporcionar información y análisis basados en datos para respaldar la toma de decisiones estratégicas y tácticas en la empresa.

3. **Mejora de productos y servicios:** utilizar datos para comprender mejor las necesidades y preferencias de los clientes y, así, mejorar los productos y servicios ofrecidos.

4. **Predicción y anticipación:** utilizar análisis predictivo para anticipar tendencias futuras, identificar oportunidades de mercado y prevenir problemas potenciales.

— EJEMPLO 6 —

Busque un ejemplo de una empresa que disponga de un responsable de proyectos que coordine el valor de los datos en la toma de decisiones empresariales.

Solución:

El BANCO SABADELL ha creado la figura del *Chief Data Officer*, que lidere el proceso de cambio en el valor de los datos en la toma de decisiones empresariales.

https://youtu.be/WKCjM2ot37l

— EJEMPLO 7 —

Busque un caso de éxito de una empresa que aplique la ciencia de los datos con el apoyo de una consultora tecnológica para la predicción y anticipación.

Solución:

Familia Martínez, grupo de alimentación valenciano, estandariza su sistema de analítica de datos con ENCAMINA como *partner* de Microsoft.

https://youtu.be/uPyK7SimcHg

Figura 5.14
La interfaz gráfica muestra información masiva sobre el informe de ventas comerciales, el gráfico de ganancias y el análisis de tendencias del mercado de valores en el monitor de pantalla.

5. **Personalización y segmentación:** utilizar datos para segmentar clientes y personalizar la oferta de productos y servicios, brindando experiencias más relevantes y atractivas.

Figura 5.15
Representación desde la ciencia de datos de perfiles personalizados de potenciales clientes de ropa deportiva.

6. **Detección de Fraude y riesgo:** utilizar técnicas de análisis de datos para detectar patrones anómalos que puedan indicar actividades fraudulentas o riesgos potenciales.

7. **Optimización de *marketing* y ventas:** utilizar datos para segmentar audiencias, mejorar la efectividad de las campañas de *marketing* y aumentar la conversión de ventas.

8. **Mejora de la experiencia del cliente:** utilizar datos para comprender mejor la experiencia del cliente, así como identificar puntos de fricción y oportunidades de mejora en el servicio al cliente.

9. **Eficiencia en la cadena de suministro:** utilizar datos para optimizar la gestión de inventario, pronosticar la demanda y mejorar la eficiencia en la cadena de suministro.

Figura 5.16
Mejora la eficiencia en la cadena de suministro utilizando la ciencia de datos.

10. **Cumplimiento normativo y legal:** utilizar datos para garantizar el cumplimiento de normativas y regulaciones, así como para gestionar riesgos legales y de cumplimiento.

Estos son solo algunos ejemplos de los objetivos de la ciencia de datos en las empresas. Los objetivos específicos pueden variar según la industria, el tamaño de la empresa, los recursos disponibles y otros factores contextuales.

PARA SABER MÁS

Visione y lea: *7 ejemplos reales y casos de éxito de BIG DATA, por Cyberclick • 7 empresas que usan Big Data y son las mejores, de Cyberclick.*

https://youtu.be/59b0rlNnBuU

https://www.cyberclick.es/numerical-blog/7-ejemplos-de-empresas-que-usan-el-big-data-a-su-favor

5.8 Importancia de la seguridad en el manejo de datos

La seguridad en el manejo de datos en el *cloud computing* es de suma importancia debido a la naturaleza remota y compartida de la infraestructura en la nube. Aquí se describen algunas razones clave que resaltan su importancia:

1. **Confidencialidad de los datos:** los datos confidenciales de una empresa, como información financiera, datos de clientes y propiedad intelectual, deben ser protegidos contra accesos no autorizados. La seguridad en la nube garantiza que solo las personas autorizadas puedan acceder y ver estos datos.

2. **Integridad de los datos:** es esencial garantizar que los datos almacenados en la nube no sean alterados de manera no autorizada o accidental. Los controles de seguridad en la nube ayudan a prevenir la manipulación de datos y garantizan su integridad.

3. **Disponibilidad de los datos:** los datos críticos para el negocio deben estar disponibles cuando se necesiten. La seguridad en la nube protege contra ataques que podrían afectar la disponibilidad de los datos, como ataques de denegación de servicio (DDoS) y fallos de infraestructura.

4. **Cumplimiento normativo**: muchas industrias tienen regulaciones estrictas sobre la protección de datos, como HIPAA en el sector de la salud y GDPR en la Unión Europea. La seguridad en la nube ayuda a garantizar el cumplimiento de estas regulaciones al proteger los datos sensibles de acuerdo con los estándares establecidos.

5. **Protección contra amenazas de seguridad:** las amenazas de seguridad, como *malware*, *ransomware* y ataques de *phishing*, son constantes en el entorno digital. La seguridad en la nube incluye medidas de protección, como *firewalls*, cifrado de datos y detección de intrusiones, para mitigar estas amenazas.

6. **Seguridad de la infraestructura:** la seguridad en la nube no solo se refiere a la protección de los datos, sino también a la seguridad de la infraestructura en sí misma. Esto incluye la protección de los servidores, redes y centros de datos contra intrusiones físicas y digitales.

7. **Respaldo y recuperación de datos:** los servicios en la nube suelen ofrecer opciones de respaldo y recuperación de datos para proteger contra la pérdida de datos debido a fallos de *hardware*, errores humanos o desastres naturales. La implementación adecuada de estas medidas es esencial para garantizar la continuidad del negocio.

En resumen, la seguridad en el manejo de datos en el *cloud computing* es esencial para proteger la confidencialidad, integridad y disponibilidad de los datos empresariales, así como para garantizar el cumplimiento normativo y proteger contra amenazas de seguridad en constante evolución.

Figura 5.17
Protección de los servidores, redes y centros de datos contra intrusiones físicas y digitales.

█ **Reto profesional**

Juego de rol. ¿Estás preparado para ser atacado?

Breve descripción

La finalidad de este reto profesional es vivenciar el manejo de un juego de rol con los retos de seguridad que se dan a menudo en los entornos del sector donde está enmarcado el título, dando una respuesta organizada y coordinada ante una situación de crisis simulada, aplicando el juego creado por el Instituto Nacional de Ciberseguridad es ciberseguridad, INCIBE.

El reto

En el reto, por equipos, se va a tratar de realizar un juego de rol para aprender situaciones o retos de seguridad que se dan a menudo en la empresa u organismo equiparado relacionado con los profesionales con el título de Técnico en… que ejercen su actividad y que se puede identificar en el apartado primero del Artículo 7 entorno profesional de cada Real Decreto por el que se establece el título.

Evaluar la importancia de los datos, así como su protección en una economía digital globalizada, definiendo sistemas de seguridad y ciberseguridad tanto a nivel de equipo/sistema como globales.

Para realizar el reto profesional, acceda a www.marcombo.info y descargue gratis el contenido adicional.

Código: **MARCOMBO21**

Mapa conceptual

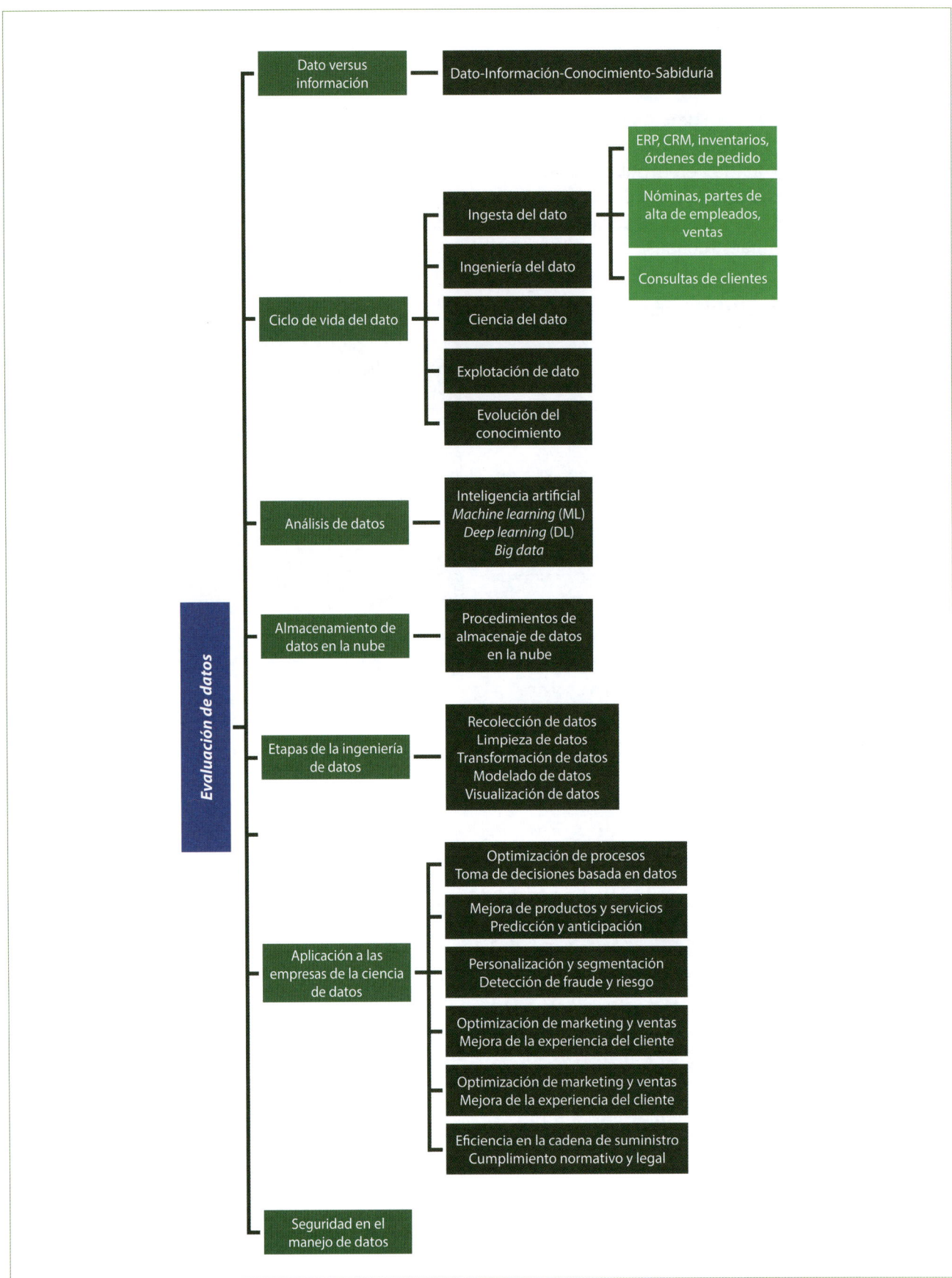

Figura 5.18 Mapa conceptual de la evaluación de datos.

1. **¿Por qué son tan importantes los datos para una empresa?**

a) Porque aportan sabiduría y estrategia a la empresa, independientemente de su uso en la toma de decisiones.

b) Porque gracias a ellos se toman decisiones en todas las áreas, dejando de lado las corazonadas o impulsos y realizando acciones según los datos disponibles.

c) Porque son útiles para generar corazonadas e impulsos que pueden ser beneficiosos para la empresa.

d) Porque no son importantes, solo la intuición y los impulsos son relevantes en la toma de decisiones empresariales.

2. **¿Cuál es el propósito del ciclo de vida de los datos según el texto?**

a) Generar, utilizar y reutilizar datos de manera eficiente.

b) Almacenar datos sin analizar.

c) Evitar la recopilación de datos.

d) Eliminar datos obsoletos.

3. **¿Qué se realiza en la fase de ingeniería del dato?**

a) Aplicar técnicas de analítica avanzada.

b) Extraer el valor de los datos.

c) Visualizar los datos de forma gráfica.

d) Organizar, limpiar y verificar los datos.

4. **¿Cuál es el objetivo del análisis de datos?**

a) Inspeccionar y transformar datos de forma superficial.

b) Destacar información útil y apoyar la toma de decisiones.

c) Restringir el acceso a datos importantes.

d) Generar datos complejos y confusos.

5. **¿Cuál es una de las características principales del *big data* que se refiere a las cantidades masivas de datos almacenados con la finalidad de procesar la información?**

a) Volumen de información.

b) Veracidad de los datos.

c) Valor de los datos.

d) Viabilidad.

6. **¿Qué procedimiento de almacenamiento en la nube implica la creación de carpetas, etiquetas o metadatos para categorizar los datos según su tipo, fecha, proyecto, etc.?**

a) Gestión de acceso y seguridad.

b) Creación de una cuenta y configuración.

c) Organización y clasificación.

d) Subida de datos.

7. **¿Cuál es la primera etapa en el proceso de ingeniería de datos?**

a) Visualización de datos.

b) Transformación de datos.

c) Limpieza de datos.

d) Recolección de datos.

8. **¿Cuál es uno de los objetivos principales de la ciencia de datos en las empresas según el contexto?**

a) Optimización de procesos.

b) Manejo de recursos humanos.

c) Diseño de productos.

d) Investigación de mercado.

9. **¿Qué implica la toma de decisiones basada en datos en una empresa?**

a) Delegar todas las decisiones a un comité.

b) Utilizar información y análisis basados en datos.

c) Tomar decisiones sin información.

d) Decidir al azar.

10. **¿Por qué es importante la confidencialidad de los datos en el *cloud computing*?**

a) Para compartir los datos con competidores.

b) Para proteger los datos contra accesos no autorizados.

c) Para facilitar el acceso de cualquier persona a los datos.

d) Para comercializar los datos.

ACTIVIDAD 1

Del resumen «Sobre el poder de los datos» del Future Trends Forum, publicado por Fundación Innovación Bankinter, identifique qué elementos destaca sobre cómo tratar la diferencia entre dato e información.

ACTIVIDAD 2

Del resumen «Sobre las seis W del big data» del Future Trends Forum, publicado por Fundación Innovación Bankinter, identifique: ¿para qué sirve el *big data* en el entorno empresarial? ¿Qué puede hacer para una empresa? y ¿cómo se puede aprovechar al máximo su potencial?

ACTIVIDAD 3

Del resumen «Sobre asignaturas pendientes» del Future Trends Forum, publicado por Fundación Innovación Bankinter, describa qué procesos de la ciencia de datos son parte de los grandes retos del big data.

ACTIVIDAD 4

Consulte el artículo sobre «Infoestructura, la llave maestra de la ciberseguridad», https://www.fundacionbankinter.org/noticias/infoestructura-la-llave-maestra-de-la-ciberseguridad/

 y valore la importancia de la seguridad y su regulación en relación con los datos.

ACTIVIDAD 5

Consulte el artículo sobre «Big Data e inteligencia artificial al servicio de la salud de las personas», https://www.fundacionbankinter.org/noticias/big-data-e-inteligencia-artificial-al-servicio-de-la-salud-de-las-personas/ e identifique aplicaciones reales de *big data* en los campos de medicina y de farmacia, así como cuál es la relación entre big data e inteligencia artificial.

ACTIVIDAD 6

Consulte el artículo sobre «Big data para vincular las ciudades en pro de la sostenibilidad», https://www.fundacionbankinter.org/noticias/ciudades-y-sostenibilidad/ e identifique aplicaciones reales de Big Data en la gestión urbana.

ACTIVIDAD 7

Realice una búsqueda de información sobre una solución inteligente que pueda transformar automáticamente los datos en presentaciones visuales. Data Analytics de https://en.solusoft.com/analitica-de-datos/ ¿Qué beneficios produce? ¿Qué perfil tiene su usuario? ¿En qué sectores se aplica? ¿Qué necesidades cubre?

ACTIVIDAD 8

Identifique, consultando la siguiente dirección:

https://www.ibm.com/topics/predictive-analytics#Predictive+analytics+industry+use+cases

¿Qué es el análisis predictivo? Indique casos de uso de la industria del análisis predictivo. Igualmente, muestre los beneficios del modelado predictivo.

ACTIVIDAD 9

Describa el procedimiento de almacenamiento de datos en Google Drive según describe el siguiente vídeo:

https://youtu.be/7uOn2WcSBkM

ACTIVIDAD 10

Analice qué ofrecen las plataformas Google Drive VS Dropbox VS OneDrive en el almacenamiento de datos según describe el siguiente vídeo:

https://youtu.be/3Foav_QWdoo

Desarrollo de un proyecto

En esta unidad va a estudiar:

- Objetivos de la empresa y definición de la estrategia de digitalización.
- *Woots*. Aplicaciones.
- Áreas de la empresa. Alineación entre ellas. Subobjetivos de las áreas. Tecnologías (THD) requeridas.
- Implantación de tecnologías. Integración en el conjunto.
- *Software* ERP, programas CRM/BPM.
- Soluciones *cloud*.
- Tratamiento de datos masivos.
- Documentos de seguimiento. Medidas.
- Recursos humanos. Nuevos perfiles. Formación.

Con su estudio, va a ser capaz de:

- Identificar los objetivos estratégicos, alinear las áreas de producción/negocio y de comunicaciones, susceptibles de ser digitalizadas en la empresa.
- Analizar el encaje de áreas digitalizadas entre sí y con las que no lo están, teniendo en cuenta las necesidades presentes y futuras de la empresa.
- Relacionar cada una de las áreas con la implantación de las tecnologías y sus posibles brechas de seguridad.
- Tener en cuenta la integración entre datos (que se tratan y se analizan), con las aplicaciones y plataformas que los soportan.
- Documentar los cambios realizados en función de la estrategia.
- Tener en cuenta la idoneidad de los recursos.

6.1 Introducción

Los proyectos de transformación son aquellos que pretenden impulsar a las empresas a un nivel superior de competitividad. Se componen de acciones en las que queda de manifiesto la voluntad de evolución en uno o en varios aspectos, siempre con el apoyo y el liderazgo de las esferas directivas.

En esta unidad se va a desarrollar un proyecto de transformación digital de una empresa de un sector relacionado con el título, teniendo en cuenta los cambios que se deben producir en función de los objetivos de la empresa.

6.2 Objetivos de la empresa y definición de la estrategia de digitalización

GLOSARIO

Los objetivos estratégicos son los fines o metas desarrollados a nivel estratégico y que la empresa pretende lograr en un periodo determinado de tiempo.

Podría decirse que los objetivos son los que determinan qué es lo realmente importante en su estrategia empresarial. Así, se basan en la visión, la misión y los valores de la empresa y son ellos los que determinan las acciones y medios que se ejecutarán para cumplirlos. Los objetivos estratégicos deben ser, principalmente, claros, coherentes, medibles y alcanzables.

Los objetivos estratégicos de una empresa se definen con los siguientes propósitos:

1. **Materializar la estrategia:** establecer objetivos estratégicos concretos permite a todo el equipo ponerse de acuerdo sobre qué es exactamente lo que la empresa debe lograr.

2. **Ayudar a establecer las metas y evaluar su cumplimiento:** los objetivos estratégicos deben servir como guía cuando la gerencia formula las metas a nivel táctico y operacional.

3. **Crear alineación empresarial:** una buena definición de objetivos estratégicos debe ayudar a que los empleados y los departamentos no trabajen con objetivos que entren en conflicto. En su lugar debe ayudar a que todos trabajen con la imagen global en mente, de forma que todos se muevan en la misma dirección.

Los objetivos estratégicos se pueden agrupar en financieros, del cliente, de procesos internos y de aprendizaje y crecimiento. Una forma alternativa de ordenarlos es usando las siguientes áreas:

- **Cuota de mercado:** la administración debe establecer objetivos que indiquen dónde le gustaría estar en relación con sus competidores.

- **Innovación:** la gerencia debe establecer objetivos que describan su compromiso con el desarrollo de nuevos métodos de operación.

- **Productividad:** la alta gerencia debe establecer objetivos que describan los niveles objetivo de producción.

- **Recursos físicos y financieros:** la gerencia debe establecer objetivos con respecto al uso, adquisición y mantenimiento de capital y recursos monetarios.

- **Rentabilidad:** la administración debe establecer objetivos que especifiquen los dividendos que la empresa desea generar.

- **Desempeño y desarrollo gerencial:** se deben establecer objetivos que especifiquen las tasas de productividad de cada gerente, así como las actitudes deseables por parte de ellos.

- **Desempeño y actitud del trabajador:** la gerencia debe establecer objetivos que especifiquen las tasas de productividad del trabajador, así como las actitudes deseables.

- **Responsabilidad social:** la administración debe establecer objetivos que indiquen el compromiso de la empresa hacia sus clientes y la sociedad, y la medida en que la empresa busca cumplir con esos compromisos.

GLOSARIO

La planeación estratégica es el proceso mediante el cual se compromete toda la empresa en la búsqueda conjunta de unos objetivos, metas y planes de acción. Su finalidad será alcanzar los objetivos estratégicos.

Figura 6.1
Los objetivos estratégicos se trasladan a un plan estratégico.

ACTIVIDAD PROPUESTA 6.1

En el documento «Horizonte 2022 de Inditex», identifique los objetivos estratégicos dentro de su planificación estratégica: 2020-2022.

Puede consultarlos actualizados en la página web:
https://www.inditex.com/itxcomweb/es/home

6.2.1 La estrategia de digitalización

Es importante identificar cuáles son los objetivos estratégicos de la empresa para alinearlos con **los objetivos estratégicos de transformación digital**. Es decir, si la prioridad empresarial se centra en mejorar la experiencia del cliente, todas las herramientas tecnológicas habilitadoras y todos los procesos deben enfocarse 100% a este objetivo. Por eso, es clave definir bien los objetivos empresariales y comunicarlos adecuadamente.

La empresa que se enfoca en su cliente mediante realización y adaptación de sus procesos, productos y modelos de negocio en un nuevo entorno empresarial haciendo uso de las tecnologías digitales para la mejora de su competitividad y de su relación con el cliente y otras partes interesadas (proveedores, administración pública, inversores, sociedad, etc.) adquiere **la estrategia de digitalización.**

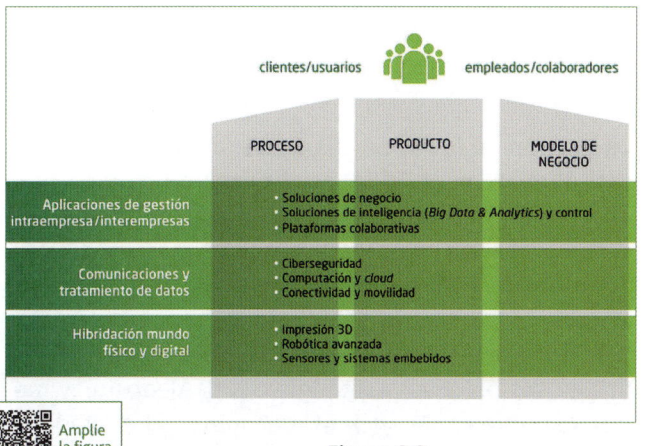

Figura 6.2
Enfoque estratégico de digitalización de la empresa.

En su planificación de digitalización, la empresa como **industria digital,** tiene que identificar, para actuar sobre ellos de forma coherente:

1. Los **procesos clave** de negocio en su cadena de valor orientada al cliente.

2. Los **productos**/servicios que puedan ser transformados o complementados.

3. Los **cambios disruptivos** que más impacten en su modelo de negocio.

4. Las **competencias** y roles digitales que precisan en su actividad.

En este empeño, la empresa, como industria digital, tiene ante sí el reto de transformar y reinventar su cultura empresarial, debiendo hacer hincapié en la competencia, talento y capital humano con los que cuenta, orientándolos hacia un **nuevo modelo de negocio digital** sostenible, competitivo y en constante mejora.

La implantación de una industria digital viene condicionada por:

- Sus necesidades y objetivos.
- Los procesos.
- Los productos y servicios que ofrece.
- La organización (tamaño, estructura) y los recursos humanos que la conforman.
- La infraestructura.

La dirección debe demostrar liderazgo y compromiso con respecto a la digitalización de la empresa. Se debe:

- Asegurar que se establezcan **objetivos digitales** y que estos sean compatibles con **la dirección estratégica de la empresa**.
- Asegurar que los recursos necesarios para la digitalización estén disponibles.
- Asegurar que se logren los resultados previstos.
- Asignar responsabilidades para la gestión de la digitalización que deben ser conocidas por todas las personas de la empresa.
- Promover la mejora continua como consecuencia de la digitalización.

El liderazgo efectivo no está solo en el nivel superior; existe en todos los niveles de la empresa. Por eso, es importante aunar las fuerzas de todos los equipos y fomentar la colaboración, la transparencia, la flexibilidad y, sobre todo, la participación en la toma de decisiones.

Puede resultar muy práctico crear equipos multidisciplinares que reflejen las iniciativas propuestas para cubrir sus necesidades específicas de cada departamento y, así, asegurar una amplia alineación empresarial.

Una vez recopiladas todas las iniciativas, hay que crear un plan detallado y ponerlo en marcha. Hay que hacer pruebas pilotos, medir, evaluar los aspectos críticos y, en base a los resultados, replantearse si es necesario realizar alguna modificación y ver si se requiere algún cambio en la infraestructura empresarial para respaldar el nuevo modelo de negocio digital.

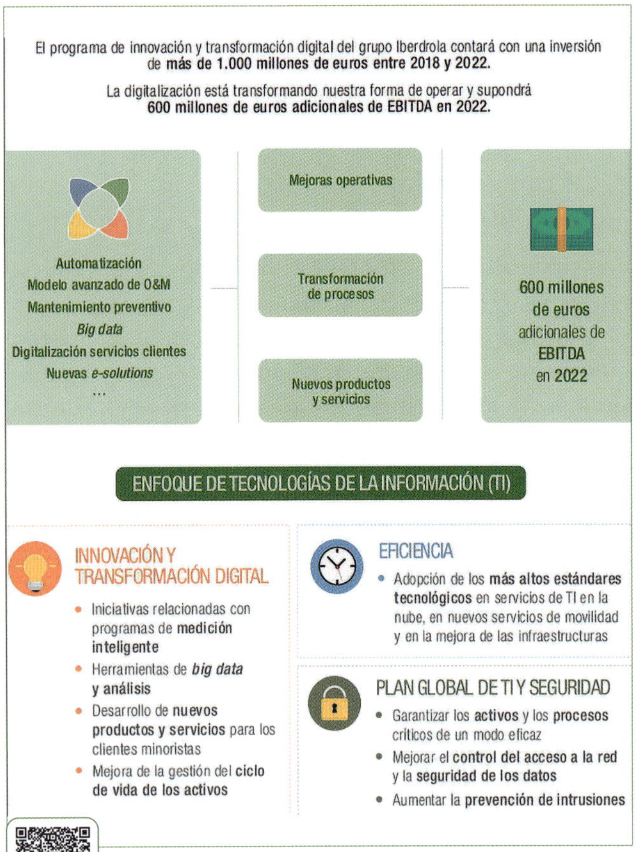

El programa de innovación y transformación digital del grupo Iberdrola contará con una inversión de **más de 1.000 millones de euros entre 2018 y 2022.**

La digitalización está transformando nuestra forma de operar y supondrá **600 millones de euros adicionales de EBITDA en 2022.**

Automatización
Modelo avanzado de O&M
Mantenimiento preventivo
Big data
Digitalización servicios clientes
Nuevas *e-solutions*
...

Mejoras operativas

Transformación de procesos

Nuevos productos y servicios

600 millones de euros adicionales de EBITDA en 2022

ENFOQUE DE TECNOLOGÍAS DE LA INFORMACIÓN (TI)

INNOVACIÓN Y TRANSFORMACIÓN DIGITAL
- Iniciativas relacionadas con programas de **medición inteligente**
- Herramientas de *big data* y análisis
- Desarrollo de **nuevos productos y servicios** para los clientes minoristas
- Mejora de la gestión del **ciclo de vida de los activos**

EFICIENCIA
- Adopción de los **más altos estándares tecnológicos** en servicios de TI en la nube, en nuevos servicios de movilidad y en la mejora de las infraestructuras

PLAN GLOBAL DE TI Y SEGURIDAD
- Garantizar los **activos** y los **procesos** críticos de un modo eficaz
- Mejorar el **control del acceso a la red** y la **seguridad de los datos**
- Aumentar la **prevención de intrusiones**

Amplíe la figura aquí

Figura 6.3
Programa de innovación y transformación digital del grupo Iberdrola 2018-2022.

ACTIVIDAD PROPUESTA 6.2

Para el grupo Iberdrola la innovación es una variable estratégica y constituye la principal herramienta para garantizar la sostenibilidad, la eficiencia y la competitividad de la compañía, como especifica su documento «Informe de Innovación 2020-2022 de Iberdrola».

Identifique la visión y estrategia I+D+i del grupo.

Identifique los ejes de la estrategia de innovación establecidos a nivel del grupo.

Identifique los recursos necesarios para las iniciativas innovadoras.

CURIOSIDADES

Las diferentes administraciones a nivel regional, nacional y europeo han puesto en marcha planes estratégicos para el impulso de la digitalización en la industria.

Estos planes suelen incluir programas de ayudas financieras y de distinto tipo para colaborar con las empresas en el despliegue de sus proyectos en este campo.

Resulta de interés revisar la información actualizada de todos estos programas para identificar convocatorias y otras acciones de apoyo y difusión.

6.3 *Woots*. Aplicaciones

Es difícil para las empresas **hacer la transición de la estrategia de digitalización a la implementación de dicha estrategia** en los sistemas afectados.

Considerar la estrategia y la tecnología por sí solas no es suficiente. A menudo falta **el «pegamento» que una las estrategias generalmente abstractas con las tecnologías proporcionadas por diversos proveedores**.

EJEMPLO 1

La introducción de tecnologías como los teléfonos inteligentes y su uso en la relación entre las empresas de transporte de pasajeros como Uber y los clientes son posibles gracias al pegamento a identificar, que une las tecnologías con la estrategia de digitalización en el nuevo modelo de negocio subyacente.

Solución:

El modelo de negocio californiano de Uber no puede explicarse simplemente por una estrategia inteligente y las nuevas tecnologías. Para entender la conexión, hay que comprender primero la derivación concreta del **proceso de negocio subyacente**. En el caso de Uber, se trata de proporcionar un simple proceso móvil que conecta a los proveedores de servicios independientes con los pasajeros potenciales. A lo largo de esta cadena de procesos de selección de proveedores, entrega física del servicio (el viaje real) y facturación del servicio, se utilizan tecnologías digitales para proporcionar a los clientes la oferta de Uber. **El proceso de negocio digital es el «pegamento» entre el concepto estratégico y la tecnología.**

El proceso de negocio digital define cómo se pueden unir la estrategia digital y la tecnología.

La capacidad de planificar los procesos empresariales de manera flexible y ágil es el requisito previo central para el éxito de la transformación digital.

La gestión de los procesos de negocio (*Business Process Management*, BPM) es el punto de partida para una rápida digitalización y optimización de los procesos empresariales. Pero, lo que es más importante, **aumenta la agilidad de negocio** y **consigue mayor eficacia** al mejorar la capacidad de una organización para adaptarse a las circunstancias cambiantes (marcados en sus objetivos estratégicos o de negocio), y **mejora los niveles de eficiencia** al aumentar el grado de productividad en cuanto a calidad, costes y tiempos.

Por el contrario, centrarse únicamente en los temas tecnológicos de la digitalización puede incluso reducir las posibilidades de una organización de reaccionar a los cambios y conducir a un «callejón digital sin salida». Evitar este callejón sin salida es imperativo si una empresa quiere reaccionar eficazmente a la dinámica cambiante del mercado de las ofertas digitales.

Planificar, implementar y operar las tecnologías de manera flexible es la competencia clave que la gestión integral de los procesos empresariales debe apoyar hoy en día. Este representa el «pegamento» que conecta las tecnologías digitales y la estrategia corporativa. Una visión global de las estrategias, las tecnologías y la vinculación de la BPM permite a las empresas evaluar de manera fiable las nuevas ideas empresariales, tomar decisiones y aplicarlas sobre una base sólida. **La BPM se convierte así en el organizador e impulsor del cambio digital dentro de la empresa.** Pero ¿cómo puede ampliarse pragmáticamente hasta convertirse en una herramienta de diseño para la digitalización?

Woots, acrónimo de *Web Of Open Things,* se corresponde con *smart things that can think, act, learn and talk* (cosas que pueden pensar, actuar, aprender y hablar); estas «cosas inteligentes», estas nuevas habilidades digitales tienen su propia identidad específica, inteligencia, posición y presencia. Basadas en Internet, estas «cosas inteligentes o ***smart things***» son capaces de autoorganizarse y comunicarse con otras cosas con o sin intervención humana. Para controlar el flujo de información y las actividades asociadas, las *woots,* según su definición, también incorporan un «pequeño cerebro», que asegura el conocimiento del contexto, la autonomía, la inteligencia de los procesos comerciales y la reactividad.

Figura 6.4
El «pegamento» entre la estrategia y la aplicación.

El concepto de *woot* es útil cuando se **modelan procesos de negocio digitales.** Para cada actividad dentro de un proceso empresarial se crea una **plantilla de *woots*.** Esta plantilla contiene una descripción precisa de la futura solución directamente en la actividad correspondiente del proceso. La documentación resultante ayuda a asignar funciones y responsabilidades, a priorizar los requisitos, a planificar la calidad, los costes y los plazos, a analizar y evaluar los riesgos, a planificar los productos y los lanzamientos, así como a seleccionar las tecnologías necesarias.

Detrás de cada *woots* hay **un proceso técnico como unidad ejecutiva.** Por lo general, participa en el flujo del proceso. Varios componentes de *software* se encargan de **la ejecución real del proceso de negocio en segundo plano.** La abstracción mediante la **modelización de los procesos empresariales con *woots*** permite una conexión sencilla con el escenario de aplicación especializado. Además, los requisitos funcionales y no funcionales especializados pueden definirse directamente en el proceso empresarial. La separación de estos requisitos de las unidades ejecutivas de la aplicación da como resultado un modelo flexible y separado. **Este procedimiento sim-**

plifica considerablemente todo el proceso de trabajo conceptual en torno a la digitalización.

Posteriormente, las ***smart things* modeladas** se especifican en un modelo técnico para su implementación. Esto incluye **la transferencia del modelo de proceso a los respectivos modelos de implementación** de las soluciones técnicas individuales, así como el diseño de arquitecturas integrales y aplicaciones informáticas. A través de la conexión de las diversas perspectivas de modelización, se obtiene un valioso documento de planificación que apoya la ejecución de los proyectos de digitalización. En conclusión, la **BPM** o, más apropiadamente, la **BPM en todas partes** o (BPM *everywhere,* **BPME**) es un componente clave en este sentido.

EJEMPLO 2

Una aplicación basada en la modelización de los procesos empresariales con *woots.*

Solución:

Gracias a los objetos predefinidos, la implementación del «enfoque *woots*» con la ayuda de BIC Platform es sencilla y viable. La interconexión de contenidos estratégicos, infraestructurales e integradores ya está prevista en el metamodelo de los productos BIC. Con un esfuerzo mínimo, se crea una lista de requisitos basados en procesos para la aplicación respectiva de un proyecto de digitalización.

https://www.gbtec.com/es/software/

En estos vídeos se puede ver la explicación de BIC Process Design para el modelado y análisis de los procesos de negocio y la explicación del BIC Process Execution, que se basa en un poderoso motor de flujo de trabajo de código cero para automatizar sus procesos de negocio, así como en la explicación de BIC Process Mining puede visualizar sus procesos de negocio utilizando datos de procesos reales. Descubra cómo operan sus procesos y monitorice los flujos de trabajo en tiempo real.

https://youtu.be/7BDh3H54n08?list=PL0bWiL05-_JPxD-jV9hkwCytJU7mR362lZ

https://youtu.be/bXZtktgu5g4?list=PL0bWiL05-_JPxD-jV9hkwCytJU7mR362lZ

https://youtu.be/AjuA_aX8sQs?list=PL0bWiL05-_JNBz-nz5TmPoE3h82XNCBe3

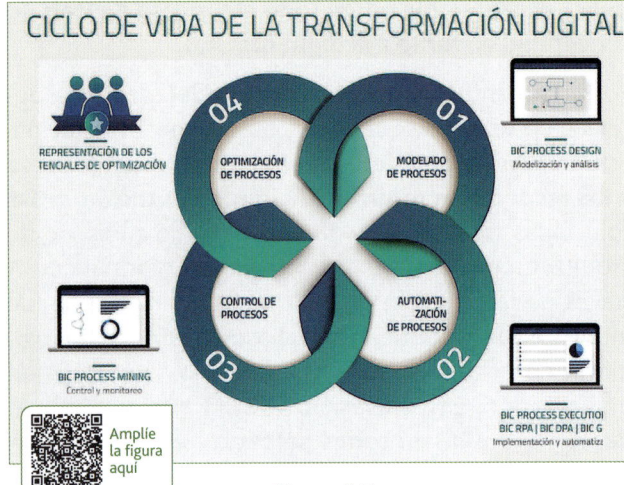

Figura 6.5
Ciclo de vida de la transformación digital con la BIC Platform.

6.4 Áreas de la empresa. Alineación entre ellas. Subobjetivos de las áreas. Tecnologías requeridas

La digitalización es un proceso transformador integral y multidimensional en el sentido de que debe extenderse en todas las áreas de la empresa; es importante que el porfolio de proyectos no se centre solo en alguna de esas dimensiones, como puede ser el producto o las operaciones, sino que progresivamente vayan generando avances en todas ellas, a ser posible en paralelo.

Las actuaciones desarrolladas en las diferentes áreas de la empresa deben coordinarse y tender hacia el objetivo primordial que es el de ofrecer mayor valor al cliente de la manera más eficiente posible. Así, de nada sirve disponer de un servicio tecnológicamente avanzado para la generación de pedidos de cliente de una manera rápida y ágil si luego los sistemas productivos no son capaces de seguir el ritmo impuesto por los clientes.

Figura 6.6
Dimensiones y áreas de trabajo presentes en un plan de digitalización.

En este planteamiento todas estas dimensiones y áreas de trabajo se articulan en torno a la figura del cliente, que debe ser el foco y objetivo del proceso.

1. **Procesos y operaciones productivas:** existen retos que afectan a los procesos como los que aparecen en la figura 6.7, ya sea en su totalidad o en uno de los eslabones de la cadena de valor (diseño, fabricación, logística y distribución, atención al público y servicios posventa).

2. **Producto:** adaptar los productos a las nuevas tendencias implica un desafío y nuevos retos. Así, la personalización o la digitalización del producto puede suponer un avance que habrá que afrontar para tener una oferta más competitiva.

3. **Modelo de negocio:** el despliegue de un modelo de negocio que permita rentabilizar al máximo los desarrollos planteados resultará fundamental en el proceso de transformación y debe actuar como elemento tractor de toda la estrategia.

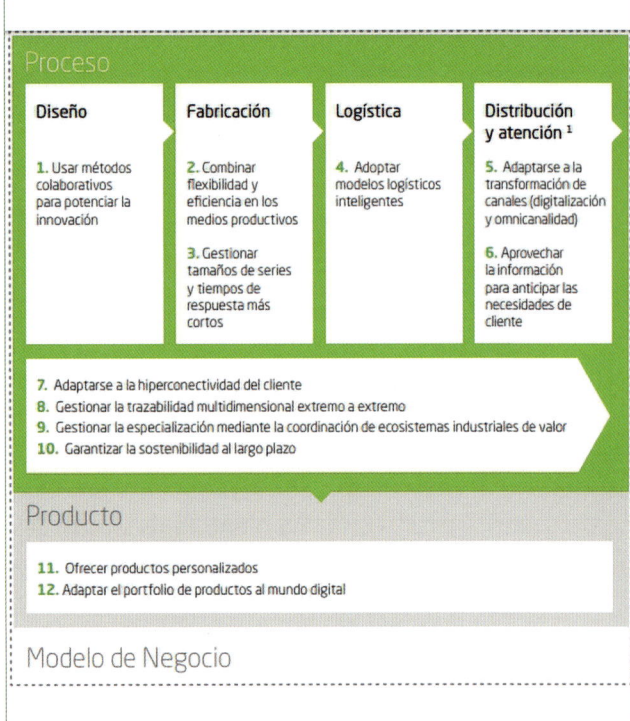

Figura 6.7
Marco conceptual de los retos industriales; tres niveles de proceso, producto y modelo de negocio.

4. La dimensión y áreas de la empresa relacionadas con la experiencia de compra, uso del producto y relación del cliente con la empresa, lo que se engloba bajo el concepto de **experiencia del cliente**.

5. Una **estructura tecnológica** que da soporte a las distintas áreas de la empresa.

6. Un **equipo humano de trabajadores** que constituye el alma de la empresa en cada una de las áreas de la empresa.

6.4.1 Áreas de trabajo en un plan de digitalización

Aunque la digitalización alcanzará a todas las áreas de trabajo y los procesos de las empresas, abordar desde un principio una digitalización total es demasiado ambicioso y posiblemente contraproducente, tanto por motivos presupuestarios como organizativos. Es mejor centrarse en **las áreas o procesos clave de negocio**, aquellos que tengan un impacto significativo en los ingresos, costes o experiencia de sus clientes y de los que es esperable un mayor retorno proveniente de su transformación digital. Estos procesos clave de negocio pueden variar de una empresa a otra, de un sector a otro. Sin embargo, siempre deben considerarse procesos clave de negocio dentro de la fase de planificación al menos los siguientes:

- Diseño de productos/servicios
- Fabricación
- Logística y distribución
- Relación con el cliente: *marketing*/comunicación, venta, posventa y atención al cliente

Para realizar con éxito la digitalización de un proceso, es recomendable que esté previamente definido, documentado e implantado de manera estable, es decir, que produzca las salidas esperadas. Para ello, es recomendable establecer un listado o tabla de procesos; un ejemplo es la siguiente tabla de procesos.

Para facilitar la elaboración documental del proceso, en la figura 6.8 se muestra una representación esquemática de los elementos de un proceso, que puede ser útil a la hora de documentarlo.

Con respecto al tipo de proceso, se debe indicar según la siguiente clasificación dentro de los sistemas de gestión:

- **Proceso clave:** los procesos clave son aquellos que añaden valor al cliente o inciden en su satisfacción o insatisfacción. Componen la cadena del valor de la organización. También pueden considerarse procesos clave aquellos que, aunque no añadan valor al cliente, consuman muchos recursos o bien sean considerados los procesos principales de un departamento.

- **Proceso de apoyo:** incluyen todos aquellos que son necesarios o complementarios de los procesos clave y de medición, análisis y mejora.

- **Proceso de medición:** son los necesarios para el control y la mejora del sistema de gestión, que no puedan considerarse clave. Normalmente, estos procesos están muy relacionados con requisitos de las normas que establecen modelos de gestión.

Para gestionar y controlar la digitalización de los procesos, se recomienda el establecimiento de un procedimiento de digitalización de los procesos, con un listado de control de digitalización de procesos, como el de la tabla 6.2.

Tabla 6.1 Tabla de procesos.

Proceso	Código	Tipo	Responsable	Recursos	Entradas requeridas	Criterios y métodos indicadores	Salidas esperadas	Evaluación del proceso

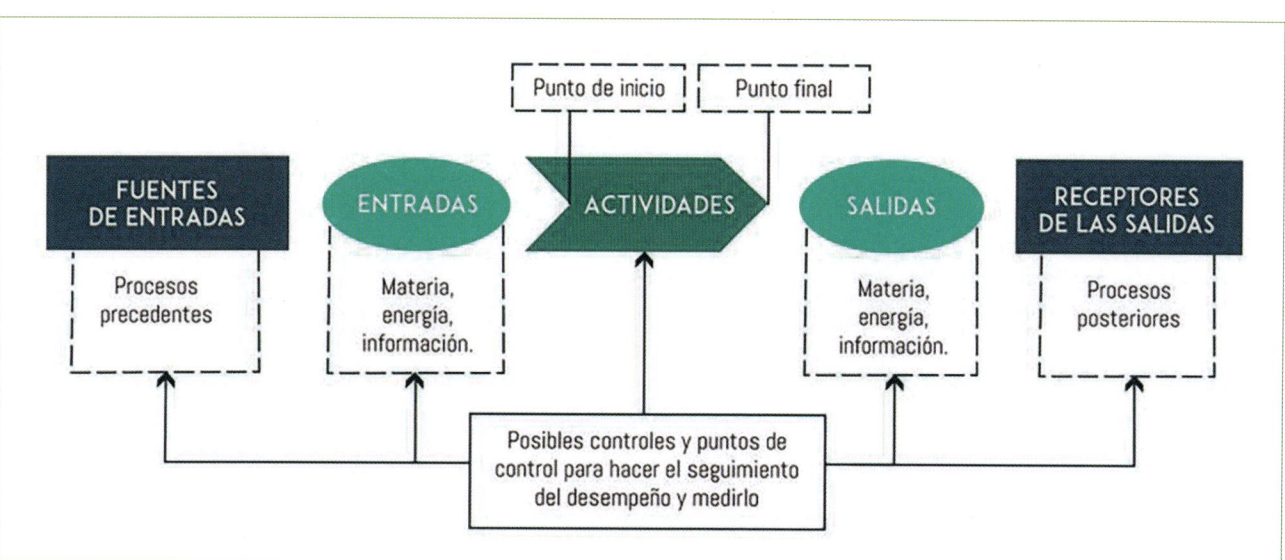

Figura 6.8
Representación esquemática de los elementos de un proceso.

Tabla 6.2 Listado de control de la digitalización de procesos.

Proceso	Tipo	Estado actual (digital no digital)	Estado futuro (digital)	Plan de digitalización

6.4.2 Alineación. Subobjetivos de las áreas. Tecnologías requeridas

El proceso de transformación digital de un negocio debe tratarse abarcando y alineando todas las áreas de una empresa. Para ello, el modelo se ha estructurado en ejes, áreas y conceptos clave que se ven impactados por el proceso de transformación digital.

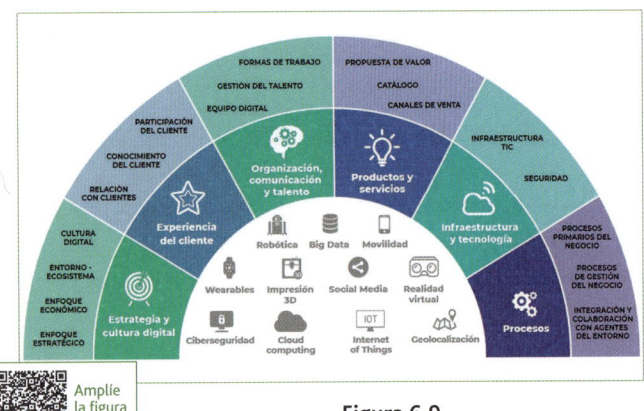

Figura 6.9
Modelo estructurado en ejes, áreas y conceptos clave.

Este modelo se estructura en seis ejes clave que deben verse alineados entre ellos en el proceso de transformación digital:

1. **Eje. Estrategia y cultura digital.** Como establece el apartado 2, la transformación digital debe ser parte de los objetivos de la empresa y de su planificación estratégica, así como de su cultura y valores organizativos.

   ○ *Enfoque estratégico.* La transformación digital debe ser concebida como una prioridad. Para conseguir buenos resultados es importante ser consciente de las oportunidades y ventajas que aporta.

   ○ *Enfoque económico.* Es necesario planificar los recursos que se dedicarán a la transformación digital.

   ○ *Entorno ecosistema.* Una de las mejores formas de crecer en la digitalización es investigando sobre qué se está haciendo en el sector y competencia y las opciones que hay en el mercado para aplicar en cada negocio. Para ello, podemos utilizar herramientas como HADA.

   ○ *Cultura digital.* Se requiere un líder que transmita e impulse el proceso, motivando al resto de la organización a participar en la transformación digital de la empresa, mediante programas formativos, ponencias o mostrando el resultado de herramientas de diagnóstico en formato test que ofrece a la empresa una idea sobre su nivel de digitalización, como el de la Junta de Andalucía.

CURIOSIDADES

HADA - Herramienta de autodiagnóstico digital avanzada. https://hada.industriaconectada40.gob.es/hada/auth/login

Permite a las empresas evaluar su nivel de madurez en relación con el paradigma de la Industria 4.0, además de ofrecer el nivel de impacto y utilidad de diversos habilitadores digitales en la organización obteniendo el grado de prioridad para su implantación. Del mismo modo, HADA está pensada para conocer la situación comparativa respecto a otras organizaciones con diferentes niveles de madurez, recursos y actividad.

Figura 6.10
Herramienta de autodiagnóstico digital avanzada.

CURIOSIDADES

Herramienta de diagnóstico en formato test de la Junta de Andalucía basada en el modelo de madurez digital. https://www.programaempresadigital.es/

Ofrece a la empresa una idea sobre su nivel de digitalización en comparación con el de otras empresas del sector; así, recibe una visual del panorama competitivo, sirviendo de impulso para tomar decisiones estratégicas.

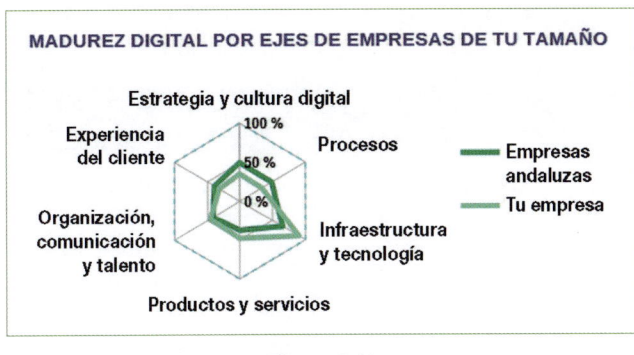

Figura 6.11
Gráfico radial de madurez digital del eje estrategia
y cultura digital.

2. **Eje. Experiencia del cliente.** Determina el nivel en el que la empresa utiliza los medios digitales en la relación con sus clientes.

   o *Relación con el cliente.* Web, redes sociales, posicionamiento SEO y SEM, publicidad *online* o atención y servicio al cliente en medios digitales deben ser conceptos totalmente interiorizados y puestos en práctica en cualquier negocio.

   o *Conocimiento del cliente.* Los medios digitales permiten registrar y gestionar un volumen de datos suficiente para tener un conocimiento y entendimiento amplio del cliente, y, así, situarlo en el centro de la estrategia del negocio.

   o *Participación del cliente.* Proporcionar al cliente la posibilidad de mostrar su satisfacción y opinión, a la vez que su participación en el diseño de nuevos productos y servicios otorga una posibilidad hasta ahora inexistente para acercar dos cuestiones clave: qué quiere el cliente y qué le ofrece la empresa.

Tabla 6.3 Listado orientativo de elementos del *marketing*.

Elemento a aplicar	¿Cómo se podría realizar?
Cuadro de mando digital	Establecimiento de indicadores (KPI).
Omnicanalidad	Establecer estrategia de omnicanalidad con sus canales de comunicación.
Estrategia SEO	Presencia en buscador Google o similares.
Estrategia SEM	Generar anuncios en el buscador Google para posicionar a la organización en las primeras posiciones.
Social media e índice de reputación digital	Posicionar la organización en redes sociales.
Plataforma de comercio *online*	Implantación de la plataforma digital comercial de la organización.

Elemento a aplicar	¿Cómo se podría realizar?
Número de contactos digitales	Establecimiento de KPI.
Recurrencia de clientes digitales	Establecimiento de KPI.
Número de accesos al sitio web clasificados por origen (RR. SS., buscadores, directamente o a través de promociones, etc.)	Establecimiento de KPI.

3. **Eje. Organización, comunicación y talento.** Como establece el apartado 10 del tema, el equipo humano de la empresa debe estar capacitado para la digitalización y tener flexibilidad para adaptarse a esos cambios y sacarles partido.

   o *Equipo digital.* Contar con un equipo digital capacitado y con una visión global del negocio para definir y ejecutar la estrategia digital asegura el éxito del proceso.

   o *Gestión del talento.* El talento y las capacidades digitales son la clave en una empresa digital. Es necesario potenciar la formación porque las personas son el motor del cambio.

   o *Formas de trabajo.* La digitalización trae consigo nuevas formas de desarrollar el trabajo. La movilidad o la flexibilidad en el mismo deben estar presentes en el planteamiento desarrollado por la empresa para la digitalización de su negocio.

4. **Eje. Productos y servicios.** Engloba la transformación de los productos y servicios para ser digitalizados, y cómo la empresa utiliza los distintos medios y canales digitales para comercializarlos.

   o *Propuesta de valor.* El proceso de transformación digital permite generar nuevas formas de hacer negocio o mejorar los modelos de negocio ya implantados, con una aportación de valor al cliente que procede de un mayor conocimiento del mismo.

   o *Catálogo.* ¿Se pueden incluir componentes digitales a los productos de la compañía? ¿Pueden desarrollarse nuevos productos o servicios del ámbito digital? ¿Son susceptibles de ser personalizados? Estas son algunas cuestiones que deben valorarse respecto al catálogo de productos y servicios de la compañía y su orientación digital.

   o *Canales de venta.* Surgen nuevos canales de venta en el mundo digital que es necesario impulsar para llegar al nuevo cliente digital. El comercio electrónico debe potenciarse y, para ello, es necesario tener en cuenta cuestiones como los medios de pago o la seguridad.

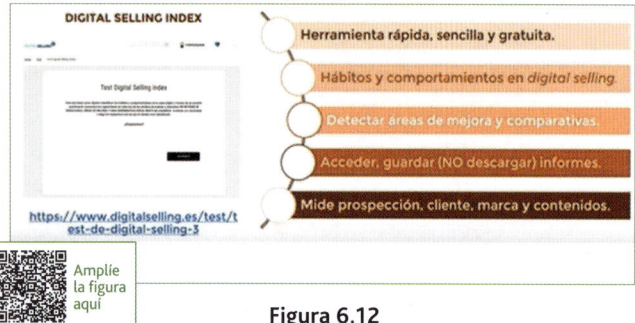

Figura 6.12
Cuestionario para conocer las capacidades de venta digital.

Área de fabricación:	Controles de calidad:
- Robots cognitivos y robots autónomos para ejecutar tareas repetitivas que requieren de un alto nivel de precisión. - *Digital twin* para el control y planificación de operaciones y aumentar la eficiencia.	- Robots para la automatización de pruebas de calidad (dependiendo del sector pueden utilizarse sistemas de visión artificial, detección de metales, etc.).
Almacén:	**Mantenimiento de instalaciones:**
- Realidad aumentada para ayudar a los operadores en tareas de inventariado de productos. - Robots autónomos para ejecutar operaciones de almacén.	- Realidad aumentada para ayudar al personal en el mantenimiento y reparaciones de equipos. - Sensores en equipos que sirven para hacer un mantenimiento preventivo de instalaciones.
Seguimiento de inventario:	**Medioambiente y seguridad:**
- Sensores para rastrear en qué ubicación se encuentra un producto y sus movimientos en tiempo real.	- Sensores para localizar equipos peligrosos situados cerca del personal. - Sensores para medir la luz ambiental, suciedad o humedad (muy útil en ambiente industrial y sanitario).

5. **Eje. Las operaciones (procesos).** Los procesos internos, que se ven en los apartados 4.1 y 9 del tema, de la cadena de valor de la empresa son susceptibles de ser mejorados aplicando herramientas de digitalización.

Las TH van a permitir la transformación de un centro productivo tradicional a lo que se ha dado en llamar *smart factory* o fábrica inteligente, cuya característica principal es la conexión de sus equipos, sistemas y digitalización de la información de sus procesos.

La fábrica inteligente va a permitir la conexión de todos los elementos físicos a los sistemas de información de la producción mediante tecnologías IIoT. Una de las ventajas es que la *smart factory* va a generar una gran cantidad de datos que, una vez procesados y convertidos en información, van a permitir a los gestores de producción un mayor conocimiento sobre los diferentes procesos para la toma de decisiones de cara al control y mejora de estos. Se aplicará en función del estado o nivel de los diferentes sistemas de fabricación y control de la producción.

La tabla 6.4 muestra ejemplos de aplicación de las TH en la *smart factory* dependiendo de las áreas y departamentos que tenga.

Figura 6.13
Smart factory en almacén.

6. **Eje. Infraestructura y tecnología.** Es clave contar con las tecnologías e infraestructuras necesarias para afrontar el reto de la transformación digital de la empresa.

○ *Infraestructura.* La empresa debe dotarse de dispositivos y herramientas digitales que faciliten el trabajo de su personal y potencien las posibilidades de su negocio, sacando el mayor partido a Internet. En esta línea, es importante contar con una conexión buena y eficiente.

– Disponer de conexión a Internet a través de redes que soporten las capacidades y velocidades que exigen las nuevas demandas de una industria digital, asegurando la redundancia de dicha conexión para garantizar la continuidad del negocio, cuando sea necesario.

– Disponer de tecnología móvil (*smartphones*, *smartwatches*, *wearables* o tabletas) aplicada a los procesos clave de negocio, utilizando sus prestaciones de sonido e imagen, así como su capacidad de geolocalización, transmitiendo en tiempo real información a la empresa.

– Disponer de herramientas colaborativas internas y externas (mensajería unificada, reuniones virtuales, etc.).

– Disponer de canales digitales de interacción con terceros (clientes, proveedores, empleados, administración, etc.).

– Conectar, usando tecnologías de Internet de las cosas (IoT), todos aquellos productos/servicios y activos de la empresa relevantes para la experiencia de cliente o la gestión de los procesos susceptibles de aportar información valiosa para los mismos o de enriquecerse mediante la interacción remota en tiempo adecuado.

– Disponer de una estrategia tecnológica que permita conectar cada uno de los activos relevantes de cada proceso de la organización con la tecnología óptima en cada momento, de acuerdo con los requisitos y necesidades del negocio, teniendo en cuenta las evoluciones previstas y el uso de las redes por parte de terceros (proveedores, clientes).

– Poder interconectar (interoperabilidad) los productos y servicios de la empresa con otros productos y servicios externos, siguiendo los estándares y las buenas prácticas del sector.

Para ayudar a las empresas a identificar las THD de conectividad que les pueden ser aplicables para la alineación entre las áreas y subáreas de trabajo, se recomienda el establecimiento de la ficha de la tabla 6.5.

Tabla 6.5 Ficha de identificación de las THD de conectividad.

1. Comunicaciones de datos y acceso a Internet

– Redes fijas de alta velocidad: Ethernet, fibra óptica (FTTH).
– Redes móviles: 4G/LTE, 5G.
– Redes *narrow band* de bajo consumo y gran cobertura (LPWA): LoRaWAN, Weightless, NB-IoT, Sigfox, LTE-M/5G, EC-GSM-IoT.
– Wifi inteligente.
– Otras tecnologías de conectividad específicas que cubran casos de uso y huecos tecnológicos dejados por las anteriores (p. ej., Zigbee).

Tecnologías implantadas:	Tecnologías a implantar:

2. Dispositivos móviles

– *Smartphones.*
– Tabletas (adecuadas para el uso concreto considerado: oficinas, industrial, intemperie, etc.).
– *Wearables*: *smartwatches*, pulseras medidoras, etc.

Tecnologías implantadas:	Tecnologías a implantar:

3. *Internet of Things* (IoT)

– *Smart objects*: objetos físicos y/o virtuales autónomos capaces de sensorizar, procesar y transmitir, y que incluyen lógicas de aplicación.
– Protocolos de conexión entre dos elementos IoT (dos sensores, un sensor y un *gateway* que conecta los dispositivos a Internet): WirelessHART, Z-Wave, DASH7, ZigbeePro, LoRaWAN, LTE-A, IEEE 802.15.4e.
– Plataformas IoT multicapa que permitan la provisión, gestión y automatización de dispositivos conectados dentro de IoT.
– Soluciones verticales aplicables al negocio: gestión de flotas de vehículos, telemetría, monitorización ambiental, ahorro energético, control de riego, etc.
– Soluciones para procesos específicos desarrolladas *ad hoc* a partir de las «piezas» preexistentes en el mercado: dispositivos programables o componentes electrónicos, comunicaciones, plataforma IoT y herramientas de presentación (comerciales o escritas a medida sobre infraestructura *cloud*).

Tecnologías implantadas:	Tecnologías a implantar:

4. *Open data*

– CKAN/DKAN
– ArcGIS/GeoNode

Tecnologías implantadas:	Tecnologías a implantar:

5. *Blockchain*

– Al tratarse de una tecnología incipiente, se aconseja una extensa fase de validación y pilotaje antes de desplegar soluciones *blockchain* como parte de un proceso crítico de negocio. Debe considerarse la pertinencia de usar cadenas de bloques públicas (tipo Ethereum) o semiprivadas (por ejemplo, Alastria).

Tecnologías implantadas:	Tecnologías a implantar:

○ *Seguridad de la información-ciberseguridad.* Todos los dispositivos digitales de una empresa son vulnerables ante las amenazas de seguridad. Es necesario proteger los datos, especialmente la información sensible y de negocio. Blindarse con simples actuaciones diarias, usar las mejores herramientas para ello y concienciar a la plantilla con formación y buenas prácticas reducirá drásticamente el riesgo ante un posible ataque.

Para ayudar a las empresas a analizar las posibles brechas de seguridad en cada una de las áreas y subáreas de trabajo, se muestra la relación entre los requisitos de seguridad y algunos objetivos de control en la tabla 6.6.

Tabla 6.6 Seguridad de la información–ciberseguridad.

Requisitos	¿Cómo se realizaría?
– Disponer de controles que aseguren la confidencialidad, integridad y disponibilidad de la información en toda la cadena de valor, incluyendo, por ejemplo, copias de *backup* (respaldo).	Acuerdos de confidencialidad o no revelación. Asegurar los servicios de aplicaciones en redes públicas.
– Gestionar y comunicar las incidencias de seguridad detectadas de acuerdo con la normativa vigente.	Notificación de los eventos de seguridad de la información. Notificación de puntos débiles de la seguridad. Aprendizaje de los incidentes de seguridad de la información.
– Asegurar la protección de los datos y los derechos de propiedad, proporcionando a todas las partes interesadas el control de sus datos y fomentando la transparencia en lo relativo a sus derechos como usuarios digitales de productos y servicios (*Privacy by Design*).	Identificación de la legislación aplicable y de los requisitos contractuales. Derechos de la propiedad intelectual (DPI). Protección de los registros de la empresa.
– Asegurar que la organización y sus proveedores cumplen la política de seguridad de la información, mediante acuerdos y la implantación de controles oportunos que garanticen su cumplimiento.	Política de seguridad de la información en las relaciones con los proveedores. Requisitos de seguridad en contratos con terceros. Cadena de suministro de tecnología de la información de las comunicaciones.

Requisitos	¿Cómo se realizaría?
– Implantar controles de seguridad adecuados para la protección de dispositivos móviles e IoT.	Política de dispositivos móviles. Mantenimiento de los equipos.
– Asegurar que los empleados reciban formación y concienciación en materia de seguridad.	Formación y concienciación en política de seguridad de la información.
– Existir mecanismos para clasificar la información en función del nivel de protección que necesite.	Clasificación de la información. Etiquetado de la información.
– Existir mecanismos para controlar los accesos físicos y lógicos.	Políticas de control de acceso. Acceso a las redes y a los servicios de red. Controles físicos de entrada. Seguridad de oficinas, despachos y recursos.

Para ayudar a las empresas a identificar las THD relacionadas con seguridad de la información y como parte de esta con la ciberseguridad que les pueden ser aplicables para la alineación entre las áreas y subáreas de trabajo, se recomienda el establecimiento de la ficha de la tabla 6.7.

Tabla 6.7 Ficha de identificación de las THD de seguridad de la información-ciberseguridad.

1. Antifraude - *Antiphishing* - *Antispam* - Herramientas de filtrado de navegación	
Tecnologías implantadas:	Tecnologías a implantar:
2. *Antimalware* - Antivirus - *Antiadware* - *Antispyware*	
Tecnologías implantadas:	Tecnologías a implantar:
3. Auditoría técnica - Análisis de *logs* y puertos - Análisis continuo de vulnerabilidades - Auditorías de accesos y contraseñas - Análisis de sistemas y ficheros - Ingeniería de seguridad - *Hacking* ético - Auditoría de código - Análisis forense	

Tabla 6.7 (Continuación).

Tecnologías implantadas:	Tecnologías a implantar:

4. Contingencia y continuidad

A considerar como parte de la estrategia de migración a servicios de nube pública, o complementar con estos para la infraestructura privada. Actualmente no aplica el uso de nube pública.

Tecnologías implantadas:	Tecnologías a implantar:

5. Control de acceso y autentificación

- Control de acceso a red (NAC)
- Gestión de identidad y autentificación
- *Single sign-on*
- Certificados digitales
- Firma electrónica
- *Tokens*
- Doble factor de autentificación

Tecnologías implantadas:	Tecnologías a implantar:

6. Certificación normativa y cumplimiento legal en materia de seguridad de la información-ciberseguridad

- SGSI: sistema de gestión de seguridad de la información (UNE-EN ISO/IEC 27001:2017)
- Análisis de riesgo
- Planes y políticas de seguridad
- Herramientas de cumplimiento legal (LOPD, LSSI, RGPD, etc.)
- Borrado seguro. Establecido procedimiento para el borrado de discos duros
- Destrucción documental
- Soluciones de *backup*

Tecnologías implantadas:	Tecnologías a implantar:

7. Inteligencia de seguridad

- Gestión de eventos de seguridad
- SIM/SIEM
- Big data (para datos de seguridad)
- Herramientas de monitorización y *reporting*

Tecnologías implantadas:	Tecnologías a implantar:

8. Protección de las comunicaciones

- *Firewalls*
- VPN
- IDS
- Filtro de contenidos
- Gestión y control de ancho de banda

Tecnologías implantadas:	Tecnologías a implantar:

6.5 Implantación de tecnologías. Integración en el conjunto

Para que las **propuestas identificadas y priorizadas puedan ser efectivamente implantadas** es necesario pasar a su definición como proyectos, lo que exigirá concretarlas y dimensionarlas en cuanto a plazos, recursos y colaboraciones necesarias.

Para dar este paso de la oportunidad al proyecto, teniendo en cuenta el rápido ritmo de cambio de la tecnología en los momentos actuales y el elevado nivel de especialización que se requiere, no podemos desestimar dos aspectos que pueden resultar clave:

- **La rapidez en el despliegue y validación.** La utilización de metodologías ágiles como Lean o el conjunto de **metodologías Agile** desplegadas sobre el **esquema básico idea-prototipo-revisión pueden permitir la prueba y validación de las implantaciones consideradas como paso previo a su escalado completo.** Tratándose en muchos casos de tecnologías y soluciones no del todo maduras, es importante conocer lo antes posible sus ventajas y anticipar dificultades en fases tempranas.

--- PARA SABER MÁS ---

¿Qué es Agile? Metodologías ágiles y agilidad - Agiles 2019.

https://youtu.be/xlmEwPHeO4k

- **La necesidad de colaboración.** Hoy en día el ritmo del avance tecnológico es muy elevado, lo que dificulta a las empresas estar al día en cuanto a conocimientos y nivel de especialización. Por otra parte, las barreras de acceso a la tecnología se han reducido, puesto que podemos encontrar socios y colaboradores en cualquier parte del mundo. Se trata de aprovechar este hecho para también resolver el primero. Mediante acuerdos de colaboración **con proveedores, centros tecnológicos o de investigación**, podemos tener acceso a un conocimiento especializado que, manejado convenientemente a través de acuerdos de propiedad industrial, puede posibilitar y acelerar el despliegue de tecnologías en la empresa.

Adicionalmente a estas cuestiones, hay una serie de directrices generales que se plantean a continuación y que pueden contribuir al éxito de los proyectos de digitalización:

- Trabajar sobre problemas reales pensando siempre en el impacto sobre el negocio y en los impactos sobre tres objetivos principales:
  - La eficiencia:
    - Incrementar la productividad gracias al mejor manejo y entrega de información.
    - Reducir o eliminar desplazamientos y tiempos muertos.
    - Resolución de problemas más rápida gracias a más información y capacidades predictivas.
    - Asistencia remota.
  - La optimización de los procesos:
    - Captura de datos en tiempo real.
    - *Remote monitoring*.
    - *Predictive analytics*.
  - La generación de nuevo negocio:
    - Nuevas estrategias *go to market*.
    - Asistencia y servicio remoto.
    - Servicios derivados de datos.
    - Aumento de disponibilidad de los activos.
- Establecer expectativas realistas, compatibles con lo existente (qué, cómo y cuándo).
- Gestionar el alcance, tamaño y las fases de los proyectos. Empezar con Quick Wins.

PARA SABER MÁS

¿Qué es la técnica del Quick Wins? y ganar etapas clave en los Quick Wins.

https://youtu.be/clyj6_eXCuo

https://conecta361.com/quick-wins-que-son-y-por-que-son-clave-en-una-estrategia-de-marketing-ganadora/

- Redefinir los procesos si es necesario. Diseñar para obtener flexibilidad y sobre sistemas abiertos.
- Trabajar con un equipo multidisciplinar y atraer talento.
- Trabajar sobre infraestructuras estándar y escalables. Una única plataforma para todos los desarrollos suficientemente flexible y escalable para acomodar desarrollos futuros.
- Asesorarse con especialistas y construir un ecosistema de *partners*.

- Incluir a los usuarios desde el principio.
- Revisar avances y estar preparado para pivotar y cambiar.

Y no hay que olvidar que en el camino surgirán dificultades que tendremos que vencer. Entre ellas y como más importantes habrá que considerar aspectos relacionados con la gestión del cambio y el compromiso e impulso constante por la dirección, los aspectos de ciberseguridad y la compatibilidad e integración de las soluciones en los sistemas y procesos actuales.

EJEMPLO 3

Identifique una ficha de proyecto que permita visualizar y concretar el alcance de los posibles proyectos a definir.

Solución:

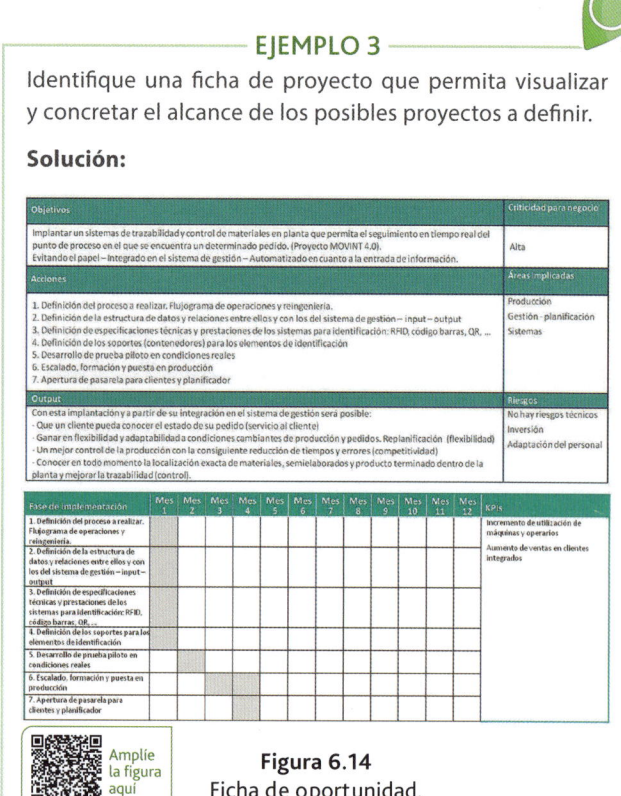

Amplíe la figura aquí

Figura 6.14
Ficha de oportunidad.

6.6 Software ERP, programas CRM/BPM

Tradicionalmente, el registro y tratamiento de los datos viene realizándose utilizando *softwares* clásicos de sistemas de información como, por ejemplo, CRM (*Customer Relationship Management*) o gestión de las relaciones con el cliente, ERP (*Enterprise Resource Planning*) o planificación de los recursos de la empresa, BPM (*Business Process Management*) o gestión de los procesos empresariales y SCM (*Supply Chain Management*) o gestión de cadena de suministro, entre otros.

Los proyectos de transformación digital son vitales para mejorar los procesos de la gestión empresarial. Así se tiene en cuenta la integración entre datos, aplicaciones y plataformas que los soportan, entre otros, por ejemplo, mediante la virtualización y servicios de nube pública. Aplicaciones SaaS: correo electrónico, SCM, wikis, *suites* ofimáticas, CRM, ERP, BPM, etc.

A las empresas les conviene una solución SaaS que admita el proceso de la adquisición al pago o del pedido al cobro en la nube, sin integraciones costosas ni administración compleja. Para hacer esto posible, una *suite* SaaS moderna está integrada en una plataforma única basada en estándares que incluye un modelo de datos común para toda la empresa, una experiencia de usuario unificada (incluidos móviles y redes sociales), niveles de seguridad compartidos, programas de lanzamiento sincronizados, etc.

- **Sistemas SaaS CRM.** Gestionan las relaciones con los clientes con múltiples funcionalidades, desde la gestión de campañas de *marketing* hasta la generación de informes, y ayuda a la fidelización de clientes, ya que las personas pueden conocer las necesidades y expectativas de cada tipo de cliente.

PARA SABER MÁS

Todo sobre Microsoft Dynamics 365 para ventas (CRM).

https://youtu.be/YetoWF98T_o

Figura 6.15
Software de Microsoft Dynamics CRM. Gestión de la relación con el cliente.

- **Sistemas SaaS ERP.** Utilizan tecnologías avanzadas (IA, asistentes digitales, IoT y cadena de bloques) para automatizar procesos de gestión interna y gestionar las funciones diarias (las funciones de ERP incluyen lo siguiente: finanzas, contabilidad, compras, gestión de proyectos, gestión de riesgos, gestión de la cadena de suministro, gestión de rendimiento empresarial

[EPM], inteligencia adaptable y análisis), y también se emplean para aumentar la eficiencia donde y cuando importa, especialmente en tiempos de incertidumbre.

PARA SABER MÁS

SAP S/4HANA vs Oracle ERP Cloud vs Microsoft Dynamics 365: How to Compare Leading ERP Systems.

https://youtu.be/XWfNtf2sIGo

- **Sistemas SaaS BPM.** Permite un grado muy alto de personalización de los procesos de negocios para cada empresa. Se pueden definir los flujos de trabajo, con sus etapas, condiciones y acciones. Luego, se pueden configurar los formularios para almacenar los datos relevantes de cada proceso. También es posible definir toda la estructura organizativa (usuarios, roles, permisos). Y, por supuesto, definir KPI para medir el funcionamiento de los procesos.

PARA SABER MÁS

¿Qué es BPM? - Business Process Management explicado en 2 minutos, de GBTEC Group.

https://youtu.be/0fTWBDyZ4fI?list=PL0bWiL05-_JPxD-jV9hkwCytJU7mR362IZ

6.7 Soluciones *cloud*

En lo referente a soluciones *cloud computing*, como tecnología utilizada para el procesamiento y el almacenamiento de la información y los datos, se consideran los siguientes requisitos:

- Se debe disponer de soluciones tecnológicas de informática en la nube (*cloud computing*), ya sean privadas, públicas o híbridas, que ofrezcan una capacidad de almacenamiento y procesamiento de la información con la eficiencia acorde a lo requerido por los procesos clave de negocio.

- Se debe valorar la implantación de políticas *multicloud* que distribuyan el cómputo, almacenamiento y demás servicios TIC necesarios entre varios proveedores públicos, además de sobre infraestructura propia cuando se necesite, para mejorar la resiliencia y la continuidad de negocio.

- Se debe valorar una estrategia que optimice la inversión en infraestructuras TIC (nube privada) con el consumo de servicios de informática públicos de acuerdo a las restricciones de coste y las necesidades de disponibilidad, fiabilidad, rendimiento, etc. del negocio, como parte de la planificación de TIC.

Para ayudar a las empresas a identificar las soluciones *cloud* que les pueden ser aplicables, se recomienda el establecimiento de la ficha de la tabla 6.8.

Tabla 6.8 Ficha de identificación de las soluciones *cloud computing*.

---

1. Virtualización y servicios de la nube pública

– Infraestructura TI básica: máquinas virtuales y contenedores, almacenamiento de bloques y objetos, *firewalls*, balanceadores, etc.
– Infraestructura TI avanzada: bases de datos, colas de mensajes, CDN, etc.
– Servicios TI destinados a asegurar la continuidad de negocio y la recuperación de desastres (*backup*, etc.).
– Entornos de desarrollo, prueba, certificación y validación, QA, etc. tanto «tradicionales» como PaaS.
– Aplicaciones SaaS: correo electrónico, CMS, wikis, *suites* ofimáticas, CRM, ERP, etc.
– Puesto de trabajo virtualizado, ya sea a nivel de SO o por aplicaciones.
– Estrategia de migración a nube pública/híbrida a partir de las necesidades de negocio, con una valoración adecuada de riesgos e incluyendo plan de transición y evolución del *legacy*, se encuentre este virtualizado o no.
– Evaluación de la adopción de tecnologías *serverless* para nuevos desarrollos, considerando tanto las ventajas inherentes en agilidad de desarrollo y reducción del coste de operación como los riesgos asociados al mayor *lock-in* impuesto por cada proveedor.

Tecnologías implantadas:	Tecnologías a implantar:

2. *Multicloud*

– Adopción de una estrategia *multicloud* asistida con herramientas de *brokerage* si las necesidades de negocio lo aconsejan para minimizar la dependencia de un solo proveedor de servicios de nube pública en caso de problemas de disponibilidad.

Tecnologías implantadas:	Tecnologías a implantar:

3. Otras formas de informática

– *Fog computing*
– *Edge computing*

6.8 Tratamiento de datos masivos

Con el objetivo de valorar el tratamiento y la utilización de la información y los datos masivos de los procesos de la empresa y en especial los procesos clave de negocio, se deben tener en cuenta los siguientes aspectos.

- La empresa debe tener una estrategia de recopilación, análisis y uso de datos relevantes, fomentando la implantación de tecnologías que lo faciliten, orientada a la toma de decisiones y a la satisfacción del cliente.

- Se debería considerar el uso de tecnologías que permitan obtener modelos predictivos y prescriptivos, por ejemplo, big data e IA.

  ○ Se deben considerar técnicas de procesado masivo en tiempo adecuado de los datos, tanto propios como de terceros, estructurados (*data analytics*) o no (big data), susceptibles de mejorar la experiencia de los clientes, mejorar la eficiencia de los procesos, ayudar a la toma de decisiones, etc.

  ○ Se deberían considerar técnicas de IA, aprendizaje automático (ML) o informática cognitiva (p. ej., análisis avanzado de imágenes, procesamiento del lenguaje natural, etc.) para extraer el mayor valor posible de los datos y elaborar modelos predictivos que permitan anticiparse a los cambios.

Los datos masivos, estructurados o no estructurados, pueden ser propios, recopilados por las diferentes tecnologías que sean de aplicación (p. ej., sensores, dispositivos IoT, aplicaciones móviles, etc.), disponibles públicamente (redes sociales, Open Data, etc.) o facilitados por terceros.

Para ayudar a las empresas al tratamiento de los datos y su análisis se recomienda la utilización de la ficha de la tabla 6.9.

Tabla 6.9 Ficha de identificación de las tecnologías de procesamiento de datos.

Ficha de identificación de tecnologías de procesamiento de datos

1. Sistemas de gestión y almacenamiento de datos

- Sistemas de gestión de datos para almacenar datos históricos de la organización.

- *Data lakes*: Repositorios centralizados que permiten el almacenamiento de datos estructurados y no estructurados a cualquier escala sin necesidad de una estructuración previa de los datos.

Tecnologías implantadas:	Tecnologías a implantar:

Tabla 6.9 (Continuación).

2. D*ata analytics*

- Herramientas de análisis de datos que permitan su procesado, presentación, extracción de *insights* de negocio, etc.

- Analíticas descriptivas para el análisis de información que permita conocer lo que ocurre o ha ocurrido, caracterizado por las técnicas tradicionales de *business intelligence* y su visualización.

- Analíticas predictivas que pongan el foco en la predicción, análisis de medidas recientes y la relevancia empresarial de los resultados.

- Analíticas prescriptivas que traten de dar respuesta a distintas hipótesis mediante tecnologías de simulación, procesamiento de eventos complejos, redes neuronales o sistemas de recomendación.

- Analíticas de texto, que permitan la extracción de información de textos para diferentes propósitos (análisis de sentimiento, generación de resúmenes, etc.).

Tecnologías implantadas:	Tecnologías a implantar:

3. Big data

- Herramientas big data que permitan el análisis de grandes volúmenes de datos, información no estructurada y/o que cambie con mucha rapidez para permitir su procesado, presentación, extracción de *insights* de negocio, etc.

Tecnologías implantadas:	Tecnologías a implantar:

4 IA/ML

- Herramientas de *machine learning* y *deep learning*.

- Procesamiento del lenguaje natural.

- Sistemas de recomendación.

- Sistema de apoyo a la toma de decisiones.

6.9 Documentos de seguimiento. Medidas

La especificación UNE 0060 establece lo siguiente en sus requisitos de información documentada.

La digitalización de la organización debe basarse en información documentada, que facilite el seguimiento y la medición de los cambios realizados en función de la estrategia. Debe:

- Existir un mapa de procesos de la organización (especialmente enfocado a procesos clave de negocio), incluyendo responsables.

- Existir un organigrama funcional de la organización (identificando a los perfiles encargados de la digitalización).

- Existir un diagrama de arquitectura tecnológica.

- Existir una planificación detallada de digitalización.

- Existir documentación explicativa del cumplimiento de los distintos requisitos especificados.

CURIOSIDADES

La especificación UNE 0060 «Industria 4.0. Sistema de gestión para la digitalización. Requisitos», publicada en septiembre de 2018, describe los requisitos para que una industria de cualquier tamaño y/o actividad sea considerada como industria digital y, en ese sentido, es un buen marco de referencia para plantear una estrategia de digitalización y, en definitiva, dar forma al desafío digital de la empresa.

En base a los anteriores requisitos, se estima que el sistema de gestión para la digitalización podría estar formado por los siguientes documentos que faciliten el seguimiento:

Un mapa de procesos que muestre la interacción de los procesos claves (estratégicos), operativos y de soporte. La figura 6.16 muestra un ejemplo de mapa de procesos.

Figura 6.16
Ejemplo de mapa de procesos.

De manera complementaria al mapa de procesos anterior se debería emitir un listado con los procesos del mapa a los que se les asigna el correspondiente responsable. La tabla 6.10 muestra un ejemplo de listado de procesos/responsables.

El organigrama funcional de la organización debe identificar los perfiles encargados de la digitalización. La figura 6.17 muestra un ejemplo de roles encargados de la transformación digital en el diagrama.

Tabla 6.10 Listado de procesos/responsables.

N.º	Procesos	Responsables
	Procesos estratégicos (clave del negocio)	
1	Innovación	Director de innovación
2	Diseño de nuevos productos	Director de ingeniería
3	Planificación y ejecución comercial y *marketing*	Director comercial y *marketing*
4	Planificación y análisis financiero	Director financiero
	Procesos operativos	
5	Planificación	
6	Compras y aprovisionamiento	Jefe de compras
7	Almacenamiento	Jefe de almacén
8	Producción	Jefe de producción
9	Calidad	Jefe de calidad
10	Mantenimiento	Jefe de mantenimiento
11	Gestión de pedidos	Responsable de pedidos
12	Transporte y gestión de logística Inversa	Jefe de logística
13	Reciclaje	Jefe de reciclaje
	Procesos de soporte	
14	Administración, finanzas y sistemas	Jefe de administración Jefe de fianzas Jefe de sistemas
15	Seguridad	Jefe de seguridad
16	Recursos humanos	Jefe de recursos humanos
17	Maestro de datos	Responsable control datos
18	c	Responsable de *compliance*

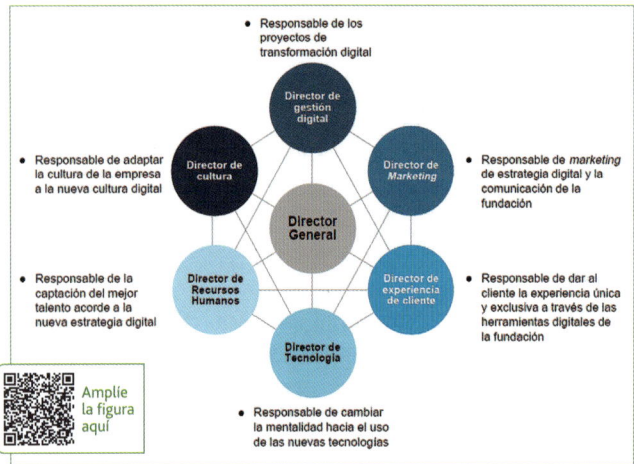

Figura 6.17
Organigrama con roles encargados de la transformación digital.

re que se usan normalmente en las soluciones IoT, pero ninguna solución individual emplea todos estos componentes.

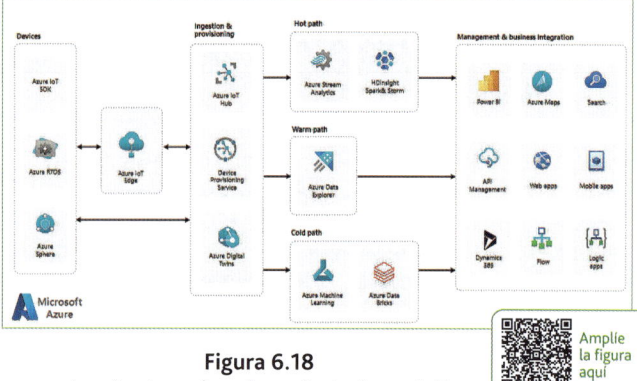

Figura 6.18
Arquitectura de referencia de Azure IoT.

También formaría parte de la información documentada el diagrama de arquitectura tecnológica. En la figura 6.18 se describen los componentes y servicios de Azu-

Un documento de seguimiento y válido para tomar medidas es el plan de digitalización de la organización. La tabla 6.11 muestra el formato de plan propuesto.

Tabla 6.11 Formato de plan de digitalización.

Organización	Plan de digitalización
Proyecto n.º	
Título	
Objeto	
Alcance	
Coste	
Plazo de implantación	
Fecha prevista inicio	
Fecha prevista fin	
Responsable proyecto	
Personal participante	
Partes interesadas int.	
Partes interesadas ext.	
Indicadores	
Riesgos	
Oportunidades	
Observaciones	
Proyecto n.º	
Título	
Objeto	
Alcance	
Coste	
Plazo de implantación	
Fecha prevista inicio	
Fecha prevista fin	
Responsable proyecto	
Personal participante	
Partes interesadas int.	
Partes interesadas ext.	
Indicadores	
Riesgos	
Oportunidades	
Observaciones	

6.9.1 Seguimiento, medición y evaluación

En lo referente al seguimiento, medición y evaluación, la organización, en relación con lo recogido en su planificación de digitalización, debe:

- Establecer los indicadores que se consideren aplicables para el control de los procesos.

- Evaluar la conformidad del cumplimiento de nuestro sistema de gestión para la digitalización con los requisitos de la especificación UNE 0060.

- Aplicar acciones de corrección ante los incumplimientos detectados o las incidencias con los requisitos de UNE 0060.

ACTIVIDAD PROPUESTA 6.3

Consulte la especificación «UNE 0060. INDUSTRIA 4.0 Sistema de gestión para la digitalización», e indique qué requisitos establece en lo referente al seguimiento, medición y evaluación.

- **Indicadores y cuadro de mando.** Un indicador clave de desempeño o medidor de desempeño o (KPI) es necesario para poder realizar la media de un proceso. Cada proceso, sobre todos los procesos clave del negocio, deben tener asociado un KPI de media. La organización debe determinar sobre qué procesos va a establecer indicadores de medida.

Además de identificar los procesos que deben ser monitorizados con su correspondiente KPI, es necesario conocer la situación de partida de la organización con respecto al desarrollo de su proceso de transformación digital hacia la Industria 4.0.

Los indicadores relacionados con los factores de éxito del objetivo se denominan indicadores de actuación.

Los indicadores relacionados con los valiosos resultados del objetivo se denominan de resultado.

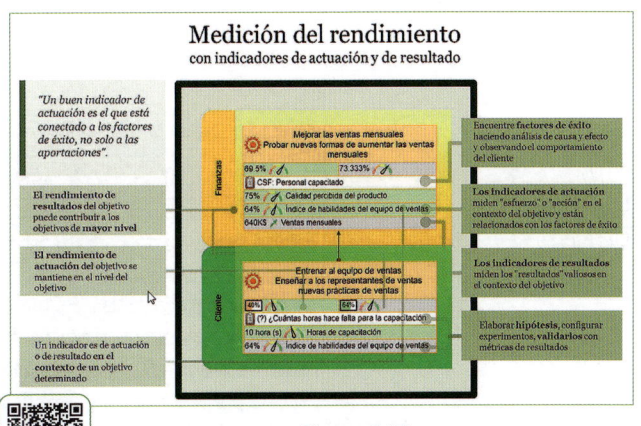

Figura 6.19
Medición del rendimiento con indicadores de actuación y de resultado de BSC Designer.

La especificación UNE 0061 establece en su tabla 1 los requisitos extraídos de la especificación UNE 0060. En la figura 6.20 se presenta un extracto de la tabla 1 de UNE 0061.

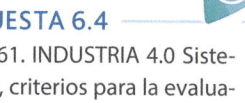

ACTIVIDAD PROPUESTA 6.4

Consulte la especificación «UNE 0061. INDUSTRIA 4.0 Sistema de gestión para la digitalización, criterios para la evaluación de requisitos», e indique los criterios de evaluación de los requisitos de la especificación UNE 0060:2018.

- **Evaluación de UNE 0060.** La especificación UNE 0061 ha establecido los criterios de evaluación de la especificación UNE 0060 mediante un sistema de cuantificación por porcentaje de cumplimiento de los requisitos de UNE 0060.

Con el fin de facilitar el cálculo del porcentaje de cumplimiento del sistema de gestión para la digitalización de UNE 0060, la especificación UNE 0061 viene acompaña de una hoja de cálculo en formato Excel que facilita el registro del cumplimiento de los requisitos de UNE 0060 para su evaluación. La figura 6.21 muestra un extracto de la hoja Excel indicada.

N° de requisito	Capítulo/ Apartado Especificación UNE 0060:2018	Requisito	Obligatorio (O) Valorable (V) No Evaluable (X)	Observaciones
17		Se debe conseguir una mayor flexibilidad y eficiencia en los medios productivos, que hagan posible la anterior personalización y adaptación, además de la fabricación de productos/servicios digitales o adaptados a las capacidades digitales complementarias que demanden los clientes;	V	3 = Cumplido 1 = En proceso 0 = No cumplido Este requisito es obligatorio a partir del primer año del segundo ciclo de mejora continua.
18		Se debe conseguir un análisis y uso de toda la información disponible, para adaptar todos los procesos a las demandas del cliente y el mercado, anticipándose en los posible a las mismas	V	3 = Cumplido 1 = En proceso 0 = No cumplido El análisis y uso de la información debe ser digital.
19		Se debe mejorar la sostenibilidad a largo plazo de la organización, impulsando los cambios culturales necesarios dentro de la organización.	V	3 = Cumplido 1 = En proceso 0 = No cumplido NOTA Sostenibilidad se refiere a la pervivencia en el tiempo de la organización.
20		Se debe impulsar la innovación.	X	Este requisito no se evalúa directamente, se avalúa mediante el capítulo 8 Innovación.
21		Estas acciones se deben trasladar a una planificación detallada de digitalización que debe considerar expresamente los cambios disruptivos y los riesgos asociados a la tecnología en el marco de la digitalización de las actividades y en especial para los procesos clave de negocio.	O	Se refiere a las acciones incluidas en la NOTA (véase la Especificación UNE 0060:2018)

Figura 6.20
Extracto de la tabla 1 de UNE 0061.

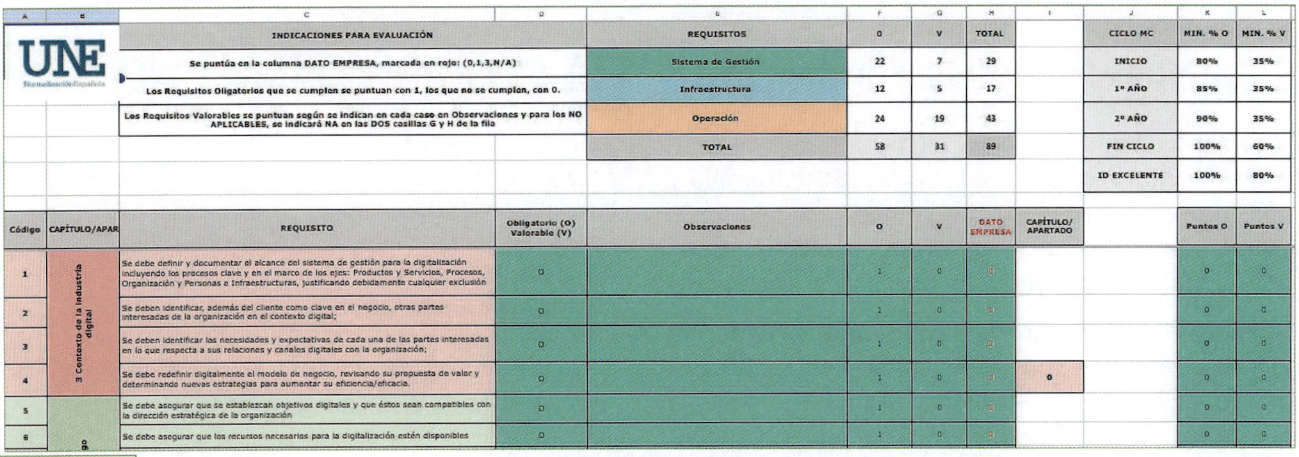

Código	CAPÍTULO/APAR		REQUISITO	Obligatorio (O) Valorable (V)	Observaciones	O	V	DATO EMPRESA	CAPÍTULO/ APARTADO		Puntos O	Puntos V
		INDICACIONES PARA EVALUACIÓN			REQUISITOS	O	V	TOTAL		CICLO MC	MIN. % O	MIN. % V
		Se puntúa en la columna DATO EMPRESA, marcada en rojo: (0,1,3,N/A)			Sistema de Gestión	22	7	29		INICIO	80%	35%
		Los Requisitos Obligatorios que se cumplen se puntuan con 1, los que no se cumplen, con 0.			Infraestructura	12	5	17		1ª AÑO	85%	35%
		Los Requisitos Valorables se puntuan según se indican en cada caso en Observaciones y para los NO APLICABLES, se indicará NA en las DOS casillas G y H de la fila			Operación	24	19	43		2ª AÑO	90%	35%
					TOTAL	58	31	89		FIN CICLO	100%	60%
										ID EXCELENTE	100%	80%
1	3 Contexto de la industria digital		Se debe definir y documentar el alcance del sistema de gestión para la digitalización incluyendo los procesos clave y en el marco de los ejes: Productos y Servicios, Procesos, Organización y Personas e Infraestructuras, justificando debidamente cualquier exclusión	O		1	0	0			0	0
2			Se deben identificar, además el cliente como clave en el negocio, otras partes interesadas de la organización en el contexto digital;	O		1	0	0			0	0
3			Se deben identificar las necesidades y expectativas de cada una de las partes interesadas en lo que respecta a sus relaciones y canales digitales con la organización;	O		1	0	0			0	0
4			Se debe redefinir digitalmente el modelo de negocio, revisando su propuesta de valor y determinando nuevas estrategias para aumentar su eficiencia/eficacia.	O		1	0	0	0		0	0
5			Se debe asegurar que se establezcan objetivos digitales y que éstos sean compatibles con la dirección estratégica de la organización	O		1	0	0			0	0
6			Se debe asegurar que los recursos necesarios para la digitalización estén disponibles	O		1	0	0			0	0

Figura 6.21
Extracto de la hoja Excel de registro de cumplimiento de requisitos de UNE 0060.

Amplíe la figura aquí

ACTIVIDAD PROPUESTA 6.5

Consulte la hoja de cálculo en formato Excel que facilita el registro del cumplimiento de los requisitos de UNE 0060 para su evaluación, y explique el contenido de cada parte de la hoja.

Para conseguir la consideración de industria digital:

- La organización debe cumplir al menos los siguientes porcentajes mínimos para los requisitos obligatorios a lo largo del ciclo de mejora continua:
  - 80 % al inicio del proceso;
  - 85 % al finalizar el primer año del ciclo de mejora continua;
  - 90 % al finalizar el segundo año del ciclo de mejora continua;
  - 100 % al finalizar el ciclo completo de mejora continua.

- La organización debe cumplir al menos los siguientes porcentajes mínimos para los requisitos valorables a lo largo del ciclo de mejora continua:
  - 35 % de la puntuación máxima conseguible (es decir, sin tener en cuenta los requisitos no aplicables) al inicio del proceso.
  - 60 % de la puntuación máxima conseguible (es decir, sin tener en cuenta los requisitos no aplicables) al finalizar el ciclo completo de mejora continua.

La especificación UNE 0061 establece un segundo nivel de industria digital y es el de industria digital excelente. Para que una organización que implante UNE 0060 pueda ser considerada industria digital excelente, debe cumplir el 100 % de los requisitos obligatorios y el 80 % de la puntuación máxima conseguible en requisitos valorables.

El sistema establecido por la especificación UNE 0061 para la evaluación del cumplimiento de la especificación UNE 0060 por parte de una organización facilita el planteamiento de objetivos de mejora, siendo muy motivador de cara a la dirección y los RR. HH. de una organización ya que, con respecto a la evaluación de otros sistemas normalizados de gestión como la norma ISO 9001, permite a las organizaciones adquirir la condición de industria digital e industria digital excelente, condición que posiblemente vendría reflejada en el certificado de un sistema de gestión para la digitalización según los requisitos de la especificación UNE 0060 emitido por un organismo independiente de certificación de sistema normalizados de gestión.

Se destaca en el presente apartado que se podría dar la situación que una organización que implante la especificación UNE 0060 podría cumplir el 100 % de los requisitos obligatorios en el inicio del proceso y también el 80 % de los requisitos valorables, por lo que en el inicio del proceso podría ser ya considerada una industria digital excelente.

Una vez alcanzado el nivel de industria digital excelente, el sistema de gestión para la digitalización podría ir incorporando otros requisitos y mejoras en función de sus necesidades, de las exigencias del mercado o de su contexto y en función de las futuras tecnologías de la Industria 4.0.

- **Control de no conformidades y acciones correctivas.** Las acciones correctivas deben ser apropiadas a los efectos de las no conformidades encontradas. La organización debe conservar información documentada como evidencia de:

a) La naturaleza de las no conformidades y cualquier acción tomada posteriormente.

b) Los resultados de cualquier acción correctiva.

6.10 Recursos humanos. Nuevos perfiles. Formación

Los recursos humanos son el elemento clave de cualquier organización, pero en los procesos de cambio y transformación como es este cobran una relevancia especial, ya que sin una transformación cultural en las personas no será posible el cambio en la organización.

En ese sentido, los mecanismos de incentivos, formación y comunicación se constituyen como imprescindibles para «suavizar» la transformación. Del mismo modo, la gestión del talento fomentando la colaboración, el intraemprendimiento, la propuesta de ideas, las estructuras más horizontales, etc., se revelan como estrategias clave en el proceso.

La organización debe contar con capital humano con habilidades y competencias suficientes en el ámbito digital para asegurar la digitalización de sus procesos y actividades y su evolución en el tiempo.

─── **PARA SABER MÁS** ───

¿Estamos preparados? Competencias profesionales para la Industria 4.0, de Industria Conectada 4.0.

https://youtu.be/iPsDiB13j28?list=PLapjNZJIttkvS2G7j8elg mud3gXhsdM9z

Tabla 6.12 Requisitos de la digitalización aplicables a los RR. HH. de la organización.

Requisitos a cumplir	¿Cómo se realizaría?
Identificar a las personas involucradas en los procesos, especialmente en los procesos clave de negocio, definiendo las competencias y roles digitales necesarios para la realización de las actividades que se llevan a cabo en dichos procesos.	Estableciendo *el listado de puestos de trabajo claves* y personas que los ocupan. Estableciendo los *perfiles de los puestos de trabajo*.
Identificar las actividades que son pertinentes en el contexto digital y que afectan a su capacidad para lograr los resultados previstos; se subcontrata a personal externo.	Establecer *el listado y alcance de los trabajos y servicios* prestados por los colaboradores externos.

Tabla 6.12 (Continuación).

Requisitos a cumplir	¿Cómo se realizaría?
Asegurar que las personas poseen los perfiles, incluyendo las competencias digitales, con criterios basados en la educación, formación especializada o experiencia apropiadas, y asegurar también el mantenimiento y actualización de los conocimientos necesarios para el desempeño de las funciones digitales.	Realizar una *matriz de cualificación* de las personas de la organización. Realización de la supervisión del personal de la organización mediante el seguimiento y evaluación del desempeño.
Cuando sea aplicable, se deben tomar acciones dirigidas a que las personas adquieran las competencias digitales que su actividad requiera o bien actualicen los conocimientos necesarios, evaluando la eficacia de las acciones tomadas.	Establecer un *plan de formación* y de entrenamiento de las personas de la organización para que adquieran nuevas competencias y conocimientos o los actualicen.
Conservar la información documentada apropiada, como evidencia de las competencias y conocimientos adquiridos.	Establecer el expediente profesional de cada trabajador de la organización (papel y/o soporte informático/ bases de datos).
Comprobar la existencia en la organización de perfiles digitales que dirijan e impulsen las acciones destinadas a la digitalización y el avance y continuidad de la misma.	Identificar los perfiles digitales y, en el caso de que no existan, se deberán crear y realizar la selección y cualificación del personal en los perfiles digitales creados.

Para cumplir con lo indicado en la tabla 6.12:

- Se contempla como educación la formación reglada de estudios de formación profesional y estudios universitarios.

- Como formación especializada: posgrado, formación especializada enfocada al conocimiento y desarrollo de competencias en un área concreta.

- En lo referente a la experiencia, esta debe ser verificada por la organización.

Para ello, se admiten varios tipos de certificaciones tal como se muestran en la tabla 6.13.

Tabla 6.13 Familias de certificaciones.

N.º	Familias de certificaciones
1	Certificados acreditados u oficiales emitidos por entidades autorizadas: universidades, entidades de certificación acreditadas por las respectivas entidades nacionales de acreditación, etc. (máster, grado, formación profesional superior y medio, FP básica, etc.).
2	Certificaciones profesionales emitidas por empresas reconocidas en el ámbito digital para la certificación de competencias digitales.
3	Certificaciones de entidades de certificación reconocidas en el mercado que garanticen con esquemas específicos y avalados por dicho mercado la existencia de perfiles digitales.
4	Certificaciones de entidades de reconocida experiencia en el mercado que garanticen el desarrollo de habilidades no TIC específicas y que acompañen en el proceso de digitalización.

6.10.1 Nuevos perfiles según las competencias digitales

Se pueden destacar las 6 competencias digitales profesionales relacionadas con la Industria 4.0 que las organizaciones que quieran adaptarse a este nuevo entorno digital deben asumir dentro de sus perfiles profesionales.

1. **Gestión de los datos**. Entre las subcompetencias relacionadas con esta competencia cabe destacar:

   ○ Las empresas han de disponer de tecnologías y capacidades suficientes que les permitan *obtener, procesar, gestionar y analizar* gran cantidad de datos.

   ○ Las empresas han tener desarrollada una estrategia encaminada a *explotar el conocimiento* que la organización recoge de sus distintos agentes de interés: proveedores, clientes.

   ○ Las empresas se han de apoyar en *los datos generados* y tratarlos de tal manera que la información obtenida apoye su proceso de toma de decisiones.

Figura 6.22
Técnica superior especialista en centros de datos ejecuta código para gestionar datos a clientes.

2. ***E-commerce* y comunicación digital.** La comunicación digital en un entorno cada vez más conectado se ha convertido en un cambio de paradigma que impacta en los principales agentes de la cadena de valor y que debe ser asumida por las empresas que buscan acercarse a sus clientes de manera más efectiva.

Entre las subcompetencias relacionadas con esta competencia cabe destacar:

   ○ Integración de las redes sociales para transformar su proceso de venta *online*.

   ○ Integración de herramientas digitales en los canales de atención al cliente que les permitan acercarse y relacionarse con estos de una manera más directa.

   ○ Digitalización de la gestión del suministro y la logística.

   ○ Integrar tecnologías y procesos de atención al cliente en el proceso de compra, así como integrar nuevas formas de pago.

   ○ Monitorización de la experiencia de todo el ciclo de vida del cliente para conocer sus hábitos y grado de satisfacción.

Figura 6.23
Técnicos superiores realizando una lluvia de ideas sobre el diseño de una aplicación móvil para venta *online*.

3. **Colaboración y cocreación.** En un entorno cada vez más globalizado la colaboración entre los distintos agentes de la cadena resultará esencial para la competitividad de las empresas. Entre las subcompetencias relacionadas con esta competencia cabe destacar:

   ○ Las empresas con estas competencias serán aquellas que posean herramientas (p. ej., plataformas colaborativas) que les permitan la creación y el fomento de ecosistemas con clientes, socios tecnológicos, proveedores, competidores y otros agentes de interés.

   ○ Capacidad de trabajo en red aprovechando todas las herramientas disponibles a través de las distintas redes colaborativas existentes para promover la colaboración y cooperación entre agentes de interés.

Figura 6.24
Técnicos superiores colaborando en red.

4. **Automatización de los procesos productos.** La Industria 4.0 se caracteriza por ser una industria conectada y que hace uso de tecnologías que permiten automatizar (al menos) los procesos más sencillos y repetitivos de la cadena productiva. Entre las subcompetencias relacionadas con esta competencia cabe destacar:

   ○ Integración de robots en el proceso de producción adoptando la automatización industrial mediante la utilización de robots de *software* (p. ej., RPA) o robots de *hardware* (p. ej., autómatas).

Figura 6.25
Técnica superior integrando robots en el proceso de producción.

5. **Conocimiento digital.** El trabajo en un entorno cada vez más digital y automatizado requerirá que las empresas pongan a disposición de los empleados los medios necesarios para poder adaptarse a un nuevo entorno de trabajo más conectado y más digital. Entre las subcompetencias relacionadas con esta competencia cabe destacar:

   ○ Las empresas deben poseer una estrategia empresarial y metodologías orientadas a fomentar la innovación digital y a la generación y fortalecimiento de las habilidades técnicas y no técnicas necesarias.

   ○ Las empresas deben poseer herramientas que fomenten la generación e intercambio de ideas innovadoras dentro de la organización.

Figura 6.26
Técnicos superiores adquiriendo habilidades técnicas e intercambiando ideas entre empleados.

6. **Adaptabilidad y flexibilidad ante el cambio.** La Industria 4.0 y la transformación digital se caracterizan por la capacidad de dar respuestas casi inmediatas a las necesidades de los proveedores y clientes en cualquier parte, a cualquier hora y a través de distintos canales. Esto hace que las organizaciones deban ser capaces de adaptarse a los nuevos entornos y de responder a las demandas de sus grupos de interés de manera lo más rápida posible, sin que esto suponga un detrimento de la calidad de los servicios/productos prestados.

Figura 6.27
Técnicos superiores adaptando el dron al nuevo entorno de trabajo respondiendo a las demandas del cliente.

Los responsables de todas las áreas relacionadas directamente con la producción dependerán del director de operaciones, pero, a su vez, también deben coordinarse entre sí, especialmente si tienen funciones delegadas. De esta manera se consigue un buen flujo de información y se mejora la operatividad de todos los departamentos.

ACTIVIDAD PROPUESTA 6.6

Una buena herramienta de autoevaluación para asegurar que las personas poseen las competencias digitales, con criterios basados en el Marco de Competencia Digital para Ciudadanos (DigComp 2.0), en los perfiles de cada empresa y asegurar también el mantenimiento y actualización de los conocimientos necesarios para el desempeño de las funciones digitales es la que parece en el enlace https://europa.eu/europass/digitalskills/screen/home?referrer=epass&route=%2Fes&lang=es

Para información sobre el marco y sus competencias:

https://ec.europa.eu/jrc/en/digcomp/digital-competence-framework

Complete la prueba, indicando el campo de formación y especificando el área de su ciclo formativo Y, y en el nivel educativo indique Nivel 5 EQF MEC del Marco Europeo de las Cualificaciones. Comienza la prueba real, en la que tiene que seleccionar la opción adecuada como respuesta a cada pregunta.

Una vez finalizada la prueba, verá su nivel de conocimientos digitales.

También recibirá un informe detallado con la descripción de su nivel.

Reto profesional

Proyecto de digitalización

Breve descripción

La finalidad de este reto profesional es vivenciar en el contexto de una empresa, el desarrollo de un proyecto de transformación digital teniendo en cuenta los cambios que se deben producir en función de los objetivos de la empresa.

El reto

En el reto, por equipos, se va a tratar de elaborar un proyecto de transformación digital de una empresa del sector en el que se enmarca el título. Para ello, previamente se debe identificar los objetivos estratégicos de la empresa; luego, identificar y alinear las áreas de producción/negocio y de comunicaciones, así como identificar las áreas susceptibles de ser digitalizadas, analizado el encaje de AD (áreas digitalizadas) entre sí y con las que no lo están, y teniendo en cuenta las necesidades presentes y futuras de la empresa. Se relaciona así cada una de las áreas con la implantación de las tecnologías, analizando las posibles brechas de seguridad en cada una de las áreas. Se define el tratamiento de los datos y su análisis teniendo en cuenta la integración entre datos, aplicaciones, plataformas que los soportan, entre otros. Y, en última instancia, se documentan los cambios realizados en función de la estrategia, teniendo en cuenta la idoneidad de los recursos humanos.

Para realizar el reto profesional, acceda a www.marcombo.info y descargue gratis el contenido adicional.

Código: **MARCOMBO21**

Mapa conceptual

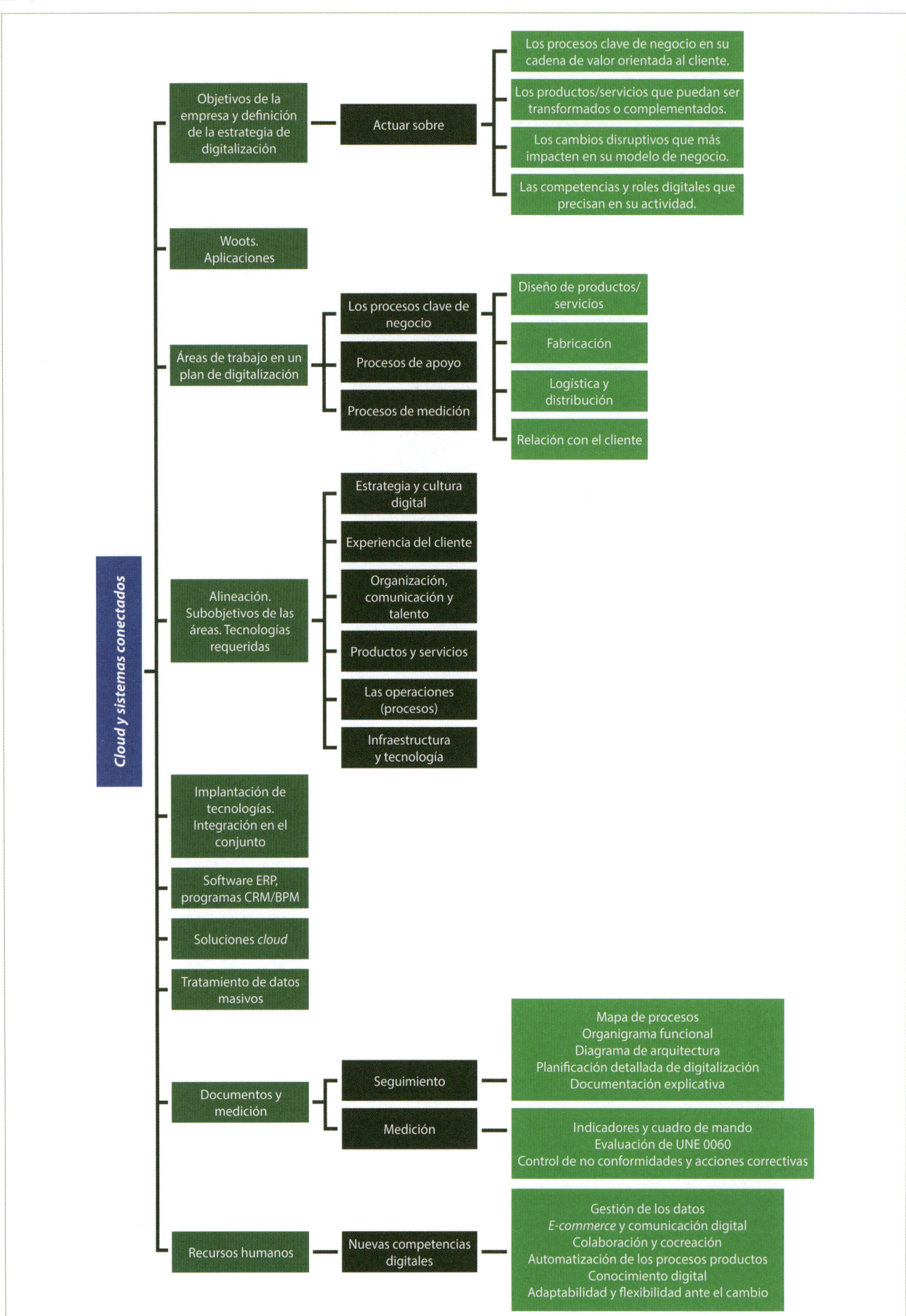

Figura 6.28 Mapa conceptual.

1. **¿Qué son los proyectos de transformación?**

   a) Acciones impulsadas por el gobierno.

   b) Acciones para mejorar la competitividad de las empresas.

   c) Acciones para mantener el *statu quo* de las empresas.

   d) Acciones que no requieren liderazgo directivo.

2. **¿Cuál es el «pegamento» que une las estrategias de digitalización con las tecnologías proporcionadas por diversos proveedores en un nuevo modelo de negocio?**

   a) La infraestructura tecnológica.

   b) El proceso de negocio digital.

   c) Los recursos humanos.

   d) La estrategia de *marketing*.

3. **Según el planteamiento del texto, ¿en qué se deben centrar los proyectos de digitalización de una empresa?**

   a) Únicamente en el producto y las operaciones.

   b) Exclusivamente en el servicio tecnológicamente avanzado para la generación de pedidos de cliente.

   c) En todas las áreas de la empresa.

   d) Solo en las áreas de atención al público y servicios posventa.

4. **¿Cuál es uno de los aspectos clave para el despliegue y validación de las implantaciones consideradas como paso previo a su escalado completo?**

   a) Diseñar para flexibilidad.

   b) Capturar datos.

   c) Incrementar la productividad.

   d) Utilizar metodologías ágiles.

5. **¿Qué significan las siglas ERP?**

   a) *Customer Relationship Management*.

   b) *Enterprise Resource Planning*.

   c) *Supply Chain Management*.

   d) *Business Process Management*.

6. **¿Cuál es uno de los requisitos para las soluciones *cloud computing* mencionadas en el texto?**

   a) Implementación únicamente de políticas *multicloud*.

   b) Utilización exclusiva de soluciones *cloud* públicas.

   c) Capacidad de almacenamiento y procesamiento de información con la eficiencia adecuada a los procesos de apoyo.

   d) Consumo de servicios de informática públicos de acuerdo a las restricciones de coste y las necesidades de rendimiento del negocio.

7. **¿Cuál es uno de los aspectos a tener en cuenta para el tratamiento y utilización de los datos masivos?**

   a) Utilizar exclusivamente tecnologías de procesamiento de datos propios.

   b) No recopilar datos relevantes para la toma de decisiones.

   c) Considerar el uso de tecnologías big data e IA.

   d) Considerar únicamente el uso de tecnologías de análisis de datos estructurados.

8. **Según la especificación UNE 0061, ¿qué ventaja tiene el sistema de evaluación de UNE 0060 para una organización?**

   a) Motiva a los clientes de una organización.

   b) Imprime un certificado de un sistema de fiscalización para la digitalización.

   c) Completa los objetivos de mejora.

   d) Permite adquirir la condición de industria digital e industria digital excelente.

9. **¿Cuál es la importancia de los recursos humanos en los procesos de cambio y transformación en una organización?**

   a) Son imprescindibles para suavizar la transformación.

   b) No tienen relevancia.

   c) Su transformación no es necesaria.

   d) Los involucrados en los procesos de negocio definen las competencias y roles digitales.

10. **10. ¿Cuáles son los mecanismos imprescindibles para suavizar la transformación en una organización?**

    a) Organización y estructura.

    b) Comunicación y liderazgo.

    c) Incentivos y formación.

    d) Competencia y colaboración.

ACTIVIDAD 1

Identifique lo siguiente en el artículo de Prosci, «Cómo implementar una estrategia de transformación digital exitosa en tu empresa»:

https://www.prosci.com/es/blog/transformacion-digital-exitosa-empresa

a) ¿Cuáles son los beneficios de la transformación digital en su empresa?

b) ¿Cuáles son los pilares de la transformación digital?

c) ¿Cuáles son los pasos que debe tener su plan de transformación digital?

ACTIVIDAD 2

La Junta de Andalucía pone a disposición de las empresas, la herramienta gratuita (test) para analizar su grado de digitalización y ver qué líneas de mejora deberían tomar, en el siguiente enlace.

https://www.programaempresadigital.es/

Realice el test como herramienta de diagnóstico para la transformación digital de una empresa de un sector relacionado con el título, a la que le ofrece una idea sobre su nivel de digitalización en comparación con el de otras empresas del sector. Así recibe una visual del panorama competitivo, sirviendo de impulso para tomar decisiones estratégicas.

Para desarrollarlo, puede visionar el Modelo de Madurez digital de Andalucía, «Conceptos clave de la transformación digital de la empresa»:

https://youtu.be/U2DPd6MXhwY?list=PLeUBFEbHusrROPtcPwSWSy-R9krVosM0I

https://youtu.be/2rWUFUpRGS0

ACTIVIDAD 3

Utilice las herramientas de autodiagnóstico de la Plataforma Acelera pyme, con las que podrás llevar a cabo un análisis de una forma rápida y sencilla, y que permiten no solo conocer el nivel de madurez digital de la pyme a nivel global, sino también identificar qué áreas se debe potenciar para que el proceso de transformación digital sea todo un éxito.

1. Test de diagnóstico digital.

2. Autoevaluación de transformación digital.

3. Autoevaluación de ciberseguridad.

Acceda al siguiente enlace:

https://www.acelerapyme.gob.es/quieres-conocer-el-grado-de-digitalizacion-de-tu-pyme

ACTIVIDAD 4

Escoja el sector para una empresa relacionada con su título de Técnico/a superior en… y utilice la herramienta de autodiagnóstico para determinar cuál es el estado actual de ciberseguridad en la empresa, qué riesgos lo amenazan y qué aspectos se deben mejorar.

Siga las pautas y recomendaciones específicas en ciberseguridad para anticiparse a las amenazas particulares de cada actividad y prevenirlas con proactividad, evitando los posibles impactos negativos de los eventuales incidentes en su economía y reputación.

Conozca los riesgos propios de la actividad y sector, y distinga como aplicar medidas de protección básicas y mitigar los ataques son las bases para mantener la empresa a pleno rendimiento. Todo ello desde el enlace del Instituto Nacional de Ciberseguridad:

https://www.incibe.es/empresas/sectoriza2

ACTIVIDAD 5

Realice una búsqueda de información para identificar las áreas susceptibles de ser digitalizadas en una empresa de autoconsumo: marketing, ventas, gestión de la relación con los clientes y gestión interna, en el e-book *Guía para la digitalización* de Pablo Sánchez.

ACTIVIDAD 6

Realice una búsqueda de ayudas para conseguir un programa de asesoramiento especializado y personalizado, realizado por consultoras acreditadas y con experiencia en implantación de proyectos de Industria 4.0. que permita a las empresas del sector de su título disponer de un diagnóstico de situación y de un plan de transformación que identifique los habilitadores digitales necesarios en ese proceso de transformación y establezca la hoja de ruta para su implantación.

ACTIVIDAD 7

Realice una búsqueda de ayudas para conseguir el apoyo a proyectos que promuevan la transformación digital de la empresa industrial del sector de su título y que, al mismo tiempo, contribuya a la mejora de su sostenibilidad ambiental como consecuencia de dicha digitalización.

ACTIVIDAD 8

Realice una búsqueda de ayudas para conseguir un análisis de la situación actual de la empresa del sector de su título en materia de ciberseguridad para conocer su nivel de seguridad y la elaboración de un plan de ciberseguridad específico para la misma.

ACTIVIDAD 9

Realice una búsqueda de ayudas para conseguir, la empresa del sector de su título, disponer de un diagnóstico de situación y de un plan de crecimiento enfocado a una de las seis áreas de potencial crecimiento de la empresa: innovación, recursos humanos, operaciones, digitalización, marketing y comercialización y finanzas.

ACTIVIDAD 10

Consulte la especificación UNE 0061. INDUSTRIA 4.0 Sistema de gestión para la digitalización, criterios para la evaluación de requisitos y especifique los requisitos del capítulo de la competencia, talento y capital humano para tener en cuenta la idoneidad de los recursos humanos en la empresa del sector de su título.